Christina Ossenkop und Georgia Veldre-Gerner (edd.)

ZWISCHEN DEN TEXTEN

Die Übersetzung an der Schnittstelle von
Sprach- und Kulturwissenschaft

ibidem-Verlag
Stuttgart

Bibliografische Information der Deutschen Nationalbibliothek
Die Deutsche Nationalbibliothek verzeichnet diese Publikation in der Deutschen Nationalbibliografie; detaillierte bibliografische Daten sind im Internet über http://dnb.d-nb.de abrufbar.

Bibliographic information published by the Deutsche Nationalbibliothek
Die Deutsche Nationalbibliothek lists this publication in the Deutsche Nationalbibliografie; detailed bibliographic data are available in the Internet at http://dnb.d-nb.de.

∞

Gedruckt auf alterungsbeständigem, säurefreien Papier
Printed on acid-free paper

ISSN 1862-2909

ISBN: 978-3-8382-0931-9

© *ibidem*-Verlag

Stuttgart 2016

Alle Rechte vorbehalten

Das Werk einschließlich aller seiner Teile ist urheberrechtlich geschützt. Jede Verwertung außerhalb der engen Grenzen des Urheberrechtsgesetzes ist ohne Zustimmung des Verlages unzulässig und strafbar. Dies gilt insbesondere für Vervielfältigungen, Übersetzungen, Mikroverfilmungen und elektronische Speicherformen sowie die Einspeicherung und Verarbeitung in elektronischen Systemen.

All rights reserved. No part of this publication may be reproduced, stored in or introduced into a retrieval system, or transmitted, in any form, or by any means (electronic, mechanical, photocopying, recording or otherwise) without the prior written permission of the publisher. Any person who does any unauthorized act in relation to this publication may be liable to criminal prosecution and civil claims for damages.

Printed in the EU

Inhaltsverzeichnis

Vorwort

Christina Ossenkop & Georgia Veldre-Gerner   5

Übersetzungsstrategien fingierter Mündlichkeit am Beispiel von Christine Nöstlingers Jugendroman *Konrad oder das Kind aus der Konservenbüchse*

Cordula Neis   9

Un type de linéarisation marquée en allemand et sa traduction en français

Martina Nicklaus   29

Zur Übersetzung mehrsprachiger historischer Romane ins Französische am Beispiel von Andrea Camilleris *Il birraio di Preston* und *Il re di Girgenti*

Vivien Könnemann   47

Mille milliards de mille sabords ! La traduction de la bande dessinée à l'exemple des insultes et jurons du capitaine Haddock

Anna Ewig   65

Der Blick des Übersetzers und die Aspektualität in deutsch-französischen und französisch-deutschen literarischen Übersetzungen

Gerda Haßler   83

Aussi *laides* que *fidèles*? Nähesprachliche französische Syntax in der literarischen Übersetzung

Georgia Veldre-Gerner   103

Les phrases clivées de l'italien en contact avec le français. Une analyse basée sur les textes diffusés sur le portail swissinfo.ch

Anna-Maria De Cesare   121

Operndeutsch und Opernfranzösisch. Zwei Sprachvarietäten im Spiegel normativ-präskriptiver Übersetzungskritik

Marco Agnetta   137

Warum wir mittelalterliche Fachtexte nicht ‚lesen' können – der moderne Leser und das mittelalterliche Fachwort

Yela Schauwecker   155

Zwischen Übersetzung und Adaptation: Tourismuswerbung im Vergleich (Spanisch-Französisch-Deutsch)

Uta Helfrich   171

Interkulturalität erfassen. Eine linguistische Analyse mittels Kontrastierung von französischen und deutschen Zeitungsartikeln

Livia Gaudino Fallegger   195

Sprachmittlung – alter Wein in neuen Schläuchen?

Sylvia Thiele   211

Vorwort

Der vorliegende Band enthält die schriftlichen Fassungen der Vorträge, die im Rahmen der Sektion 2 – *Zwischen den Texten: Die Übersetzung an der Schnittstelle von Sprach- und Kulturwissenschaft* – auf dem 9. Frankoromanistenkongress vom 24.-27.9.2014 in Münster gehalten wurden.

Der Prozess des Übersetzens lässt sich als Annäherung des Übersetzers an den Ausgangstext in einem konkreten historischen und kulturellen Kontext beschreiben, der unterschiedliche Ergebnisse und Bewertungen hervorbringt. Die zentrale Frage nicht nur für literarische Übersetzungen ist die einer wahlweise Ausgangs- oder Zieltext-orientierten Herangehensweise (‚belles infidèles' vs. ‚Verfremdung') (Schreiber 2006, 19). Beide Ansätze, eingeschlossen die jeweils unterschiedliche ‚Sichtbarkeit' des Übersetzers im Verhältnis zum Autor, lassen sich für den französischen Sprachraum, mit Übergängen und Abwandlungen, jeweils bestimmten historischen Perioden zuordnen (Venuti 1995, 5).

Die Beschäftigung mit der Übersetzung umfasst gleichzeitig den translatorischen Prozess und dessen Ergebnis. Als Kriterium einer gelungenen Übersetzung gilt die ‚Äquivalenz', ein Konzept, das aufgrund seiner Oszillation zwischen Form und Funktion kaum als verlässliches Definiendum taugt und dessen Verständnis außerdem einem historischen Wandel unterliegt. Zugleich existieren im Sprachvergleich für einzelne Sprachenpaare, wie z.B. Deutsch und Französisch, Stereotypen der Divergenz, die auch den Übersetzungsprozess beeinflussen.

Die hier abgedruckten Beiträge beziehen sich im Kontext der Übersetzung auf zwei thematische Bereiche: Die Übersetzung als Resultat sprachlicher Entscheidungsprozesse und Gegenstand des interkulturellen Sprachvergleichs sowie der Einfluss der Übersetzungstätigkeit auf die Herausbildung der französischen Kultursprache.

Der erste Bereich ist eng mit der Übersetzung literarischer Texte verbunden, die den Gegenstand mehrerer Beiträge dieses Bandes bildet. Einige dieser Beiträge haben eine autorenspezifische Perspektive. Cordula Neis (Flensburg) illustriert am Beispiel eines Werkes der österreichischen Kinderbuchautorin Christine Nöstlinger stilistische Besonderheiten und Äquivalenzbedingungen der deutsch-französischen Übersetzung im Bereich fingierter Mündlichkeit. Auch im Beitrag von Martina Nicklaus (Düsseldorf) steht mit dem Roman der deutschen Autorin Julia Franck *Die Mittagsfrau* und dessen französischer Übersetzung ein einzelnes Werk im Mittelpunkt, die Perspektive wird jedoch durch die Konzentration auf typische Beispiele informationsstrukturell markierter Wortstellung als zwar autorenspezifisches, aber grundsätzlich in der deutschen Syntax rekurrentes syntaktisches Merkmal erweitert. Daher ergeben sich über den Einzeltext hinausgehende Aussagen für das Französische. Die Problematik der Übersetzung dialektaler und mehrsprachiger Literatur stellt Vivien Könnemann (Halle) am Beispiel zweier historischer Romane des Sizilianers Andrea Camilleri und deren französischer Übersetzung in den Mittelpunkt, während Anna Ewig (Münster) die Übersetzung von Kraftausdrücken in deutschen Übersetzungen der Comicserie *Tintin* untersucht.

Der Beitrag von Gerda Haßler (Potsdam) nimmt den Bereich der Aspektualität als in einigen Sprachen grammatisch, in anderen überwiegend lexikalisch kodierte Kategorie in den Blick. An Beispielen aus mehreren deutsch- und französischsprachigen literarischen Werken arbeitet sie die unterschiedlichen Zwänge und Möglichkeiten der Übersetzung heraus, die sich jeweils beim Französischen und Deutschen als Ausgangs- und Zielsprache ergeben. Georgia Veldre-Gerner (Münster) thematisiert in ihrem Beitrag mit der Rechtsdislokation eine syntaktische Konstruktion, die im Deutschen und Französischen (sowie im Italienischen) grundsätzlich vergleichbar ist, deren detaillierte Analyse auf der Basis eines literarischen Korpus jedoch für das Französische als Ausgangssprache die Notwendigkeit und Möglichkeit von Übersetzungen jenseits formaler Äquivalenz zeigt.

Der Einfluss der Übersetzertätigkeit und des damit verbundenen Kulturkontakts auf die Herausbildung einer Kultursprache ist Gegenstand mehrerer Beiträge, in deren Mittelpunkt der interkulturelle Vergleich einer bestimmten Textsorte steht. Anna-Maria De Cesare (Basel) untersucht am Beispiel von Pressetexten des Schweizer Internetportals *swissinfo.ch* die Entlehnung syntaktischer Strukturen aus dem Französischen ins Italienische. Dazu vergleicht sie die Form und Frequenz des Spaltsatzes in italienischen Originaltexten mit derjenigen in aus dem Französischen übersetzten Texten sowie in französischen Originaltexten. Mario Agnetta (Saarbrücken) diskutiert in seinem Beitrag den Einfluss der Übersetzungstätigkeit auf die Herausbildung des sogenannten ‚Librettoidioms' am Beispiel sprachlicher Charakteristika des ‚Operndeutsch' und ‚Opernfranzösisch'. Dass interkultureller Vergleich und Übersetzung auch auf *intra*lingualer

Ebene grundlegende Voraussetzungen für die Interpretation und Rezeption von Texten sein können, zeigt Yela Schauwecker (Stuttgart) am Beispiel mittelalterlicher Fachtexte auf, die sich durch die Alterität ihrer Epistemologie von modernen naturwissenschaftlichen Fachtexten unterscheiden. Sie stellt die Lektüre eines mittelalterlichen Fachtextes als ‚interkulturelle Fachkommunikation' zwischen mittelalterlichem Autor und modernem Leser sowie als ‚Übersetzung' zwischen zwei unterschiedlichen epistemologischen Welten dar.

Kulturtransfer steht auch im Mittelpunkt des Beitrags von Uta Helfrich (Göttingen), die die internationale Tourismus-Werbekampagne der staatlichen spanischen Institution Turespaña – *I need Spain* – im Hinblick auf multimodale, d.h. sowohl interlinguale als auch intersemiotische, Adaptationsprozesse untersucht. Sie weist durch einen Vergleich der spanischen Originalfassungen mit ihren französischen und deutschen Übersetzungen bzw. Adaptationen nach, dass die verbalen einzelsprachlichen Divergenzen des Translats im Vergleich zur Ausgangssprache im Französischen größer sind als im Deutschen, während die visuelle und auditive Ebene zwischen Ausgangs- und Zielkulturen weitgehend deckungsgleich sind. Livia Gaudino Fallegger (Gießen) stellt auf der Basis eines exemplarischen Paralleltextvergleichs die Frage, ob Erkenntnisse aus kontrastivlinguistischen Untersuchungen zur Erforschung interkultureller Fragestellungen fruchtbar gemacht werden können. Ausgehend von Konzepten der Diskursanalyse und Pragmatik arbeitet sie diskursintrinsische Symmetrien und Asymmetrien zwischen informativen französischen und deutschen Zeitungsartikeln heraus und stellt die Hypothese auf, dass im französischen und deutschen Kulturkreis unterschiedliche Erwartungen der Rezipienten existieren in Bezug auf die Frage, wie Information in Zeitungsartikeln verwaltet und präsentiert wird.

Der Band schließt mit einem Beitrag von Sylvia Thiele (Mainz), die sich mit der Rolle des Sprachvergleichs und der Sprachmittlung im Fremdsprachenunterricht auseinandersetzt. Auf der Basis einer kritischen Auseinandersetzung mit Sprachmittlungsaufgaben aus verschiedenen Lehrwerken kommt sie zu dem Schluss, dass es sich bei Sprachmittlung um einen komplexen Aufgabentyp handelt, für den geeignete Analyse- und Evaluationskriterien erarbeitet werden müssen, da sich ein singuläres Messen und Überprüfen von Kompetenzen als schwierig gestaltet und den Anforderungen dieses Aufgabentyps nicht gerecht wird.

Wir danken Anna-Lena Düffels und Anna Ewig für die redaktionelle Mitarbeit an diesem Band und Valerie Lange vom *ibidem*-Verlag für die verlegerische Betreuung. Michael Frings, Andre Klump und Sylvia Thiele danken wir für die Aufnahme des Bandes in die Reihe *Romanische Sprachen und ihre Didaktik*.

Christina Ossenkop (Münster)　　　　　　Georgia Veldre-Gerner (Münster)
April 2016

Bibliographie

Schreiber, M. (2006): *Grundlagen der Übersetzungswissenschaft*. Tübingen: Niemeyer.
Venuti, L. (1995): *The translators invisibility: A History of Translation*. London: Routledge.

Übersetzungsstrategien fingierter Mündlichkeit am Beispiel von Christine Nöstlingers Jugendroman *Konrad oder das Kind aus der Konservenbüchse*

Cordula Neis (Flensburg)

La traduction d'un texte représente indubitablement un grand défi à plusieurs niveaux. Souvent, le passage d'une langue *source* à une langue *cible* ne s'accomplit qu'au prix d'un éloignement considérable du sens initial. Outre les problèmes multiples posés par l'usage des métaphores et par le traitement des particularités culturelles, qui sont typiques de la langue de départ mais ignorées par la culture de la langue *cible*, le phénomène de l'oralité simulée rend encore plus ardue la tâche du traducteur.

Le concept de l'oralité simulée a été créé par Paul Goetsch qui la caractérise comme élément constitutif du style et comme stratégie narrative délibérément utilisée par les auteurs pour créer une ambiance particulière, pour conférer une couleur typiquement locale aux caractères et aux circonstances d'un texte narratif.

Afin d'illustrer le problème de l'oralité simulée nous nous consacrerons ici à l'analyse d'un livre pour enfants de la célèbre auteure autrichienne Christine Nöstlinger, notamment son *Môme en conserve*, publié en 1975. L'analyse de quelques passages choisis nous donnera l'occasion de vérifier à quel point et comment des éléments caractérisés par l'oralité simulée peuvent être conservés dans la langue *cible*.

0. Präliminarien

Die Übersetzung eines Textes in eine andere Sprache stellt zweifelsohne eine besondere Herausforderung an die Übersetzungspraxis dar. Nicht selten führt sie zu Ergebnissen, bei denen sich teilweise eine deutliche Entfernung des Zieltextes vom Ausgangstext konstatieren lässt. Man denke in diesem Zusammenhang etwa an das bekannte italienische Sprichwort *traduttore, traditore*, das den Übersetzer als ‚Verräter' am Originaltext ausweist. Ebenso ungetreu nehmen sich etwa die *belles infidèles* im Frankreich des 17. Jahrhunderts mit ihrem allzu großzügigen Tribut an den damaligen Zeitgeist der *bienséance* und Stilisierung aus (vgl. Albrecht 1998, 76-83; von Stackelberg 2013, 13; 90-105). Sollte die Übersetzung *per se* etwa ein ‚Verrat' am Ausgangstext sein? Und eine Übersetzung, die auf einem Ausgangstext beruht, der Merkmale sogenannter fingierter Mündlichkeit aufweist, etwa ein doppelter Verrat, wenn man, ausgehend von einer der Wortbedeutungen des lateinischen Verbs *fingere*, an Vorspiegelung falscher Tatsachen, Täuschungsmanöver oder gar Betrug denkt (vgl. in diesem Sinne die Kritik von Freunek 2007, 27; Andújar & Brumme 2010, 7)?

1. Fingierte Mündlichkeit als theoretisches Grundproblem

Im Folgenden sollen die Ausdrücke ‚fingierte Mündlichkeit' oder ‚fingierte Oralität' jedoch keineswegs mit Täuschungsmanövern assoziiert werden. Vielmehr möchten wir das lateinische Verb *fingere* in diesem Zusammenhang im Sinne seiner Bedeutung von ‚erdichten' verstehen. Bei ‚fingierter Mündlichkeit' handelt es sich um eine fiktionale narrative Form des Erzählens. Diese narrative Form der Mündlichkeit unterscheidet sich von der alltagssprachlichen oder mundanen Mündlichkeit durch bestimmte Charakteristika.

Das Konzept der fingierten Mündlichkeit wurde bereits 1985 von dem Freiburger Anglisten Paul Goetsch entwickelt. Goetsch postuliert, dass „Mündlichkeit in geschriebenen Texten nie mehr sie selbst, sondern stets fingiert" sei (Goetsch 1985, 202). Für Goetsch ist die Verwendung von Mündlichkeit in narrativen Texten als eine „Komponente des Schreibstils und oft auch der bewussten Schreibstrategie des jeweiligen Autors" (ibid.) anzusehen. Fingierte Mündlichkeit tritt an gewissen Stellen erzählender Texte als ein in stilistischer Hinsicht auffälliges Strukturelement in Erscheinung. Sie tritt insbesondere im realistisch naturalistischen Roman, aber auch in anderen literarischen Texten auf. Dort wird sie als Stilelement und als rhetorische Strategie benutzt, um bestimmten Charakteren und Situationen ihren eigentümlichen Charakter und ihr individuelles Kolorit zu verleihen. Im Gegensatz zu Formen von Mündlichkeit der Alltagskommunikation muss bei fingierter Mündlichkeit aber stets auch ihr Bezug zur Schriftlichkeit gesehen werden (vgl. ibid., 203).

Äußerungen in fingierter Mündlichkeit stehen zweifelsohne in engem Bezug zu alltäglicher Kommunikation, sind aber keineswegs deren Abbilder (vgl. Freunek 2007, 26). Der Germanist Johannes Schwitalla und seine finnische Kollegin Liisa Tiittula, die sich intensiv mit den Eigenheiten gesprochener Sprache und dem Problem ihrer Übersetzung befasst haben, kommen gar zu dem Schluss:

> Überhaupt wollen wir bei dieser Gelegenheit einmal sagen, dass die möglichst genaue Abbildung von Alltagssprache nicht *eo ipso* etwas mit der Qualität eines literarischen Werkes zu tun hat. Die moderne Literatur basiert nicht auf Mimesis. (Schwitalla & Tiittula 2009, 19)

Texte, die durch fingierte Mündlichkeit gekennzeichnet sind, sind also keine Transkriptionen gesprochener Alltagssprache. Vielmehr handelt es sich um stilisierte Manifestationen gesprochener Sprache, die im Medium geschriebener

Sprache präsentiert werden. Dabei wird in narrativen Texten keineswegs das gesamte Spektrum der Charakteristika gesprochener Sprache ausgeschöpft, sondern nur eine Auswahl getroffen. Fingierte Rede wählt nur wenige Elemente gesprochener Sprache aus, die sich durch Wiederholung und Zuspitzung kennzeichnen lassen (vgl. ibid., 20-21).

Das Auftreten fingierter Mündlichkeit in literarischen Texten ist an bestimmte Voraussetzungen geknüpft. Sie dient als Mittel zur Schaffung einer Illusion von Realität und Authentizität. Ihre Effektivität gewinnt fingierte Mündlichkeit gerade dadurch, dass der Autor Möglichkeiten der Sprache der Distanz im Sinne von Koch/Oesterreicher (vgl. Koch & Oesterreicher 1985; 1990) wie erhöhten Planungsgrad, Komprimierung, Auswahl und Zuspitzung der jeweiligen sprachlichen Mittel auswählt und auf diese Weise die Merkmale der Sprache der Nähe besonders deutlich hervortreten lässt (vgl. Goetsch 1985, 213; Tannen 1980, 209). Es geht also bei fingierter Mündlichkeit nicht darum, additiv in einem Text möglichst viele Einzelmerkmale gesprochener Sprache zu versammeln, sondern um die „Herstellung einer Illusion der Nähe" (Goetsch 1985, 217). Goetsch schreibt dazu weiter:

> Im Gegensatz zu anderen Arten der Schriftlichkeit strebt schriftliches Erzählen nämlich nicht danach, den Leser durch einen hohen Reflexions- und Abstraktionsgrad, durch Objektivität oder durch logische Argumente zu überzeugen. Vielmehr will es den Leser zur Lektüre bewegen, ihn fesseln, seine Phantasietätigkeit anregen und ihm Identifikationsangebote machen. Vor allem aber will es ihn zur Konstituierung der Erzählwelt im Akt des Lesens auffordern. Zu diesem Zweck setzt schriftliches Erzählen auch ganz gezielt die Illusionswirkung ein, die von fingierter Mündlichkeit und einer entsprechenden Kommunikationssituation ausgeht. (ibid., 217-218)

2. Probleme der Übersetzung von Mündlichkeit

Für die Übersetzung von Mündlichkeit ergeben sich eine Reihe komplexer Problemfelder. So kann es beim Übersetzungsprozess etwa zu Konflikten zwischen den Sprachnormen der Ausgangssprache und der Zielsprache kommen. Beispielsweise können Ausgangssprache und Zielsprache etwa im Hinblick auf ihre literarische Tradition voneinander abweichen. Die Stellung der gesprochenen Varietäten kann in der Ausgangs- und in der Zielsprache unterschiedlich bewertet werden. Auch die Einstellung der Sprachbenutzer im Hinblick auf gesprochene Sprache kann in den Ländern der Ausgangs- und der Zielsprache differieren (vgl. Schwitalla & Tiittula 2009, 34). Es können sich Probleme bei der Wiedergabe von Dialekten ergeben. Es kann, wie etwa im Falle des Deutschen, wo Theodor Siebs' (1862-1941) Werk *Deutsche Bühnenaussprache* von 1898 normativ und die Verwendung von Dialekten traditionell verpönt war (vgl. ibid., 28-29), zu Konfliktsituationen bei der Verwendung informellerer mündlicher Varietäten kommen. Zusätzlich sind grundsätzliche Probleme des Übersetzungsprozesses in Rechnung zu stellen, wie etwa die Frage, ob der Übersetzer selbst eine Reproduktion des Originaltextes zu liefern habe oder ob er im Sinne künstlerischer Freiheit seiner Übersetzung ein individuelles Gepräge zu verleihen vermag. Darüber hinaus muss sich der Übersetzer zwischen zwei verschiedenen Übersetzungsstrategien entscheiden, nämlich zwischen der Anpassung oder der Nicht-Anpassung an die Normen der Zielsprache und Zielkultur. Er muss also wissen, ob er eine einbürgernde oder eine verfremdende Übersetzung wählen möchte (vgl. Albrecht 1998, 69-76; Schwitalla & Tiittula 2009, 35-36). Bei der einbürgernden Übersetzung würde er eher versuchen, einen Text zu produzieren, der sich wie ein Original liest. Dies ist häufig der Fall bei Kinderbüchern, wo beispielsweise oftmals Namen übersetzt werden. Im Hinblick auf die Behandlung von Mündlichkeit würde die einbürgernde Übersetzung bedeuten, dass der Übersetzer die Figurenrede in Analogie zur literarischen Tradition der Zielkultur gestaltet. Bei einer verfremdenden Übersetzung wären dagegen im Text der Zielsprache die Charakteristika der fremden Sprache und Kultur sichtbar. Der Übersetzer wird nun, abhängig vom Charakter des jeweiligen Textes, eine vermittelnde Position zwischen beiden Strategien auswählen müssen.

Zweifelsohne ergeben sich bei der Übersetzung von Kinderbüchern im Vergleich zur Übersetzung von Erwachsenenliteratur zusätzliche Herausforderungen. Rieken-Gerwing (1995), die der Frage nach der Existenz einer „Spezifik kinderliterarischen Übersetzens" nachgeht, beschreibt zahlreiche Problemfelder, mit denen der Übersetzer von Kinder- und Jugendliteratur konfrontiert wird. In einem kurzen Abriss der wichtigsten Positionen zu dieser Thematik (Rieken-Gerwing 1995, 84-90) betont sie mit Bamberger (1963) die Notwendigkeit einer besonderen schriftstellerischen und künstlerischen Begabung des Übersetzers von Kinderliteratur, der zudem auch noch über „schöpferisches Talent" verfügen müsse (Rieken-Gerwing 1995, 85). Ein zusätzliches Hindernis resultiert aus der Asymmetrie des Übersetzungsprozesses. Da weder Sprachkompetenz noch Lesefertigkeit der Kinder bereits vollständig entwickelt sind, muss der Übersetzer, der noch dazu über das größere Weltwissen und die größere Lebenserfahrung verfügt, die Sprache der Kinder beherrschen und verwenden können (vgl. ibid., 87-88). Bedingt durch die Asymmetrie zwischen kindlichen kognitiven, sprachlichen und sozialen Kompetenzen einerseits[1] und den Kompetenzen des erwachsenen Übersetzers andererseits entsteht ein Gefälle, das dieser durch eine besondere Orientierung am Rezipienten kompensieren muss (vgl. ibid., 90). So zeichnet sich Kinderliteratur im Unterschied zu Erwachsenenliteratur gerade durch ihre Orientierung am Rezipienten aus, was den Übersetzer eher zu einbürgernden als zu verfremdenden Übersetzungsstrategien greifen lässt. Dennoch wird auch bei Kinderbuch-Übersetzungen keineswegs eine vollkommene Anpassung aller Kulturspezifika an die Kultur des Zielsprachenlandes vorgenommen (vgl. Fischer 2006, 184-192). Da insbesondere Übersetzungen von Kinder- und Jugendliteratur einen wichtigen Beitrag zur Völkerverständigung darstellen, gilt in diesem Falle als oberste Maxime die Texttreue und der weitgehende Verzicht auf Adaptionen, um gerade die Alterität der übersetzten Ausgangssprache und Kultur hervorzuheben (vgl. Rieken-Gerwing 1995, 91-92).

Tendenziell sind Übersetzungen im Hinblick auf die Norm konservativer als die Originalwerke. Allerdings kann es unter Umständen erforderlich sein, dass bestimmte Sprachmuster der Ausgangssprache durch andere sprachliche Verfahren in der Zielsprache kompensiert werden müssen. In diesem Zusammenhang sei etwa beispielsweise an das Problem der Übersetzung deutscher Modalpartikeln in romanischen Sprachen (vgl. Beerbom 1992; Fischer 2006, 243-248) gedacht, mit dem wir uns in unserem Beispieltext näher befassen werden. Bei der Übersetzung fingierter Mündlichkeit ergibt sich zusätzlich das Problem, dass der Übersetzer die vom Autor beabsichtigte Illusion der Mündlichkeit, der Authentizität, der Nähe in die Zielsprache übermitteln muss.

Bei fingierter Mündlichkeit handelt es sich also um eine quasi künstlich nachgestellte, simulierte Art von Mündlichkeit, die als stilistisches Element gezielt eingesetzt wird. Für die Übersetzung dieses Phänomens ergibt sich eine Reihe von Fragestellungen: Wie werden unterschiedliche Register wiedergegeben? Was wird aus bestimmten Stilmitteln wie z.B. Ironie? Wie soll der Übersetzer mit dialektalen Einsprengseln verfahren? Inwieweit lassen sich stilistische Merkmale und der Grundduktus fingierter Mündlichkeit im Zieltext bewahren?

---

[1] Zu den speziellen Bedingungen für das Textverständnis bei Kindern vgl. Geisler 1985.

Verwenden unterschiedliche Sprachen unterschiedliche Strategien der Versprachlichung, wenn fingierte Mündlichkeit in Erscheinung tritt?

3. Christine Nöstlingers *Konrad oder das Kind aus der Konservenbüchse* (1975)

3.1. Zur allgemeinen Einordnung des Textes

Zur Beantwortung dieser und ähnlicher Fragen wollen wir uns einem Text zuwenden, der gewissermaßen einen Sonderfall fingierter Mündlichkeit darstellt. Es handelt sich um das Buch *Konrad oder das Kind aus der Konservenbüchse* der mehrfach preisgekrönten österreichischen Kinder- und Jugendbuchautorin Christine Nöstlinger (geboren 1936). *Konrad oder das Kind aus der Konservenbüchse* ist im Jahr 1975 im Oetinger Verlag zu Hamburg erschienen, wurde 1976 für den Deutschen Jugendliteraturpreis nominiert und in bisher insgesamt 21 Sprachen übersetzt. Das Buch wird für Kinder ab einem Alter von 9 Jahren empfohlen.

Die Wahl eines Kinder- und Jugendbuches wie diesem stellt deswegen einen Sonderfall fingierter Mündlichkeit dar, weil bereits die Autorin selbst versucht, die Sprache der Kinder nachzudichten und nachzuempfinden, und sich für den Übersetzer nicht nur das Problem stellt, gesprochene Sprache als solche wiederzugeben, sondern auch Besonderheiten gesprochener kindlicher Sprache, garniert mit den für den Personalstil dieser Autorin charakteristischen Merkmalen.

Bevor exemplarisch Probleme der Übersetzung an einem Kinder- und Jugendbuch Nöstlingers aufgezeigt werden, soll an dieser Stelle eine kurze Einordnung dieser Autorin und ihres kinder- und jugendliterarischen Werkes vorgenommen werden.

Christine Nöstlinger, die sich selbst als wildes und wütendes Kind beschreibt (vgl. Nöstlinger 1996, 5-6), beginnt ihr literarisches Schaffen in einer Zeit, in der Kinder- und Jugendliteratur in der ehemaligen Bundesrepublik zusehends als Teil der allgemeinen Literatur anerkannt wurde (vgl. Lypp 2000b, 828-829). In den Büchern der damaligen Zeit, so wie beispielsweise auch in Nöstlingers Erfolgswerk *Wir pfeifen auf den Gurkenkönig* von 1972 (vgl. Kümmerling-Meibauer 1999, 789-790; Fischer 2006; von Vegesack-Boßung 1978; Daubert 2000, 687), geht es um die Sozialisation des Kindes und seine Integration in die gesellschaftliche Wirklichkeit (vgl. Ewers 2000a; Ewers 2000b, 5; Gelberg

2005, 20-21). Die Kinder- und Jugendliteratur der Zeit, so auch Nöstlingers Werke, werden aus einer antiautoritären Perspektive geschrieben (vgl. Mattenklott 1989, 17). Ziel ist es, Kinder als Teilhaber am Sozialisationsprozess zu begreifen und mithilfe der Literatur ihre Kompetenzen für das Verständnis von Konflikten zu entwickeln (vgl. Daubert 2000, 685; Kümmerling-Meibauer 2012, 71). In gewisser Weise steht die Kinder- und Jugendliteratur der siebziger Jahre im Zeichen einer Renaissance der Aufklärung. Das Kind wird als eigenständiges, mündiges Wesen aufgefasst, das aktiv in die soziale Wirklichkeit eingreifen kann und soll.

Typisch für Nöstlingers Bücher sind antiautoritäre und bisweilen auch antipädagogische Tendenzen (vgl. Stoyan & Spinner & Németh 1998, 73-74; Fischer 2006, 222),[2] die Vorliebe für unkonventionelles, nicht normkonformes Verhalten sowie ihr Kampf um Respekt und Akzeptanz der kindlichen Persönlichkeit. Der neue Realismus der Kinder- und Jugendbuchliteratur der siebziger Jahre wendet sich insbesondere der Behandlung gesellschaftlicher Tabuthemen wie etwa Scheidung der Eltern, Sexualität oder Pubertätsproblemen zu (vgl. Kümmerling-Meibauer 2012, 72). Diese Aspekte durchziehen auch das Werk Christine Nöstlingers. In diesem Sinne ist beispielsweise etwa die in *Konrad oder das Kind aus der Konservenbüchse* vorgebrachte Kritik an den zu dieser Zeit gerade entstehenden medizinischen Verfahren künstlicher Reproduktion zu verstehen (vgl. Lypp 2000a, 112-113).

3.2. Inhalt von *Konrad oder das Kind aus der Konservenbüchse*

Der Inhalt dieses unterhaltsamen Buches ist schnell erzählt. Frau Bartolotti ist eine unkonventionelle, chaotische Frau, die mit Kindern nicht viel am Hut hat.

---

[2] Ihre antiautoritären Erziehungsvorstellungen bringt Nöstlinger in ihrer Rede in der Frankfurter Universität am 12. Juni 1992 deutlich zum Ausdruck: „Und was bleibt nun? Kinder ausrüsten für eine bessere Gesellschaft? Abgeschminkt! Kinder verstehen und für sie artikulieren? Abgeschminkt! So bleibt eigentlich nur, und das betrifft nicht nur das Kinderbuchschreiben, sondern auch das Zusammenleben mit Kindern, endlich-endlich-endlich, alle Erziehung sein zu lassen. Hören wir auf, Kinder unentwegt zu formen und zu stutzen, ihnen etwas vorzureden und einzureden, sie gerade oder krumm zu biegen, sie zu fördern oder zu hindern – und was alles Erziehung sonst noch sein mag. Sie erreicht ja ohnehin nie, was sie im Sinn hat. Weder der schwarzpädagogische Tadel noch das weißpädagogische Lob fruchten etwas. Daraus lernt ein Kind nicht, das nimmt ein Kind nicht an! Woraus ein Kind lernt – aus Büchern sicher nicht –, ist das Verhalten seiner Bezugspersonen. Und sonst gar nichts! Wie die leben, das formt ein Kind." (Nöstlinger 1992, 16-17)

Die etwas schrullig gezeichnete Frau im besten Alter mit einer Vorliebe für Gratis-Coupons und Probepäckchen trifft fast der Schlag, als aus einem dieser Päckchen ihr künftiger Sohn Konrad hinaussteigt. Das Kind wird tatsächlich in einer Konservenbüchse geliefert. Dieser Lieferirrtum entpuppt sich als ein nahezu vollkommenes, perfektes Kind mit besten Manieren, höchsten intellektuellen Fähigkeiten, tadellosem Verhalten und einem grandiosen Sinn für Ordnung, der für die mehr als chaotische Frau Bartolotti äußerst gewöhnungsbedürftig erscheint. Trotz der Verschiedenheit ihrer beider Charaktere gewinnt Frau Bartolotti den kleinen Konrad so lieb, dass sie ihn für sich behalten möchte. Dabei hat sie allerdings die Rechnung ohne die himmelblauen Männchen aus der Konservenfabrik bzw. Reproduktionsklinik gemacht, die die ‚Bestellung Konrad' den rechtmäßigen Besitzern zukommen lassen möchten und dabei auch vor Gewaltanwendung nicht zurückschrecken. Mithilfe von Konrads listiger kleiner Freundin Kitti gelingt es aber, die Männer aus der Konservenfabrik in die Flucht zu schlagen. Nachdem der aufmerksame Schüler Konrad von Kitti Unterricht in Flegelhaftigkeit, Aufsässigkeit und schlechtem Benehmen erhalten hat, führt er sich in Gegenwart der potentiellen neuen Eltern, die ja ein ‚perfektes Kind' bestellt hatten, so unmöglich auf, dass diese ebenso wie die zahlreich erschienenen Vertreter der Reproduktionsklinik die Flucht ergreifen. Am Ende der Erzählung erhebt sich die Frage, ob normgerechtes Verhalten im Sinne der Erwachsenen wirklich immer ein zu erstrebendes Ideal ist oder ob eine gewisse kindliche Kreativität, Naivität und Spontaneität nicht doch vorzuziehen sei (vgl. Kaminski 1987, 84/89; Fischer 2006, 387).

Die besondere Komik dieser Erzählung verdankt sich der Tatsache, dass der kleine, für seine sieben Jahre reichlich altkluge Konrad seiner – in diesen Dingen gänzlich unbeleckten – Mutter Ratschläge darüber erteilt, wie man mit einem Kind seines Alters als Elternteil umzugehen habe. Durch diese Umkehrung realer Familienverhältnisse entsteht eine Reihe grotesker Situationen, in denen der Humor der Autorin, der eines ihrer auffälligsten Stilmerkmale ist, besonders hervorzutreten vermag (vgl. Stoyan & Spinner & Németh 1998, 75-76; Lypp 2000a, 112-113; Czech 2000, 874-877).

4. Charakteristische Merkmale des Personalstils von Christine Nöstlinger

Eine pointierte und gelungene Kurzcharakteristik des Personalstils von Christine Nöstlinger liefert Inge Wild, die die Wienerin als eine der produktivsten Jugendbuchautorinnen des deutschsprachigen Raumes lobt und ihre Darstellungsweise in Anlehnung an Winfred Kaminski (Kaminski 1987, 89) als „drastischen Realismus" bezeichnet (Wild 2006, 43). Nach Auffassung Wilds ist es vielleicht „der ‚Wiener Schmäh' ihrer Dialogführung und Personenzeichnung, der mit seinem leichten Verfremdungseffekt für bundesrepublikanische Leser ihrem Humor eine spezifische Note, den inzwischen unverwechselbaren ‚Nöstlinger-Ton' verleiht" (ibid.).

Die Autorin Christine Nöstlinger betont selbst die besondere Rolle der Sprache für ihre literarischen Texte:

> Mir ist in einem Roman die Sprache sehr wichtig, ich würde sagen, zu 80 Prozent besteht die Literatur für mich aus Sprache. Ein Text muss eine Melodie haben. Ich sage immer: Ich spreche meine Texte nicht vor mich hin, ich murmle sie vor mir her. (Pirker 2007, 90)

Die Tatsache, dass eine Autorin, die so sehr auf ihrer an die Mundart angelehnten Sprache beharrt, im gesamten deutschsprachigen Raum erfolgreich ist, führt Ursula Pirker auf den besonderen Humor in all ihren Texten zurück (vgl. ibid.).

In einem Aufsatz über fingierte Mündlichkeit in der Kinderliteratur am Beispiel der *Geschichten vom Franz* in spanischen Übersetzungen diesseits und jenseits des Atlantiks resümiert Martin B. Fischer (2010, 43-44) einige charakteristische Züge der Sprache Christine Nöstlingers. Er gibt dabei u.a. folgende Charakteristika an: einfacher Satzbau unter Bevorzugung der Parataxe, gelegentliche Einschübe von Nebensätzen, Verbindung offensichtlich ungleicher Elemente durch Konnektoren, Appositionen, um nähere Informationen über bereits genannte Elemente zu vermitteln, Wiederholungen insbesondere von Eigennamen, Pronomen und Konnektoren, Gebrauch von Modalpartikeln, häufige Verwendung der direkten Rede, Gebrauch des Dativs anstelle des Genitivs, Verwendung von Neologismen, darunter häufig zusammengesetzte Wörter, die *ad hoc* kreiert werden, Verwendung dialektaler Formen im Bereich der Lexik, Morphologie und Syntax. Weitere typische stilistische Charakteristika dieser Autorin sind ihr Humor, der sich etwa in Situationskomik oder in Wortspielen äußert, oder die Ironie. Zahlreiche Merkmale der von Nöstlinger benutzten Elemente sind, wie Fischer zutreffend feststellt, der ‚Nähesprache' im Sinne von Koch/Oesterreicher (vgl. Koch & Oesterreicher 1985; 1990) zuzuordnen. Da sich ‚Nähesprache' insbesondere in direkter Rede äußert, wählen wir als Beispiele bevorzugt Dialoge aus.

Zu den zentralen Problemen der Übersetzung von Kinder- und Jugendliteratur zählen neben der Behandlung von Kulturspezifika die Wahrung der verschiedenen sprachlichen Register im Zieltext sowie die Übersetzung von Slang und Dialekten. Diese Aspekte sind gerade für die Texte von Christine Nöstlinger von besonderer Relevanz, die sich in ihrem literarischen *Œuvre* zur Anwältin der kleinen Leute aufschwingt (vgl. Dilewsky 1993, 20) und ihre *dramatis personae* im Arbeiter- und Kleinbürgermilieu ihrer Heimatstadt Wien ansiedelt. Da die Autorin sehr gerne umgangssprachliche und dialektale Elemente verwendet, weisen viele ihrer Kinderbücher Glossare mit hochdeutschen Übersetzungen lexikalischer Elemente aus dem Wienerischen und aus der Umgangssprache ihres Heimatlandes auf (vgl. Pirker 2007, 90-111; Fuchs 2001, 107-125). Die zahlreichen Tücken, die sich für die Übersetzung derartiger diatopischer Besonderheiten ergeben, haben die Übersetzungswissenschaftlerin Wilma Heinrich dazu veranlasst, in ironischer Anspielung auf einen Buchtitel Nöstlingers einen wissenschaftlichen Aufsatz mit dem Titel „,Che Stress!'" – Tradurre letteratura austriaca per l'infanzia" zu verfassen (vgl. Heinrich 2010).

5. Zur Übersetzung von fingierter Mündlichkeit in Christine Nöstlingers *Konrad oder das Kind aus der Konservenbüchse*

Grundlage unseres Vergleichs ist die 1982 erschienene Übersetzung von Alain Royer, die unter dem Titel *Le môme en conserve* erschien. Offenbar empfand der Übersetzer den Namen *Konrad* als ein Hindernis für die Rezeption dieses Textes in Frankreich. Im Buch wird der Name konsequent durch *Frédéric* ersetzt. Diese Ersetzung lässt sich als eine Konzession an das Deutschlandbild der französischen Leserschaft verstehen, für die *Friedrich* oder *Fritz* eben ein typisch deutscher Name *par excellence* ist. Durch diese Namenswahl geht jedoch die exotische Note des im Österreich der Entstehungszeit der Geschichte doch eher ungewöhnlichen und seltenen Namens *Konrad* verloren. Bereits anhand der Tilgung dieses Namens wird die grundlegende Übersetzungsstrategie, die Alain Royer wählt, deutlich. Wie oft in Fällen von Kinder- und Jugendliteratur wählt der Übersetzer eine einbürgernde Übersetzung, die sich an den Normen der Zielsprache orientiert und damit seinem jungen Leserpublikum möglichst weit entgegenzukommen versucht. Wie sehr Royer diese Strategie verfolgt, wird etwa daran deutlich, dass er die kaum jugendfreien Lieder, die die unbedarfte Frau Bartolotti dem kleinen Konrad vorsingt, kurzerhand durch deftige Chansons (etwa Georges Brassens' *Le moyenâgeux* oder *Le temps ne fait rien à l'affaire*) ersetzt (Nöstlinger/Royer 1982, 59).

Für einen Vergleich zwischen Original und Übersetzung habe ich mich für drei kurze Textausschnitte entschieden. Beginnen möchte ich diese Beispielsequenz mit einer Szene, in der die Kinder aus der Schule herauskommen und der frisch eingeschulte Oberstreber Konrad von ihnen gehänselt wird. Frau Bartolotti und Herr Egon, der selbsternannte Ersatzvater Konrads, nehmen diesen in Empfang:

Textbeispiel I

Original (Nöstlinger 1975, 75):	Frz. Übersetzung (Nöstlinger/Royer 1982, 109):
Drinnen im Schulhaus läutete die Glocke. „Gleich wird er da sein", meinte der Herr Egon. „Hoffentlich hat es ihm gefallen", meinte die Frau Bartolotti. „Sicherlich hat er gleich am ersten Tag einen Einser bekommen", meinte der Herr Egon. „Das ist mir Wurscht", meinte die Frau Bartolotti.	La cloche sonna. « Il va bientôt sortir, dit M. Alexandre. - J'espère que l'école lui aura plu, dit Mme Bartolotti. - Il aura certainement déjà eu une bonne note, dit M. Alexandre. - Je m'en moque éperdument », dit Mme Bartolotti.

Ein Vergleich des Originals und der Übersetzung lässt einige grundsätzliche Übersetzungsschwierigkeiten einerseits sowie Probleme der Übersetzung fingierter Mündlichkeit andererseits deutlich werden. Die Wiedergabe des Satzes „Drinnen im Schulhaus läutete die Glocke" mit « La cloche sonna » (Textbeispiel I) zeigt, dass der Übersetzer sich hier für eine Verkürzung entscheidet, unter der die Verständlichkeit jedoch nicht leidet. Der Leser weiß, dass sich die Protagonisten auf dem Schulgelände befinden. Dennoch wäre zu fragen, ob diese Verkürzung dem Originaltext gerecht wird. Der manchmal etwas umständliche, sehr explizite Ton, den Nöstlinger gerne verwendet, ist ja gerade auch ein Phänomen, das in gesprochener Sprache und insbesondere in der Kindersprache häufig auftritt.

Typisch für Nöstlinger ist auch die Wiederholung der Verben des Sagens, die die direkte Rede flankieren. Hier verwendet sie gleich dreimal hintereinander das Verb *meinen*. Dadurch bekommt der Dialog eine gewisse Gleichförmigkeit der Struktur. Dies ist eine typische Eigenschaft des Nöstlinger-Stils, die vom Übersetzer auch adäquat mit der dreifachen Wiederholung des Verbs *dire* wiedergegeben wird. Ein Stück weit versucht Nöstlinger, mit dieser Art der Wiederholung der *verba dicendi* auch die Erzählweise von Kindern zu imitieren, die sich im jüngeren Alter ja gerade durch die bisweilen arg monoton anmutende Verwendung von Repetitionen charakterisieren lässt (vgl. Fischer 2010, 44-45). Eine Nuance der fingierten Mündlichkeit des Ausgangstextes, die für das gesamte Buch konstitutiv ist, vermag die Übersetzung jedoch nicht wiederzugeben. Grundsätzlich heißt es im Originaltext „*die* Frau Bartolotti", „*der* Herr Egon" und auch „*der* Konrad" (Textbeispiel I). Die Tendenz, den bestimmten Artikel vor den Namen zu setzen, ist in der gesprochenen Sprache des Deutschen sehr geläufig. Es handelt sich dabei um eine Erscheinung der Umgangssprache, deren Gebrauch für die Figurenrede in Nöstlingers Werken ja ohnehin sehr charakteristisch ist. Fischer charakterisiert den Gebrauch des bestimmten Artikels vor Eigennamen als ein regionales Merkmal, verweist aber auch auf eine möglicherweise implizite pejorative Konnotation: „Dieser Artikelgebrauch gilt im deutschen Sprachgebiet als mundartlich oder je nach Region als umgangssprachlich bis abwertend" (Fischer 2006, 249).

Durch die Verwendung des anaphorischen Artikels wird außerdem suggeriert, dass den Gesprächspartnern bzw. dem Autor und dem Leser die in Rede stehende Person/Figur bekannt sei. Die Autorin kann auf diese Weise einen erhöhten Grad von Vertrautheit erzeugen, ganz im Sinne der ‚Nähesprache' von Koch/ Oesterreicher. Bereits der erste Satz des Buches lautet: „Die Frau Bartolotti saß im Schaukelstuhl und frühstückte." Dabei wird durch den Gebrauch des anaphorischen Artikels eine Nähe und Vertrautheit *a priori* evoziert, die inhaltlich noch gar nicht gerechtfertigt sein kann, weil der Leser die Protagonistin der Geschichte ja überhaupt erst einmal kennenlernen muss.

Die Nuance der Vertrautheit, die durch den systematischen Gebrauch des bestimmten Artikels vor den Eigennamen der Protagonisten gebraucht wird, kann in der französischen Übersetzung nicht adäquat wiedergegeben werden. Interessant ist jedoch, dass bei der Übersetzung der Name der Frau Bartolotti zwar erhalten bleibt, der für unsere Verhältnisse etwas altertümlich erscheinende Name *Herr Egon* jedoch kurzerhand zu einem *Mr. Alexandre* wird. Offenkundig haftet dem Namen *Alexandre* etwas Altmodisches an, zumindest nach Meinung des Übersetzers. Vielleicht spielt hier aber auch der Beruf des Herrn Egon eine Rolle. Da er Apotheker ist, wurde der vielsilbige und gelehrt klingende Name *Alexandre* offenbar als geeignet empfunden.

Dass der Name des Protagonisten *Konrad* kurzerhand durch *Frédéric* ersetzt wird, haben wir bereits als eine Konzession an das Deutschlandbild der französischen Leserschaft interpretiert. Da sich der Name *Konrad* jedoch auch als Reminiszenz an den Daumenlutscher Konrad aus dem international bekannten und auch mehrfach ins Französische übersetzten *Struwwelpeter* auffassen lässt (vgl. Stoyan & Spinner & Németh 1998, 75), erscheint seine Ersetzung nicht wirklich zwingend.

Die Wiedergabe des Satzes „Sicherlich hat er gleich am ersten Tag einen Einser bekommen" mit « Il aura certainement déjà eu une bonne note » (Textbeispiel I) trifft auch nicht ganz die stilistische Nuancierung des Originals. Im Hochdeutschen hätte man zudem ‚eine Eins' gesagt und nicht den Ausdruck ‚einen Einser' verwendet, der laut DUDEN als im süddeutschen und österreichischen Raum zu verortendes Lexem sowie als umgangssprachliches Wort gelten kann. Sehr gut lässt sich das Problem der Übersetzung fingierter Mündlichkeit anhand des Satzes „Das ist mir Wurscht", zeigen. Dieser wird viel zu umständlich mit « Je m'en moque éperdument » (ibid.) wiedergegeben. Bereits die an die Aussprache angepasste Schreibweise „Wurscht" anstelle von ‚Wurst' verdeutlicht jedoch den umgangssprachlichen Charakter des Satzes nachdrücklich, der im Französischen schlicht mit *ça m'est égal* oder noch besser mit *je m'en fous (royalement)* zu übersetzen gewesen wäre.

Textbeispiel II
Eine Textstelle, an der sich besonders gut die Charakteristika fingierter Mündlichkeit zeigen lassen, ist die Darstellung eines Streits auf der Geburtstagsparty von Konrads neuer Freundin Kitti. Kitti hat ein Ratespiel geschenkt bekommen, welches einiges an Wissen voraussetzt, über das Konrad im Gegensatz zu den anderen Gästen verfügt. Als er dieses Wissen naiv kundtut, geraten seine Mitspieler in Rage:

Originaltext (Nöstlinger 1975, 84-86):	Frz. Übersetzung (Nöstlinger/Royer 1982, 126-128):
Der Konrad wollte ihnen die Fragen erklären. Er sagte: „Die Hauptstadt von Polen, nach der da gefragt wird, heißt Warschau. Und der schiefe Turm steht in Pisa, und die Wurzel aus hundertvierundvierzig ist zwölf!" „Bäää, bääää, bääää, Angeber du! Bäää, Angeber du!" rief der Anton.	Frédéric voulut néanmoins commencer à jouer et entreprit de répondre aux questions : « La capitale de la Pologne est Varsovie, la tour penchée est située à Pise, la racine carrée de 144 est 12... - Bouh...Bouh...ooouuuh ! Frimeur ! beugla Antoine.

„Alles Schwindel. Er weiß gar nichts, Angeber der!" rief der Florian und boxte dem Konrad in den Bauch. „Hau ihm eine runter!" flüsterte die Gitti dem Konrad zu. Der Konrad schüttelte den Kopf. „Der ist ja feig, der traut sich nichts, bäää!" rief der Florian. „Feigling du, Feigling du!" „So hau doch schon", flüsterte die Gitti wieder, und als der Konrad trotzdem nicht zuschlug, drehte sich die Gitti um und sagte zur Michi: „Du, der ist ja wirklich ein Feigling, der läßt sich beleidigen und tut nichts dagegen."	- Tout ça c'est du baratin ! Il frime ! Il ne sait rien ! brailla Florian en bourrant le ventre de Frédéric de coups de poing. - Cogne-le ! », souffla Sylvie à Frédéric. Mais ce dernier se contenta de hocher la tête. « C'est une poule mouillée, il a la trouille ! Bouh ! s'écria Florian. Trouillard, trouillard ! - Mais qu'est-ce que tu attends pour cogner ? » chuchota de nouveau Sylvie. Lorsqu'elle vit Frédéric encaisser sans broncher, elle se tourna vers Martine et soupira : « C'est vrai, c'est une poule mouillée. Il en prend plein la figure, et il ne réagit pas ! »

Interessanterweise ist der Übersetzer zu Beginn dieser Textpassage zugleich ein Interpretant und Ausdeuter der Textaussage Nöstlingers. Im Original heißt es schlicht:

> Der Konrad wollte ihnen die Fragen erklären. (Textbeispiel II)

> Frédéric voulut néanmoins commencer à jouer et entreprit de répondre aux questions. (ibid.)

So heißt es sehr explizit und über die Textaussage hinausgehend in der Übersetzung. Dass Konrad spielen möchte und daher die Fragen des Ratespiels den Mitspielern erklären wollte, ist eigentlich selbstverständlich. Von daher erscheint die Übersetzung an dieser Stelle redundant.

Das sich nun entspinnende Streitgespräch ist mit seinen zahlreichen Verwendungsformen expressiver Ausdrücke wie Interjektionen oder Repetitionen sowie dem umfangreichen Gebrauch umgangssprachlicher und sehr informeller Redewendungen äußerst charakteristisch für fingierte Mündlichkeit.

> „Bäää, bääää, bääää, Angeber du! Bäää, Angeber du!" rief der Anton.
> „Alles Schwindel. Er weiß gar nichts, Angeber der!" rief der Florian und boxte dem Konrad in den Bauch. (ibid.)

wird übersetzt mit

> - Bouh...Bouh...ooouuuh ! Frimeur ! beugla Antoine.
> - Tout ça c'est du baratin ! Il frime ! Il ne sait rien ! brailla Florian en bourrant le ventre de Frédéric de coups de poing. (ibid.)

Durch den intensiven Gebrauch der Interjektionen wird der Streit unter den Kindern sehr plastisch simuliert. Man kann sich zu den *Bäää-* oder *Bouh-*Rufen bestens ein Herausstrecken der Zunge vorstellen. Die im Vergleich zur *face-to-face-*Interaktion geringeren Möglichkeiten geschriebener Sprache kompensieren in diesem Fall Mimik und Gestik durch die langgedehnten Interjektionen, die allein schon durch ihre Typografie, ähnlich wie beim Comic, ins Auge springen.

Ihr besonderes Gepräge erhält die fingierte Mündlichkeit in dieser Textpassage auch durch die Verwendung zahlreicher Wörter und Wendungen, die der Umgangssprache entlehnt sind:

Der Angeber wird als *frimeur* bezeichnet, womit sich der Übersetzer genauso in den Bereich der *langue familière* begibt wie mit dem Ausdruck *c'est du baratin!* – ‚Das ist alles nur Geschwätz!'. (Dabei entfällt allerdings die Konnotation des Betrugs, die das Wort *Schwindel* im Originaltext enthielt.)

Auffällig ist auch die eigenwillige gesprochensprachliche Syntax in dem Satz

„Er weiß gar nichts, Angeber der!" (ibid.)

Die Nachstellung des Artikels erfolgt hier aus Gründen der Expressivität. Bedingt durch das hohe Erregungsniveau der kleinen ‚Kombattanten' im Streit muss die sprachliche Richtigkeit geopfert werden.

Der französische Übersetzer Alain Royer löst diese Schwierigkeit, indem er mit einer syntaktischen Umstellung und einer Umwandlung des Substantivs *Angeber* in das Verb *frimer* arbeitet: „Er weiß gar nichts, Angeber der!" wird zu « Il frime ! Il ne sait rien ! » (ibid.).

Ein Problem ergibt sich bei der Wiedergabe der *verba dicendi*: Nöstlinger verwendet hier dreimal das Verb *rufen*:

„Bäää, bääää, bääää, Angeber du! Bäää, Angeber du!" *rief* der Anton.
„Alles Schwindel. Er weiß gar nichts, Angeber der!" *rief* der Florian und boxte dem Konrad in den Bauch.
„Hau ihm eine runter!" flüsterte die Gitti dem Konrad zu. Der Konrad schüttelte den Kopf.
„Der ist ja feig, der traut sich nichts, bäää!" *rief* der Florian. (ibid., Hervorhebung C.N.)

Der Übersetzer verfährt hier jedoch nach der Devise *variatio delectat*, wenn er drei verschiedene Verben, nämlich *beugler*, *brailler* und *s'écrire* verwendet:

- Bouh…Bouh…ooouuuh ! Frimeur ! *beugla* Antoine.
- Tout ça, c'est du baratin ! Il frime ! Il ne sait rien ! *brailla* Florian en bourrant le ventre de Frédéric de coups de poing.

- Cogne-le ! souffla Sylvie à Frédéric. Mais ce dernier se contenta de hocher la tête.
- C'est une poule mouillée, il a la trouille ! Bouh ! *s'écria* Florian. Trouillard, trouillard ! (ibid., Hervorhebung C.N.)

Das lautmalerische *beugler* evoziert das missmutig klingende Muhen einer Kuh, während *brailler* als Kreischen und Brüllen schon deutlich intensiver erscheint und die laute Begleitmusik zur körperlichen Attacke gegen Konrad darstellt. Weniger expressiv nimmt sich das neutralere *s'écrier* als ein entrüsteter Aufschrei aus.

Diese stilistische Varianz der *verba dicendi* ist von Nöstlinger jedoch nicht beabsichtigt. Gerade um die geringere Varianz solcher Formen im Erzählstil von Kindern, noch dazu aufgebrachten Kindern, zu simulieren, wählt Nöstlinger das fast monoton wirkende Verb *rufen* gleich dreifach.

Sehr gut wiedergegeben ist dagegen die Passage:

„Hau ihm eine runter!" flüsterte die Gitti dem Konrad zu. Der Konrad schüttelte den Kopf. (ibid.)

mit

- Cogne-le ! souffla Sylvie à Frédéric. Mais ce dernier se contenta de hocher la tête. (ibid.)

Cogner, das der *langue populaire* zuzurechnen ist und so viel wie ‚vertrimmen' oder ‚verdreschen' bedeutet, ist hier genau die richtige Wahl.

Der Satz

„Der ist *ja* feig, der traut sich nichts, bäää!" (ibid.)

stellt dagegen mit der Verwendung der Modalpartikel *ja* und der apokopierten Form *feig* statt *feige* wieder eine besondere Herausforderung dar.

Der Übersetzer entscheidet sich hier für die der *langue familière* zuzuordnende Redewendung: „C'est une poule mouillée" (ibid.) – ‚Das ist (aber) ein Hasenfuß'.

Bei der nächsten Modalpartikel muss der Übersetzer mit mehr Einfallsreichtum aufwarten. Die Aufforderung „So hau doch schon" gibt er mit der rhetorischen Frage „Mais qu'est-ce que tu attends pour cogner ?" (‚Worauf wartest Du noch, um zuzuschlagen?') wieder (ibid.).

Zusammenfassend lässt sich feststellen, dass diese Textstelle in besonderem Maße Merkmale fingierter Mündlichkeit aufzeigt, nicht zuletzt, weil es um die möglichst realistische Darstellung eines Streits unter Kindern geht. Dabei wird eine Vielzahl expressiver Ausdrücke wie Interjektionen benutzt. Die Sprache ist weitgehend parataktisch strukturiert. Es werden zahlreiche Wörter aus der Umgangssprache verwendet und teilweise mit drastischen Aufforderungen zur Gewaltanwendung kombiniert. Durch die Kondensierung dieser stilistischen Mittel wie etwa das durch die Dehnung der Interjektionen gut vorstellbare Herausstrecken der Zunge wirkt die hier dargestellte Situation sehr authentisch. Sie kann damit exemplarisch für die Herstellung einer Illusion der Nähe und der Authentizität der Situation im Sinne von Goetsch stehen.

6. Fazit

Dass es sich bei fingierter Mündlichkeit jedoch um eine stilisierte Form von Mündlichkeit handelt, bei der bestimmte Merkmale zugespitzt werden können, die dem Übersetzer unter Umständen ein besonderes Maß an Phantasie abverlangen, möchte ich an einem letzten Beispiel verdeutlichen. Dieses Beispiel illustriert zugleich auf wunderbare Weise den besonderen Humor der Autorin.

Textbeispiel III

Originaltext (Nöstlinger 1975, 96):	Frz. Übersetzung (Nöstlinger/Royer 1982, 145):
Und an der Ecke bei der Hauptstraße wartete der Florian. Er marschierte dann neben dem Anton und schimpfte das ganze Alphabet durch. Er schimpfte: „Arschgeier, Brummhummel, Clodeckel, Depp, Esel, Feigling, Geierschlund, Hottentott, Iltis stinkender, Knülch, Lackel blöder, Mondgesicht, Neandertaler, olle Pute, Pißnelke, Quastenschwein, Rübe, Sau, Trampeltier, Urviech, Volltrottel, Warzensau und Ziegenbock."	Un peu plus loin, à l'angle de la grande avenue, c'était Florian qui les attendait. Il emboîtait le pas à Antoine et dévidait l'alphabet : « Amibe, Babouin, Connard, Dindonneau, Ectoplasme, Furoncle, Gargouille, Hippocampe, Ichtyosaure, Jabiru, Kangourou, Limace, Merdeux, Nullard, Ornithorynque, Poule mouillée, Quadrupède, Rabougri, Staphylocoque, Tarentule, Ubu, Ver de terre, Wapiti, Xylophone, Zébu ! »

Mit dieser Mischung von Bakterien, Einzellern, Krankheiten und vor allem exotischen Tieren aus Gegenwart und Urzeit (*Ichtyosaure*, *Ornithorynque*) garniert mit konventionelleren Beschimpfungen wie *Connard*, *Merdeux* und *Nullard* wird die Absicht der Autorin geschickt umgesetzt. Ihre virtuose Aufstellung eines Schimpfwörter-Alphabetes[3] zeugt jedoch deutlich von der Artifizialität fin-

---

[3] Zur Übersetzung dieses Schimpfwörteralphabets ins Spanische und Katalanische vgl. Fischer 2006, 297-298.

gierter Mündlichkeit, die sich, obwohl als Simulation gesprochener Sprache gedacht, zugleich Verfahren geschriebener Sprache anverwandeln muss, um zu einer kunstvollen narrativen Schreibstrategie zu werden.

Corpus

NÖSTLINGER, Christine. 1975. *Konrad oder das Kind aus der Konservenbüchse.* Hamburg: Oetinger.
NÖSTLINGER, Christine. 1982. *Le môme en conserve.* Traduit par Alain Royer. (*Livre de poche junior*). Paris: Hachette.

Bibliographie

ALBRECHT, Jörn. 1998. *Literarische Übersetzung. Geschichte – Theorie – Kulturelle Wirkung.* Darmstadt: Wissenschaftliche Buchgesellschaft.
ANDÚJAR, Gemma & BRUMME, Jenny. edd. 2010. *Construir, deconstruir y reconstruir. Mímesis y traducción de la oralidad y la afectividad.* (TRANSÜD. Arbeiten zur Theorie und Praxis des Übersetzens und Dolmetschens, 31). Berlin: Frank & Timme.
BAMBERGER, Richard. 1963. *Übersetzung von Jugendbüchern.* (Schriftenreihe des Buchklubs der Jugend, 17). Wien: Österreichischer Buchklub der Jugend.
BEERBOM, Christiane. 1992. *Modalpartikeln als Übersetzungsproblem: eine kontrastive Studie zum Sprachenpaar Deutsch-Spanisch.* (Heidelberger Beiträge zur Romanistik, 26). Frankfurt am Main [u.a.]: Lang.
BRUMME, Jenny. ed. 2008. *La oralidad fingida: descripción y traducción. Teatro, cómic y medios audiovisuales.* Con la colaboración de Hildegard Resinger y Amaia Zaballa. Madrid: Iberoamericana/Frankfurt am Main: Vervuert.
BRUMME, Jenny & ESPUNYA, Anna. edd. 2012. *The Translation of Fictive Dialogue.* Amsterdam/New York: Rodopi.
CZECH, Gabriele. 2000. „Komik in der Kinder- und Jugendliteratur der Gegenwart", in: Lange, Günter. ed. *Taschenbuch der Kinder- und Jugendliteratur. Vol. 2: Medien und Sachbuch. Ausgewählte thematische Aspekte. Ausgewählte poetologische Aspekte. Produktion und Rezeption. KJL im Unterricht.* Baltmannsweiler: Schneider Verlag Hohengehren, 862-887.
DAUBERT, Hannelore. 2000. „Familie als Thema der Kinder- und Jugendliteratur", in: Lange, Günter. ed. *Taschenbuch der Kinder- und Jugendliteratur. Vol. 2: Medien und Sachbuch. Ausgewählte thematische Aspekte. Ausgewählte poetologische Aspekte. Produktion und Rezeption. KJL im Unterricht.* Baltmannsweiler: Schneider Verlag Hohengehren, 684-705.
DILEWSKY, Klaus Jürgen. 1993. *Christine Nöstlinger als Kinder- und Jugendbuchautorin. Genres, Stoffe, Sozialcharaktere, Intentionen.* Frankfurt am Main: Haag + Herchen.
EWERS, Hans-Heino. 2000a. *Literatur für Kinder und Jugendliche. Eine Einführung in grundlegende Aspekte des Handlungs- und Symbolsystems Kinder- und Jugendliteratur. Mit einer Auswahlbibliographie Kinder- und Jugendliteraturwissenschaft.* (Studienbücher Literatur und Medien). München: Fink.

EWERS, Hans-Heino. 2000b. "Auf der Suche nach den Umrissen einer zukünftigen Kinder- und Jugendliteratur. Ein Versuch, die gegenwärtigen kinder- und jugendliterarischen Veränderungen einzuschätzen", in: Franz, Kurt & Lange, Günter & Payrhuber, Franz-Josef. edd. *Kinder- und Jugendliteratur zur Jahrtausendwende. Autoren – Themen – Vermittlung.* (Schriftenreihe der Deutschen Akademie für Kinder- und Jugendliteratur Volkach e. V., 26-2000). Baltmannsweiler: Schneider, 2-21.

FISCHER, Martin B. 2006. *Konrad und Gurkenkönig jenseits der Pyrenäen. Christine Nöstlinger auf Spanisch und Katalanisch.* (Kinder- und Jugendkultur, -literatur und -medien. Theorie – Geschichte – Didaktik, 43). Frankfurt am Main [u.a.]: Lang.

FISCHER, Martin B. 2010. "Historias de Franz a ambos lados del Atlántico. La oralidad fingida en la literatura infantil", in: Andújar, Gemma & Brumme, Jenny. edd. *Construir, deconstruir y reconstruir. Mímesis y traducción de la oralidad y la afectividad.* (TRANSÜD. Arbeiten zur Theorie und Praxis des Übersetzens und Dolmetschens, 31). Berlin: Frank & Timme, 41-62.

FREUNEK, Sigrid. 2007. *Literarische Mündlichkeit und deren Übersetzung. Am Beispiel deutscher und russischer Erzähltexte.* (Ost-West-Express. Kultur und Übersetzung, 2). Berlin: Frank & Timme.

FUCHS, Sabine. 2001. *Christine Nöstlinger. Eine Werkmonographie.* Wien: Dachs-Verlag.

GEISLER, Ursela. 1985. *Faktoren der Verständlichkeit von Texten für Kinder. Kinder und Medien – Ein Interaktionsmodell.* München: Causa.

GELBERG, Hans-Joachim. 2005. *Die Worte die Bilder das Kind. Über Kinderliteratur. Vorwort von Christine Nöstlinger.* Weinheim/Basel: Beltz & Gelberg.

GOETSCH, Paul. 1985. "Fingierte Mündlichkeit in der Erzählkunst entwickelter Schriftkulturen", in: *Poetica. Zeitschrift für Sprach- und Literaturwissenschaft* 17, 202-218.

HEINRICH, Wilma. 2010. "'Che Stress!' – Tradurre letteratura austriaca per l'infanzia", in: Di Giovanni, Elena & Elefante, Chiara & Pederzoli, Roberta. edd. *Écrire et traduire pour les enfants. Voix, images et mots. Writing and Translating for Children. Voices, Images and Texts.* Bruxelles [u.a.]: Lang, 231-242.

KAMINSKI, Winfred. 1987. "Die renitenten Mädchen der Christine Nöstlinger", in: Grossmann, Wilma & Naumann, Britta. edd. *Frauen- und Mädchenrollen in Kinder- und Schulbüchern. Dokumentation der Tagung der Max-Traeger-Stiftung vom 7.-9. November 1986 in Schmitten/Taunus.* Frankfurt am Main: Max-Traeger-Stiftung, 83-92.

KOCH, Peter & OESTERREICHER, Wulf. 1985. "Sprache der Nähe – Sprache der Distanz. Mündlichkeit und Schriftlichkeit im Spannungsfeld von Sprachtheorie und Sprachgebrauch", in: *Romanistisches Jahrbuch* 36, 15-43.

KOCH, Peter & OESTERREICHER, Wulf. 1990. *Gesprochene Sprache in der Romania. Französisch, Italienisch, Spanisch.* (Romanistische Arbeitshefte, 31). Tübingen: Narr.

KÜMMERLING-MEIBAUER, Bettina. 1999. *Klassiker der Kinder- und Jugendliteratur. Ein internationales Lexikon.* Vol. 2: *L-Z.* Stuttgart/Weimar: Metzler.

KÜMMERLING-MEIBAUER, Bettina. 2012. *Kinder- und Jugendliteratur. Eine Einführung.* (Einführungen Germanistik). Darmstadt: Wissenschaftliche Buchgesellschaft.

LYPP, Maria. 2000a. *Vom Kasper zum König. Studien zur Kinderliteratur.* (Kinder- und Jugendkultur, -literatur und -medien. Theorie – Geschichte – Didaktik, 8). Frankfurt am Main [u.a.]: Lang.

LYPP, Maria. 2000b. "Die Kunst des Einfachen in der Kinderliteratur", in: Lange, Günter. ed. *Taschenbuch der Kinder- und Jugendliteratur.* Vol. 2: *Medien und Sachbuch. Ausgewählte*

thematische Aspekte. Ausgewählte poetologische Aspekte. Produktion und Rezeption. KJL im Unterricht. Baltmannsweiler: Schneider, 828-843.
MATTENKLOTT, Gundel. 1989. *Zauberkreide. Kinderliteratur seit 1945.* Stuttgart: Metzler.
NÖSTLINGER, Christine. 1992. *Jeder hat seine Geschichte. Rede in der Frankfurter Universität am 12. Juni 1992. Mit Werkverzeichnis und Literatur zum kinderliterarischen Werk.* Jahresgabe 1992. Frankfurt am Main: Freundeskreis des Instituts für Jugendbuchforschung.
NÖSTLINGER, Christine. 1996. *Geplant habe ich gar nichts. Aufsätze. Reden. Interviews.* Wien: Dachs-Verlag.
PIRKER, Ursula. 2007. *Christine Nöstlinger. Die Buchstabenfabrikantin.* Herausgegeben von Marion Mauthe. Wien: Molden.
RIEKEN-GERWING, Ingeborg. 1995. *Gibt es eine Spezifik kinderliterarischen Übersetzens? Untersuchungen zu Anspruch und Realität bei der literarischen Übersetzung von Kinder- und Jugendbüchern.* (Europäische Hochschulschriften (Reihe I. Deutsche Sprache und Literatur, 1508)). Frankfurt am Main [u.a.]: Lang.
SCHNEIDERS, Hans-Wolfgang. 2007. *Allgemeine Übersetzungstheorie. Verstehen und Wiedergeben.* (Abhandlungen zur Sprache und Literatur, 169). Bonn: Romanistischer Verlag.
SCHWITALLA, Johannes. 1997. *Gesprochenes Deutsch. Eine Einführung.* Berlin: Schmidt.
SCHWITALLA, Johannes & TIITTULA, Liisa 2009. *Mündlichkeit in literarischen Erzählungen. Sprach- und Dialoggestaltung in modernen deutschen und finnischen Romanen und deren Übersetzungen.* Tübingen: Stauffenburg.
STACKELBERG, Jürgen von. 2013. *Basso continuo. Übersetzungsgeschichte und Übersetzungskritik.* Hrsg. von Annette Simonis und Linda Simonis. Essen: Bachmann.
STOYAN, Hajna & SPINNER, Kaspar H. & NÉMETH, Mária. 1998. *Moderne deutschsprachige Kinder- und Jugendliteratur. Überblick, Didaktik, Texte.* 1. kiadás. Budapest: Nemzeti Tankönyvk.
TANNEN, Deborah. ed. 1982. *Spoken and Written Language: Exploring Orality and Literacy.* Norwood, New Jersey: ABLEX Publishing Corporation.
VEGESACK-BOSSUNG, Hella von. 1978. „Die Funktion der phantastischen Figur in Chr. Nöstlingers Kinderroman ‚Wir pfeifen auf den Gurkenkönig'", in: Oberfeld, Charlotte & Kauffmann, Heiko & Becker, Jörg. edd. *Zwischen Utopie und Heiler Welt. Zur Realismusdebatte in Kinder- und Jugendmedien.* (Studien zur Kinder- und Jugendmedien-Forschung, 5). Frankfurt am Main: Haag + Herchen, 25-62.
WILD, Inge. 1992. „Komik in den realistischen Jugendromanen Christine Nöstlingers", in: Ewers, Hans-Heino. ed. *Komik im Kinderbuch. Erscheinungsformen des Komischen in der Kinder- und Jugendliteratur.* Herausgegeben in Verbindung mit der Arbeitsgemeinschaft Kinder- und Jugendliteraturforschung. (Jugendliteratur – Theorie und Praxis). Weinheim/ München: Juventa, 173-200.
WILD, Inge. 2006. *Rollenmuster – Rollenspiele. Literarische Erkundungen von Pubertät und Adoleszenz. Gesammelte Aufsätze zur neueren Jugendliteratur.* (Kinder- und Jugendkultur, -literatur und -medien. Theorie – Geschichte – Didaktik, 46). Frankfurt am Main [u.a.]: Lang.

Un type de linéarisation marquée en allemand et sa traduction en français

Martina Nicklaus (Düsseldorf)

Die vorliegende Studie setzt sich zum Ziel, Übersetzungsvorschläge für markierte Linearisierungen eines deutschen literarischen Texts anzubieten. Der Stil des gewählten Romans zeichnet sich gerade durch bestimmte Typen markierter Linearisierungen aus, daher wird eine möglichst invariante Übertragung als erstrebenswert vorausgesetzt. Am Beispiel markierter Vorfeldbesetzung wird gezeigt, dass es möglich sein kann, für einen wiederholt auftretenden Typ markierter Linearisierung eine vergleichbare Struktur im Französischen zu bestimmen, die als verlässliche Orientierung für die Übertragung der Verbalisierungen dieses Typs genutzt werden kann. Somit könnten stabile stilistische Merkmale des Ausgangstexts auch im Zieltext weitgehend nachempfunden werden.

1. Introduction

En 2007 Julia Franck reçoit le Prix littéraire *Deutscher Buchpreis* pour son roman *Die Mittagsfrau*. Le roman raconte l'histoire tragique d'une Allemande, Helene, qui a vécu les deux guerres mondiales et appartient à « une génération sacrifiée », comme le résume *Le Figaro*, cité sur la quatrième de couverture de la traduction française. Voici un extrait de la critique du jury : „Das Buch überzeugt durch sprachliche Eindringlichkeit, erzählerische Kraft und psychologische Intensität" ‹ Le livre se distingue par l'intensité pénétrante de sa langue, par sa puissance narrative et par sa densité psychologique › (traduction M.N.[1]) (Deutscher Buchpreis 2007).

La présente étude se propose de trouver des réponses à deux questions. Premièrement, d'où vient cette impression d'intensité ? Sans doute, c'est déjà le contenu en soi qui doit émouvoir. Mais cela n'est pas tout. La « Eindringlichkeit » réside, au moins dans le prologue du roman (9-28), aussi dans des linéarisations syntaxiques et informationnelles marquées, comme il sera montré dans ce qui suit. C'est avec de telles structures marquées que Franck réussit à déstabiliser le lecteur, et, par conséquent, à le maintenir dans un état de tension permanente. Franck y réussit, selon nos observations, en exploitant pleinement, de fa-

---

[1] Je remercie Veronika Lux-Pogodalla (CNRS-ATILF, Nancy) et Michèle Creff (Heinrich-Heine-Universität, Düsseldorf) pour leur aide linguistique très précieuse, pour leurs suggestions de traductions littéraires et, *last but not least*, pour leur patience.

çon consciente et ciblée, les libertés de linéarisation de l'allemand. Voici un exemple, qui sera analysé plus loin en détail (original et traduction autorisée) :

(1)
Nichts mit ihrer Herkunft zu tun habe das. (*Mittagsfrau*[2], 14)
Cela n'avait rien à voir avec ses origines à elle, assurait-il. (*Femme*, 14)

Deuxièmement : comment pourrait-on préserver dans une traduction l'impression d'intensité fondée sur de telles linéarisations, et cela dans une langue cible justement connue pour sa syntaxe rigide ? Cette deuxième question se pose si on est convaincu qu'une traduction idéale du roman devrait offrir des verbalisations reproduisant des constantes stylistiques telles que les linéarisations marquées. La présente étude s'inscrit donc dans une tradition en traductologie (cf. par ex. Albrecht [2]2006, 88-101 ; Koller 1981, 276 ; Boase-Beier 2011, 35) qui recommande, dans une traduction littéraire, des invariants à plusieurs niveaux y compris au niveau stylistique.[3]

J'exposerai d'abord mes choix terminologiques et donnerai un bref résumé des travaux traitant ou abordant les effets informationnels de la linéarisation sous un angle contrastif ou traductologique (cf. 2.). Suivra une description des outils d'analyse (cf. 3.) puis l'analyse même des exemples (cf. 4.), qui vise à esquisser un type de linéarisation en français équivalent au type de linéarisation syntaxique marquée auquel j'ai choisi de me limiter.

Les traductions autorisées des exemples ne sont considérées que comme des points de départ pour la discussion linguistique. Une éventuelle critique ne dévalorise en aucun cas le travail d'Elisabeth Landes, et d'autant moins que *La femme de midi*, comme toute traduction, reflète aussi l'influence de l'éditeur.

2. Notions utilisées et état de l'art

Le chapitre suivant fournit les définitions des notions essentielles telles que *linéarisation syntaxique* (cf. 2.1.), *linéarisation informationnelle* (cf. 2.2.), *linéa-*

---

[2] Pour citer les extraits du roman (Franck 2007) et de la traduction (Franck & Landes 2009), j'utiliserai les abréviations des titres : *Mittagsfrau, Femme*.
[3] Cette recommandation n'est pas acceptée par tous : Accepter des invariants revient à reconnaître l'autorité de l'original, ce qui n'est pas du tout évident par ex. pour les défenseurs de l'approche traductologique fondée sur la théorie de l'action, cf. Snell-Hornby 2008.

risation marquée (cf. 2.3.). Vient ensuite un aperçu des observations contrastivistes et traductologiques pertinentes dans mon contexte (cf. 2.4.).

2.1. La linéarisation syntaxique

La linéarisation syntaxique (ou : l'ordre des constituants) est définie ici comme l'acte de placer dans l'énoncé les constituants syntaxiques. Dans l'écrit, l'ordre des constituants obéit aux contraintes syntaxiques de la langue concernée. Ces contraintes laissent tout de même une certaine liberté créative (d'ailleurs assez grande en allemand) pour linéariser les constituants. Souvent, pour encoder une seule valeur référentielle, une même distribution des fonctions syntaxiques et une seule valeur illocutoire, la syntaxe permet plusieurs solutions. Ainsi une phrase comme :

Nichts mit ihrer Herkunft zu tun habe das. (*Mittagsfrau*, 14)

pourrait se réaliser par

Mit ihrer Herkunft habe das nichts zu tun.
Das habe mit ihrer Herkunft nichts zu tun.
Zu tun habe das mit ihrer Herkunft nichts.

Seule la structure informationnelle varie dans ces trois versions différentes de par leur linéarisation syntaxique.

2.2. Valeur informationnelle

Tandis que pour la linéarisation syntaxique les contraintes relèvent de la norme, les contraintes de la distribution des unités informationnelles proviennent de la situation communicative. Ce ne sont donc que des besoins communicatifs qui peuvent inciter l'émetteur à choisir „Nichts mit ihrer Herkunft zu tun habe das" plutôt que „Das habe mit ihrer Herkunft nichts zu tun".

Pour établir la valeur communicative d'un constituant syntaxique, appelée ici valeur informationnelle, on peut recourir, comme dans la présente analyse, au critère de la ‹ nouveauté › de l'information, qui mène à l'attribution des valeurs *neu–alt*, *given–new*, souvent associées aux dénominations *Thema–Rhema*, *thème–rhème* ou aussi *ground–focus* (Vallduví & Engdahl 1996, 462). Par ailleurs on peut relier la valeur informationnelle au contenu de la phrase pour distinguer le *topic* (aussi : *topique*) du *comment* (aussi : *focus*), c'est-à-dire distinguer le sujet logique de tout ce qui est dit à propos de ce sujet. Tandis que la nouveauté est un critère interphrastique, textuel (« relational », Vallduví & Engdahl 1996, 462), l'évaluation fondée sur le contenu est strictement intraphrastique et reflète la relation prédicative (« pragmatic aboutness », Reinhart 1981, 53). Il faut en outre mentionner la valeur supplémentaire de *focus* dans le sens d'emphase qui, selon Oesterreicher (1991, 357), opère au-dessus des niveaux déjà décrits.[4]

La valeur informationnelle d'un constituant syntaxique de la phrase résulte – aussi – de sa position dans l'énoncé. La linéarisation apporte donc une contribution décisive à la structure informationnelle. En linéarisant, l'émetteur attribue forcément des valeurs informationnelles, et cela souvent de façon spécifique dans chaque langue. Par conséquent, dans une traduction qui cherche à préserver la structure informationnelle comme invariant, on devrait garder présentes à l'esprit les fonctions informationnelles liées aux positions dans l'énoncé, pour pouvoir les gérer selon les besoins communicatifs. Ou afin de pouvoir, le cas échéant, choisir d'autres expédients dans la langue cible, comme les particules focalisantes, pour exprimer les valeurs informationnelles.

2.3. Linéarisations marquées

Seront jugés ‹ marqués › tous les énoncés dont la décodification est estimée cognitivement plus coûteuse que celle d'une ou de plusieurs linéarisations de valeur référentielle et illocutoire identiques. Est supposée être coûteuse pour le récepteur toute linéarisation qui retarde l'intégration des constituants – syntaxiques ou informationnels – dans la structure globale de l'énoncé.[5] L'intégration d'un constituant syntaxique dans la structure de l'énoncé est considérée comme moins coûteuse si la linéarisation suit l'ordre syntaxique SVO universellement préféré (cf. par ex. Fischer 2013, 97 ; Sornicola 2006, 770). L'intégration (ou mieux l'attribution) d'une valeur informationnelle est considérée comme moins coûteuse pour le lecteur si la linéarisation suit le principe universellement préféré (par ex. Lötscher 2006, 43 ; Gundel 1988, 227) de la position prioritaire de l'information connue. Aux deux niveaux, une structure marquée est donc une structure qui dévie de ce qui est attendu.

---

[4] Pour une discussion des approches, cf. par ex. Vallduví & Engdahl (1996), Krifka & Musan (2012, 1-44).

[5] La notion de marquage et le rôle de la fréquence reste néanmoins problématique, cf. par ex. la discussion de l'approche de Hawkins (qui relie le degré de marquage à la position des ‹ têtes › des constituants syntaxiques, Hawkins 1992) dans Fischer (2013, 57-103).

L'allemand se distingue par une grande liberté pour placer les constituants syntaxiques. Le français, typologiquement différent, n'offre que peu d'alternatives ; au moins un moyen de marquage syntaxique reposant sur la linéarisation existe cependant : l'antéposition de compléments circonstanciels et de compléments adverbiaux, essentiels ou non, avant le verbe. Déjà en 1997 Blumenthal (^{2}1997, 35) suppose qu'en français une décodification coûteuse s'obtient le plus souvent par le biais d'une „reiche Vorfeldbesetzung". Ce moyen est même plus souple en français qu'en allemand ; ainsi Marschall (2012, 163) constate qu'en français l'antéposition de plusieurs constituants s'avère „durchaus möglich, ja sogar äußerst häufig, weil nämlich Adverbiale, das Subjekt sowie pronominale Objekte dort asyndetisch nebeneinander und nicht, wie im Deutschen, nur statt einander auftreten können".

Dans le sens défini, l'exemple cité est à considérer comme marqué à la fois au niveau syntaxique et au niveau informationnel :

(1)
Nichts mit ihrer Herkunft zu tun habe das. (*Mittagsfrau*, 14)

La part non conjuguée, *zu tun*, du prédicat *habe zu tun*, ainsi que le complément circonstanciel *mit ihrer Herkunft*, qui réalise ici une valence obligatoire, et le complément d'objet direct sous forme de pronom indéfini *nichts* sont placés dans le *Vorfeld*, donc avant le prédicat. Le sujet pronominal est placé dans le *Nachfeld*, après le verbe conjugué. En outre, dans (1) se manifeste une linéarisation informationnelle marquée. L'élément nominal thématique « das », par ex., attendu tout à gauche, est déporté à la toute dernière position.

Toute transposition parallèle ou presque parallèle en français est exclue (à moins d'accepter une phrase elliptique comme (1c) en accentuant le rapport de possession) :

(1a)
*Rien avec ses origines à elle à voir n'avait cela, assurait-il.

(1b)
*Rien à voir avec ses origines à elle n'avait cela, assurait-il.

(1c)
Rien à voir avec ses origines à elle, assurait-il.

Il serait toutefois possible préférer une „reiche Vorfeldbesetzung" (Blumenthal ^{2}1997, 35) en déplaçant le complément circonstanciel en tête de phrase.

(1d)
Avec ses origines à elle, cela n'avait rien à voir, assurait-il.

La traductrice, ici, se résout à ne pas reproduire la structure marquée allemande, pourtant marquée à deux niveaux :

> Cela n'avait rien à voir avec ses origines à elle, assurait-il. (*Femme*, 14)

2.4. Observations contrastivistes et traductologiques

En ce qui concerne les critères de qualité de traduction, la structure d'information (et indirectement, la linéarisation) est mentionnée de façon explicite dès les années 80 du siècle dernier. C'est Koenitz (cf. 1987, 108) qui souligne que, dans une bonne traduction, la distribution de thème et rhème doit rester invariante. Fabricius-Hansen (cf. 2004, 327) réclame une grande sensibilité dans la gestion des aspects informationnels, car ce sont ces aspects qui seraient souvent dans la langue cible à l'origine du *translationese*, c'est-à-dire à l'origine d'interférences, appelées effets stylistiques non désirés par Doherty (1997, 79) : „unerwünschte stilistische Effekte". En 2011 encore, dans un livre didactique de traduction, Cinato-Kather (2011, 91 et 96) réitère la recommandation de Koenitz – sans pour autant entrer dans les détails.

Gerzymisch-Arbogast résume en 1986 :

> Es ist Aufgabe der Linguisten, dem Translator operable Kriterien zur Thema-Rhema-Unterscheidung an die Hand zu geben, die er in praktisch durchführbare Arbeitsmethoden umsetzen kann. (Gerzymisch-Arbogast 1986, 182)

Dix-huit ans plus tard, elle constate une reconnaissance générale (cf. Gerzymisch-Arbogast 2004, 596) de l'importance de la structure thème-rhème pour les traductions, même si cette reconnaissance reste relative : "Nevertheless, its concrete specific relationship to translation has remained relatively inconspicuous, [...]." L'exploration de la structure informationnelle dans le cadre de la traduction reste donc un "translation research desideratum" (ibid., 598) ; le stade des recommandations générales n'a pas encore été dépassé et il manquait encore justement ces critères pratiques que la linguiste avait réclamés en 1986. En 2013, Albrecht confirme : „Die Thema-Rhema-Gliederung als Invariante der Übersetzung ist meines Wissens bisher nur selten systematisch untersucht worden [...]." (^{2}2013, 130) En linguistique contrastive, en revanche, on peut observer un intérêt croissant dans ce secteur, cf. par ex. le recueil d'Adam (2013).

3. Outils d'analyse

La linéarisation, en tant que partie du procès de la traduction, comporte, comme déjà mentionné plus haut, la synchronisation des niveaux structurels syntaxique et informationnel. Il s'y ajoute, aussi dans l'écrit, le niveau acoustique, qui inclut des faits de prosodie (cf. Féry 2006) et de phonétique (on évitera, par ex., les allitérations dans les textes en prose). L'analyse qui suit se focalise sur les deux premiers niveaux mentionnés et leur contribution à l'impression d'intensité produite remarquée dans le roman de Franck. Les deux chapitres suivants présentent les outils de cette analyse syntaxique et informationnelle.

3.1. Outils : syntaxe

Pour décrire les faits syntaxiques sera employée la terminologie traditionnelle, orientée à la terminologie classique du *Bon usage* (Grevisse & Goose 2011, §227 et §277) et, si nécessaire, à celle du *Grundriss der deutschen Grammatik* (Eisenberg ⁴2013, 46-51). Les catégories relationnelles suivantes seront utilisées :

sujet/*Subjekt*
prédicat/*Prädikat*,
complément d'objet/*Objekt*
complément adverbial essentiel (lié au verbe ; d'après Grevisse & Goose 2011, §312)/*adverbiale Bestimmung*
complément adverbial non essentiel = complément circonstanciel (d'après Grevisse & Goose 2011, §312)/*satzmodifizierende adverbiale Bestimmung*
épithète/*Attribut*
compléments déterminatifs/*Prädikatsnomen*

Pour les faits de linéarisation syntaxique, je recours, pour l'allemand, au modèle topologique, qui distingue la position préverbale (*Vorfeld*), l'élément verbal conjugué (*linke Satzklammer*), la position centrale (*Mittelfeld*), de possibles éléments verbaux non conjugués (*rechte Satzklammer*) et la position après le groupe verbal (*Nachfeld* ; cf. par ex. Wöllstein 2010, 25). Ainsi dans l'exemple

(1)
Nichts mit ihrer Herkunft zu tun habe das. (*Mittagsfrau*, 14)

la distribution topologique du matériau lexical paraît déséquilibrée, le *Vorfeld* étant plus que surchargé.

3.2. Outils : structure informationnelle

Pour la description des faits de structure d'information, je m'appuie sur le premier modèle d'Ellen Prince (1981, 237, révisé dans Prince 1992, 12-13), qui prévoit, au lieu d'une dichotomie, une hiérarchie de valeurs entre *given* et *new* qui correspondent à des degrés de familiarité supposée (« familiarity » ou « shared knowledge », cf. Prince 1981, 232-33). Selon ce modèle le constituant *ihre Herkunft* dans (1) :

> Nichts mit ihrer Herkunft zu tun habe das. (*Mittagsfrau*, 14)

serait classé comme information nouvelle, toutefois ‹ ancrée › (« brand-new anchored », Prince 1981, 237) dans le savoir du récepteur ou ‹ connue › (« hearer-old », Prince 1992, 7), grâce au déterminant possessif. L'approche de Prince se situe dans la tradition de Chafe, et est reprise et révisée par Lambrecht dans une perspective de grammaire constructiviste. Cette théorie du conditionnement de l'information, l'*information packaging*, relie la structure de l'information aux intérêts de l'émetteur :

> Given–new distinctions can be found on different levels [...]. [...] the crucial factor appears to be the tailoring of an utterance by a sender to meet the particular assumed needs of the intended receiver. That is, information-packaging in natural language reflects the sender's hypothesis about the receiver's assumptions and beliefs and strategies. (Prince 1981, 224)

Il faut ajouter deux observations. Premièrement, Prince elle-même doit concéder qu'un émetteur ne s'intéresse pas forcément au savoir du récepteur. Ainsi, des monologues ou des énoncés émotionnels spontanés ne sont pas le fruit d'un conditionnement de l'information dans le sens défini. Dans les énoncés de fiction narrative cependant, l'émetteur, ici : l'auteur, ne peut qu'avoir, consciemment ou inconsciemment, des présupposés sur le savoir (qui va croissant) du récepteur, étant donné qu'il construit un champ de référence nouveau et fictif. L'auteur introduit progressivement de nouvelles informations, sans pour autant surcharger cognitivement le lecteur. En utilisant les mots de Prince (1981) : l'auteur doit ‹ façonner › (cf. « tailoring » dans la citation) son texte informationnellement. Il façonne le dosage informationnel, le rythme de la progression thématique et il peut évidemment intégrer des ruptures déstabilisantes, ce que fait, justement, Julia Franck.

Deuxièmement : Prince n'est pas la seule à substituer à la dichotomie *nouveau – connu* une gradation de plusieurs valeurs informationnelles. Il y a, entre autres, le modèle de Ferrari et al. (2008, 72-75), qui optent pour une tripartition, ou ceux de Jan Firbas (1987) et Jeannette Gundel et al. (1993) proposant, l'un des degrés de dynamisme communicatif, sans spécification ultérieure, l'autre une hiérarchie de connaissance, de *givenness*, qui repose sur l'identifiabilité d'un référent en général et sur la présence immédiate d'un référent dans la conscience (cf. aussi Lambrecht 1994, 105).

Dans le contexte présent, en simplifiant un peu, le savoir du récepteur est considéré uniquement comme savoir géré par l'auteur, construit au cours de la lecture. Une conception comme celle de Prince (1981), qui focalise sur les degrés de familiarité supposée, reflète cette perspective. Pour l'analyse seront utiles les deux degrés de familiarité suivants, qui ne s'appliquent qu'aux référents de constituants nominaux :

1. évoqué par le cotexte immédiat (reprise lexicale ou pronominale d'un élément de la phrase précédente = e_imm)

2. évoqué par le cotexte plus large (reprise lexicale = e_repr)[6]

Ces deux degrés reposent uniquement sur le cotexte comme source de familiarité supposée.[7] J'ai donc renoncé à intégrer la distinction entre *savoir général* ou *encyclopédique* et *conscience actuelle* (cf. Prince 1981, 235 et Lambrecht 1994, 105) et j'ai également renoncé à considérer la *situation de communication* comme source de familiarité (Prince 1981, 237).

4. Analyse des exemples

Je me limite ici à l'analyse d'un type de linéarisation syntaxique marquée qui constitue un sous-type de ce qu'on appelle *markierte Vorfeldbesetzung* (‹ placement marqué d'un ou plusieurs constituants en position préverbale ›, 8 exemples), ce qui correspond, au niveau de la structure informationnelle, à *Topi-*

---

[6] Dans Prince (1992, 301-304) ces deux degrés correspondraient à des référents connus car déjà nommés : *discourse-old, hearer-old*.
[7] Pour désigner ce savoir du lecteur Ferrari et al. (2008, 72-73) proposent la notion de « Memoria Testuale ».

kalisierung ; Blumenthal (^{2}1997, 38) identifierait dans les exemples même une « emphatische Voranstellung ».

J'aimerais souligner que ce type de marquage n'est pas le seul dans le prologue. Déjà dans la phrase initiale du roman, Julia Franck prépare les lecteurs aux décodifications compliquées en utilisant un autre type de marquage souvent repris par la suite, le jeu avec la plurifonctionnalité des adjectifs allemands, ici : *hoch* et *spitz*, séparés du reste de la phrase par des virgules et interprétables soit comme épithètes postposés soit comme compléments adverbiaux.

> Auf dem Fensterbrett stand eine Möwe, sie schrie, es klang als habe sie die Ostsee im Hals, hoch, die Schaumkronen ihrer Wellen, spitz, die Farbe des Himmels, [...] (*Mittagsfrau*, 9)
> Une mouette était perchée sur le rebord de la fenêtre, elle criait, d'une voix perçante, comme si elle avait la Baltique en travers du gosier, les crêtes écumantes de ses vagues, le ton criard du ciel, [...] (*Femme*, 9)

Grâce à la ponctuation et à la postposition de deux compléments directs supplémentaires, « les crêtes [...] », « le ton [...] », qui, d'abord, semblent ne pas s'intégrer dans la phrase, la traductrice réussit très bien, selon moi, à reproduire un effet de déstabilisation qui ressemble à celui de l'original.

Dans ce qui suit, je présenterai d'abord les exemples et la description du type de linéarisation choisi (cf. 4.1.), ensuite l'analyse des traductions (cf. 4.2.) et enfin (cf. 4.3.) deux propositions de traduction qui pourraient servir d'orientation fiable pour la traduction du type de construction en question.

4.1. Placement marqué d'un ou de plusieurs constituants en position préverbale

Voici les exemples :

(1)
Nichts mit ihrer Herkunft zu tun habe das. (Mittagsfrau, 14)
Cela n'avait rien à voir avec ses origines à elle, assurait-il. (*Femme*, 14)

(2)
Etwaso bedauerte der Vater. Peter musste lesen, den Brief des Beschützers [...] (Mittagsfrau, 13)
Il y avait quelque chose que son père déplorait. Il fallait la lire, la lettre de son protecteur [...] (*Femme*, 14)

(3)
Keinen einzigen Brief des Vaters$_{e\_imm}$ hatte Peter mehr finden können. (*Mittagsfrau*, 17)
Il n'avait plus trouvé une seule lettre de son père. (*Femme*, 18)

(4)
Die Zähne_{e_repr} konnte man nicht schleifen. (*Mittagsfrau*, 19)
Les dents, on ne pouvait pas les aiguiser. (*Femme*, 20)

(5)
Ihm_{e_imm} fiel ein, dass die Mutter ihn nach dem letzten Mal gebeten hatte, ein neues [Schloss] zu besorgen. (*Mittagsfrau*, 20)
Il se rappela qu'ensuite, la dernière fois, sa mère lui avait demandé de se procurer une nouvelle serrure. (*Femme*, 21)

(6)
Ihn_{e_imm} durchströmte die Gewissheit, dass sie heute den Zug bekommen würden, heute würden sie sich auf die große Reise machen, die Reise nach Westen. (*Mittagsfrau*, 21)
Il fut pénétré de la certitude qu'aujourd'hui ils partiraient pour le grand voyage, le voyage vers l'ouest. (*Femme*, 23)

(7)
Zum Bahnhof_{e_repr} gingen sie im Laufschritt. (*Mittagsfrau*, 23)
Ils allèrent à la gare au pas de course. (*Femme*, 24)

(8)
[Peters Mutter schwieg.] Vom Besuch der Soldaten_{e_repr} sagte sie nichts. (*Mittagsfrau*, 23)
[La mère de Peter se taisait.] Elle ne souffla mot de la visite des soldats. (*Femme*, 25)

Description de la structure syntaxique : Dans les 8 énoncés de ce type, un constituant qui est étroitement lié au verbe ou au phrasème verbal (*zu tun haben mit*), sans pourtant être le sujet grammatical, est antéposé à ce dernier dans le *Vorfeld*, occupant donc une position marquée. Ces constituants antéposés sont étroitement liés au verbe grâce à leur fonction définie par la valence du verbe. À noter : les constituants antéposés en (7) et (8), « Zum Bahnhof », « Von den Soldaten », ne peuvent pas être interprétés comme compléments circonstanciels ou *satzmodifizierende adverbiale Bestimmungen*[8], c'est-à-dire comme des constituants moins marqués dans cette position.

Il faut ajouter que, pour la position *Vorfeld*, il n'y a pas unanimité sur l'évaluation du degré de marquage. Ainsi Zifonun et al. (2011, 1584) accepteraient comme non marquée aussi l'antéposition d'un complément direct, tant qu'il reste le seul constituant dans le *Vorfeld*. Blumenthal ([2]1997, 39), en revanche, constate pour le constituant antéposé une mise en relief, „eine Abweichung

---

[8] Je m'appuie sur les indications dans la banque de données *E-VALBU* de l'*Institut für Deutsche Sprache* Mannheim (2010).

von dem Mitteilungswert, der für das betreffende Satzglied normalerweise anzusetzen gewesen wäre". Ces mises en relief („[...] die deutschen hervorhebenden Konstruktionen [...]") ne trouvent pas d'équivalent dans les traductions analysées par Blumenthal, ce qui correspond aux observations de la présente étude.

Dans (1) et (2), outre l'antéposition, c'est l'absence d'indices grammaticaux dans ces constituants initiaux (*etwas, nichts*) qui empêche l'intégration syntaxique immédiate. Le lecteur n'est pas en mesure d'attribuer des fonctions syntaxiques, ce qui augmente les coûts cognitifs et fait ainsi monter la tension du lecteur. L'auteure crée de cette façon un vague syntaxique qui ne se dissipe qu'après la décodification du reste de la phrase.

Description de la structure informationnelle : dans (3) à (8) la structure est à considérer comme non marquée (toujours en ce qui concerne la position préverbale), les constituants antéposés correspondant aux attentes pour la position initiale. Ils représentent tous des référents évoqués, soit sous forme de pronoms personnels, candidats prototypiques[9] de la position initiale (5, 6), soit sous forme de reprises lexicales identiques (3), (4), (7), (8). Dans (2) et (1) cependant, il y a marquage informationnel, car les pronoms indéfinis *etwas* et *nichts* (compléments d'objet directs), sont, en ce qui concerne la familiarité, informationnellement neutres par définition. Marschall (2012) observe que c'est justement l'antéposition de ces éléments non identifiés, de ces „nicht identifizierten Aktanten", qui crée de la tension dans les textes narratifs ou journalistiques (cf. Marschall 2012, 170-171). Le lecteur n'est pas en mesure d'attribuer une valeur informationnelle intégrant l'élément dans la structure informationnelle globale. Franck se sert de ce type de marquage au niveau informationnel aussi en d'autres occasions dans le prologue ; ce marquage est d'ailleurs aussi réalisable en français :

> Etwas musste seinen Freund getroffen und die Hand von seinem Körper getrennt haben. (*Mittagsfrau*, 14)
> Quelque chose avait dû toucher son copain et séparer sa main de son corps. (*Femme*, 12)

Il y a encore un autre aspect qui renforce l'effet déstabilisant. Dans les cas examinés l'antéposition ne sert ni à souligner un contraste, ni à la restriction à une valeur extrême (‹ *wenigstens* etwas ›). De telles antépositions semblent pourtant

---

[9] On a même attribué aux pronoms initiaux en français la valeur de „word-initial or phrase-initial prefixes" (Klein 2012, 98), ce qui souligne leur prototypicalité en tête de phrase.

être typiques dans un cotexte contrastif. Même les exemples cités dans Zifonun et al. (2011, 1585) – „Mir war zum Lachen zumute, aber ich brach in Tränen aus", „Ihn schicken sie alle vor, und er läßt sich vorschicken" – appelés explicitement non marqués par Zifonun (mais appelés marqués dans le présent travail), servent à mettre en évidence un contraste.

4.2. Quelques remarques sur les traductions

Dans les traductions se vérifie une tendance à un certain nivellement, une tendance qui correspond parfaitement aux résultats de plusieurs études traductologiques (Koller 1981, 278 ; Toury 1995, 274 ; Laviosa 2011, 23 ; Ulrych 2011, 24) : sauf dans l'exemple (4) avec la dislocation d'un complément d'objet direct, la structure syntaxique suit la forme *non* marquée SV(O).

Pour (4) la traductrice choisit une dislocation à gauche, donc une construction syntaxique marquée (antéposition du complément). Ce choix semble confirmer une tendance décrite dans une étude de Veldre-Gerner (2014). La dislocation à gauche dans les textes littéraires français est utilisée, selon Veldre-Gerner, pour la „Thematisierung semiaktiver oder inaktiver Referenten in der Erzählerrede" (Veldre-Gerner 2014, 239). Le constituant dans (4), étant une reprise d'un constituant lexical introduit dans le même paragraphe, juste avant une rupture thématique, pourrait être décrit comme oscillant entre semi-actif et actif.

Pour les exemples (3) à (8), informationnellement non marqués en allemand, mais aussi pour (1), informationnellement marqué („Nichts [...]"), la traduction française présente une structure informationnelle non marquée, en partie avec des constituants préverbaux prototypiques de cette position (pronoms personnels). Dans (2), en revanche, marqué en allemand („Etwas [...]"), la traductrice reproduit l'effet déstabilisant en insérant un tour existentiel : ainsi, dans la phrase française, un constituant avec référent indéfini (*quelque chose*) est mis en focus ; l'attention du lecteur est donc détournée, pour ainsi dire, vers un élément référentiellement vide et informationnellement neutre.

4.3. Propositions de traduction

Avec la traduction de (6), la traductrice elle-même offre, selon moi, une correspondance qui pourrait servir pour (1) à (6) comme type de construction équivalent au type de construction allemand. En choisissant le passif, on préserve la structure d'information, aussi la topicalisation, on préserve, dans (1) et (2), l'antéposition d'un élément neutre (*en rien, quelque chose*). En plus, on déstabilise avec une construction morphosyntaxique contraire aux attentes : la tendance générale à la verbalisation *active*, c'est-à-dire à la perception des faits comme action intentionnelle causée par un agent, s'avère plus prononcée en français qu'en allemand (cf. Blumenthal ²1997, 20).[10] Choisir le passif périphrastique signifierait donc marquer linguistiquement en ignorant les préférences spécifiques du français et en insérant, dans (2) et (4), un autre facteur déstabilisant, l'ambiguïté entre passif d'état et passif du processus.

(1)
Nichts mit ihrer Herkunft zu tun habe das. (*Mittagsfrau*, 14)
En rien cela n'était lié avec ses origines à elle, assurait-il. (M.N.)

(2)
Etwas bedauerte der Vater. [...] (*Mittagsfrau*, 13)
Quelque chose était déploré par son père. (M.N.)

(3)
Keinen einzigen Brief des Vaters hatte Peter mehr finden können. (*Mittagsfrau*, 17)
Plus une seule lettre de son père ne fut trouvée par Peter. (M.N.)

(4)
Die Zähne konnte man nicht schleifen. (*Mittagsfrau*, 19)
Les dents ne pouvaient pas être aiguisées. (M.N.)

(5)
Ihm fiel ein, dass die Mutter ihn nach dem letzten Mal gebeten hatte, ein neues [Schloss] zu besorgen. (*Mittagsfrau*, 20)
Il fut saisi par la pensée qu'ensuite, la dernière fois, sa mère lui avait demandé de se procurer une nouvelle serrure. (M.N.)

(6)
Ihn durchströmte die Gewissheit, dass sie heute den Zug bekommen würden, heute würden sie sich auf die große Reise machen, die Reise nach Westen. (*Mittagsfrau*, 21)
Il fut pénétré de la certitude qu'aujourd'hui ils partiraient pour le grand voyage, le voyage vers l'ouest. (*Femme*, 23)

Comme mentionné plus haut, l'antéposition de constituants syntaxiques en français est un moyen courant pour faire naître de la tension. Une telle antéposition serait possible pour les exemples (7) et (8) et reproduirait même la linéarisation

---

[10] Malblanc (⁵1968, 237) ajoute une tendance des verbalisations françaises à la « vue immanente », à la description des faits à travers la perception d'un être humain, ce qui mènerait, par ex. pour (6) à *Il se sentit pénétré* ; les résultats de Malblanc ne sont cependant pas assez fondés empiriquement.

allemande. Tandis que le constituant *de la visite des soldats* (8) ne s'impose pas à cause de la valence, mais reste quand même lié au verbe (complément adverbial non essentiel), dans (7) le constituant antéposé ne peut pas être supprimé. En plus, il est indispensable d'utiliser, au lieu de *à*, la préposition *vers*, indication de direction aussi univoque (mais moins courante) que *zu* en allemand. Il ne s'agit ni en français ni en allemand de constituants interprétables comme des compléments circonstanciels.

(7)
Zum Bahnhof gingen sie im Laufschritt. (*Mittagsfrau*, 23)
Vers/en direction de la gare, ils allèrent au pas de course. (M.N.)

(8)
[Peters Mutter schwieg.] Vom Besuch der Soldaten sagte sie nichts. (*Mittagsfrau*, 23)
De la visite des soldats, elle ne souffla mot. (M.N.)

5. Conclusion

Les dix exemples tirés du prologue de la *Mittagsfrau* montrent une manière de linéariser très personnelle de l'auteure. On y découvre des principes de linéarisation récurrents, comme par ex. le placement marqué des adjectifs ou un placement marqué dans la position préverbale, dans le *Vorfeld*, analysé ici plus en détail.

L'impression d'intensité produite par le style de l'auteure provient, telle est la réponse à la première question posée plus haut, de linéarisations syntaxiques et informationnelles qui retardent la décodification, car elles ne correspondent pas aux structures attendues, non marquées.

Une traduction produisant la même impression d'intensité devrait offrir, telle est la réponse à la deuxième question, des verbalisations (et non pas forcément des linéarisations) qui compliquent la décodification et augmentent la tension du lecteur. Si on accepte les faits de style non seulement comme des invariants mais aussi comme des invariants primordiaux, surtout dans la traduction d'un texte caractérisé par son style particulier, on réussira à trouver des principes de verbalisation, d'ailleurs facilement mémorisables, qui puissent reproduire de manière fiable un effet ressemblant à celui de l'original, quoique parfois au prix d'un léger changement de sens : ainsi, dans (5), la traduction française (« Il fut saisi par la pensée [...] ») est légèrement plus explicite que l'original („Ihm fiel ein [...]").

Bien sûr le présent travail ne peut que suggérer des solutions. Pour des conseils plus précis, il faudrait inclure d'autres facteurs dans l'analyse, comme par ex. la préférence allemande pour la structure informationnelle concave, avec l'élément plus familier dans le *Mittelfeld* ou dans une position centrale (ex. 3, 7, 8 ; cf. Frey 2004 ; Doherty 1997, 97). Tenir compte de cette préférence pourrait mener à relativiser le degré de marquage d'une antéposition, qui alors pourrait aussi être considérée comme moyen pour préserver une structure informationnelle préférée, moins marquée.

Corpus

FRANCK, Julia. 2007. *Die Mittagsfrau*. Frankfurt am Main: Fischer.
FRANCK, Julia & LANDES, Elisabeth. 2009. *La femme de midi*. Paris: Flammarion.

Bibliographie

ADAM, Séverine. ed. 2013. *« Informationsstrukturen » im gesteuerten Spracherwerb. Französisch-Deutsch kontrastiv*. Frankfurt am Main [u.a.]: Lang.
ALBRECHT, Jörn. ²2006. *Literarische Übersetzung: Geschichte – Theorie – Kulturelle Wirkung*. Darmstadt: Wissenschaftliche Buchgesellschaft.
ALBRECHT, Jörn. ²2013. *Übersetzung und Linguistik*, Tübingen: Narr.
ASHBY, William & MITHUN, Marianne & PERISSINOTTO, Giorgio. edd. 1993. *Linguistic Perspectives on Romance Languages*. Amsterdam: Benjamins.
BLUMENTHAL, Peter. ²1997. *Sprachvergleich Deutsch-Französisch*. Berlin: de Gruyter.
BOASE-BEIER, Jean. 2011. *A Critical Introduction to Translation Studies*. London: Continuum.
CINATO KATHER, Lucia. 2011. *Mediazione linguistica tedesco italiano. Aspetti teorici e applicativi, esempi di strategie traduttive, casi di testi tradotti*. Milano: Hoepli.
CORTÈS, Colette. ed. 2012. *Satzeröffnung. Formen, Funktionen, Strategien*. Tübingen: Stauffenberg.
DOHERTY, Monika. 1997. « Übersetzen im Spannungsfeld zwischen Grammatik und Pragmatik », in: Keller, Rudi. ed. *Linguistik und Literaturübersetzen*. Tübingen: Narr, 79-102.
EISENBERG, Peter. ⁴2013. *Grundriss der deutschen Grammatik. 2. Der Satz*. Stuttgart: Metzler.
FABRICIUS-HANSEN, Catherine. 2004. « Paralleltext und Übersetzung in sprachwissenschaftlicher Sicht », in: Kittel, Harald et al. edd. *Übersetzung, Translation, Traduction*. Vol. 1. Berlin [u.a.]: de Gruyter, 322-329.
FERRARI, Angela et al. 2008. *L'interfaccia lingua-testo. Natura e funzioni dell'articolazione informativa dell'enunciato*. Alessandria: Dell'Orso.
FÉRY, Caroline. 2006. « Laute und leise Prosodie », in: Blühdorn, Hardarik. ed. *Text – Verstehen: Grammatik und darüber hinaus*. Berlin [u.a.]: de Gruyter, 164-83.
FIRBAS, Jan. 1987. « On the operation of communicative dynamism in functional sentence perspective », in: *Leuvense Bijdragen* 76, 289-304.

FISCHER, Klaus. 2013. *Satzstrukturen im Deutschen und Englischen. Typologie und Textrealisierung*. Berlin: Akademie.
FREY, Werner. 2004. « A Medial Topic Position for German », in: *Linguistische Berichte* 198, 153-190.
GERZYMISCH-ARBOGAST, Heidrun. 1986. « Thema-Rhema-Gliederung », in: Snell-Hornby, Mary. ed. *Übersetzungswissenschaft – eine Neuorientierung. Zur Integrierung von Theorie und Praxis*. Tübingen: Francke, 160-183.
GERZYMISCH-ARBOGAST, Heidrun. 2004. « Theme-rheme organization (TRO) and translation », in: Kittel, Harald et al. edd. *Übersetzung, Translation, Traduction*. Vol 1. Berlin [u.a.]: de Gruyter, 593-600.
GREVISSE, Maurice & GOOSSE, André. [15]2011. *Le bon usage. Grammaire française. 75 ans*. Bruxelles: De Boeck Duculot.
GUNDEL, Jeanette. 1988. « Universals of Topic-Comment Structure », in: Hammond, Michael & Moravcsik, Edith & Wirth, Jessica. edd. *Studies in syntactic typology*. Amsterdam: Benjamins, 209-239.
GUNDEL, Jeanette K. & HEDBERG, Nancy & ZACHARSKI, Ron. 1993. « Cognitive status and the Form of Referring Expressions in Discourse », in: *Language* 69/2, 274–307.
HAWKINS, John A. 1992. « Syntactic Weight Versus Information Structure in Word Order Variation », in: Jacobs, Joachim. ed. *Informationsstruktur und Grammatik. Linguistische Berichte*, Sonderheft 4, 196-219.
KLEIN, Wolfgang. 2012. « The Information Structure of French », in: Krifka, Manfred & Musan, Renate. edd. *The Expression of Information Structure*. Berlin [u.a.]: de Gruyter Mouton, 95-126.
KOENITZ, Bernd. 1987. *Thema-Rhema-Gliederung und Translation*. Leipzig: Enzyklopädie.
KOLLER, Werner. 1981. « Textgattungen und Übersetzungsäquivalenz », in: Kühlwein, Wolfgang & Thome, Gisela & Wilss, Wolfram. edd. *Kontrastive Linguistik und Übersetzungswissenschaft. Akten des Internationalen Kolloquiums Trier/Saarbrücken 25.-30.9.1978*. München: Fink, 272-279.
KRIFKA, Manfred & MUSAN, Renate. 2012. « Information Structure. Overview and Linguistic Issues », in: Krifka, Manfred & Musan, Renate. edd. *The Expression of Information Structure*. Berlin [u.a.]: de Gruyter Mouton, 1-44.
LAMBRECHT, Knud. 1994. *Information Structure and Sentence Form. Topic, Focus, and the Mental Representations of Discourse Referents*. Cambridge [u.a.]: Cambridge Univ. Press.
LAVIOSA, Sara. 2011. « Corpus-Based Translation Studies: Where does it come from? Where is it going? », in: Kruger, Alet & Wallmach, Kim & Munday, Jeremy. edd. *Corpus-Based Translation Studies Material. Research and applications*. London: Continuum, 14-28.
LÖTSCHER, Andreas. 2006. « Die Formen der Sprache und die Prozesse des Verstehens. Textverstehen aus grammatischer Sicht », in: Blühdorn, Hardarik. ed. *Text – Verstehen: Grammatik und darüber hinaus*. Berlin [u.a.]: de Gruyter, 19-45.
MALBLANC, Alfred. [5]1968. *Stylistique comparée du français et de l'allemand: essai de représentation linguistique comparée et étude de traduction*. Paris: Didier.
MARSCHALL, Gottfried R. 2012. « Einstieg, Fortführung, Neuorientierung – Satzanfänge als Indizien für Diskurskonstruktion », in: Cortès, Colette. ed. *Satzeröffnung. Formen, Funktionen, Strategien*. Tübingen: Stauffenberg, 157-180.

MAYERTHALER, Willi. 1987. « Systemindependent Morphological Naturalness », in: Dressler, Wolfgang U. & Mayerthaler, Willi & Panagl, Oswald & Wurzel, Wolfgang U. edd. *Leitmotifs in Natural Morphology*. Amsterdam [u.a.]: Benjamins, 25-58.

MÜLLER, Stefan & BILDHAUER, Felix & COOK, Philippa. 2012. « Beschränkungen für die scheinbar mehrfache Vorfeldbesetzung im Deutschen », in: Cortès, Colette. ed. *Satzeröffnung. Formen, Funktionen, Strategien*. Tübingen: Stauffenberg, 113-128.

OESTERREICHER, Wulf. 1991. « Verbvalenz und Informationsstruktur », in: Koch, Peter & Krefeld, Thomas. edd. *Connexiones Romanicae. Dependenz und Valenz in romanischen Sprachen*. Tübingen: Niemeyer, 349-384.

PRINCE, Ellen F. 1981. « Toward a Taxonomy of Given-New Information », in: Cole, Peter. ed. *Radical Pragmatics*. New York: Academic Press, 223-255.

PRINCE, Ellen F. 1992. « The ZPG letter: Subjects, Definiteness, and Information-status », in: Mann, William C. &. Thompson, Sandra A. edd. *Discourse description: Diverse Linguistic analyses of a Fundraising Text*. Philadelphia: Benjamins, 295-326.

REINHART, Tanya. 1981. « Pragmatics and Linguistics: An Analysis of Sentence Topics », in: *Philosophica* 27/1, 53-94.

SNELL-HORNBY, Mary. 2008. « Übersetzen als interdisziplinäres Handeln. Über neue Formen des kulturellen Transfers », in: Kadrić, Mira & Schopp, Jürgen F. edd. *Translationswissenschaft in Wendezeiten. Ausgewählte Beiträge zwischen 1989 und 2007*. Tübingen: Stauffenburg, 125-136.

SORNICOLA, Rosanna. 2006. « Topic and Comment », in: Brown, Keith. ed. *Encyclopedia of Language and Linguistics*. Vol. 12. Boston: Elsevier Ltd., 766-773.

TOURY, Gideon. 1995. *Descriptive Translation Studies and beyond*. Amsterdam: Benjamins.

ULRYCH, Margherita. 2011. « Approcci retrospettivi e prospettivi ai luoghi della traduzione », in: Massariello Merzagora, Giovanna. ed. *I luoghi della traduzione. Le interfacce. Verona 24-26 settembre 2009*. Roma: Bulzoni, 15-28.

VALLDUVÍ, Enric & ENGDAHL, Elisabet. 1996. « The linguistic realization of information packaging », in: *Linguistics* 34/3, 459-519.

VELDRE-GERNER, Georgia. 2014. « Alte und neue Funktionen der Linksdislokation im französischen Roman », in: Veldre-Gerner, Georgia & Thiele, Sylvia. edd. *Sprachen und Normen im Wandel*. Stuttgart: ibidem, 219-241.

WÖLLSTEIN, Angelika. 2010. *Topologisches Satzmodell*. Heidelberg: Winter.

ZIFONUN, Gisela & HOFFMANN, Ludger & STRECKER, Bruno. 2011. *Grammatik der deutschen Sprache*. Berlin/Boston: de Gruyter.

Sources internet :

Deutscher Buchpreis. 2007, http://www.deutscher-buchpreis.de/archiv/jahr/2007/ (02.02.2016).

Institut für Deutsche Sprache Mannheim. 2010. *E-VALBU: Das elektronische Valenzwörterbuch deutscher Verben*. Mannheim: IDS, http://hypermedia.ids-mannheim.de/evalbu/index.html (02.02.2016).

Zur Übersetzung mehrsprachiger historischer Romane ins Französische am Beispiel von Andrea Camilleris *Il birraio di Preston* und *Il re di Girgenti*

Vivien Könnemann (Halle)

Andrea Camilleri est un écrivain sicilien qui est particulièrement connu pour ses romans policiers. Il écrit en outre des romans historiques parmi lesquels sont les deux romans analysés dans cet article, c'est-à-dire *Il birraio di Preston* (traduction française : *L'Opéra de Vigàta*) et *Il re di Girgenti* (traduction française : *Le roi Zosimo*).

Andrea Camilleri utilise une langue exceptionnelle et plus ou moins artificielle, car il combine des langues et dialectes comme le milanais, le romain, le toscan, l'allemand, l'espagnol et l'italien. La langue la plus utilisée est *l'italiano sicilianizzato*. Il se pose donc la question de savoir comment ce plurilinguisme des livres de Camilleri est traduisible sans que se perde le caractère linguistique.

L'article analyse quelques problèmes qui se posent aux traducteurs français de Camilleri. Sont présentées les solutions trouvées par Serge Quadruppani (le traducteur de *Il birraio di Preston*) et Dominique Vittoz (la traductrice de *Il re di Girgenti*).

1. Einführung

Der italienische Schriftsteller Andrea Camilleri (geb. am 6. September 1925 im sizilianischen Porto Empedocle) ist in erster Linie durch seine Kriminalromane um Kommissar Montalbano in und außerhalb Italiens bekannt geworden, verfasst aber auch historische Romane. Er ist einer der erfolgreichsten italienischen Autoren der Gegenwart. Bereits in seiner Kriminalreihe ist die sprachliche Gestaltung charakteristisch: Camilleri kombiniert hier in der Regel mindestens Italienisch, ein *italiano sicilianizzato*[1] und ein *italiano maccheronico*.[2] Konzentrieren möchte ich mich aber auf zwei seiner historischen Romane, deren sprachliche Gestaltung die Nutzung des Italienischen weit überschreitet.

Es ist dies zum einen der Roman *Il birraio di Preston*, der von Serge Quadruppani mit dem Titel *L'Opéra de Vigàta* ins Französische übersetzt worden

---

[1] Im weiteren Verlauf mit dem deutschen Terminus des sizilianisierten Italienisch bezeichnet.
[2] Das *italiano maccheronico* ist dabei eine Sprachform, mit der die Figur des zum Telefondienst abgestellten Polizisten Catarella charakterisiert wird. Sie besteht im Wesentlichen aus Elementen eines bürokratischen Italienisch, des Sizilianischen und des Standarditalienischen. Diese sind so miteinander verflochten, dass eine komische Wirkung entsteht.

ist. Zum anderen wird auf *Il re di Girgenti* eingegangen, der von Dominique Vittoz als *Le roi Zosimo* in die Zielsprache übersetzt wurde. In beiden Romanen treten neben dem Italienischen verschiedene Sprachen und/oder Dialekte auf. Zu beachten ist hierbei, dass im Italien des Handlungszeitraumes der Romane (17./18. Jh.) Dialekte die eigentlichen Sprachen des Volkes sind. Der Terminus Dialekt ist daher keineswegs als Pendant zu einer Standardsprache Italiens zu sehen. Italienisch existiert in dieser Zeit nur als elitäre überregionale Schrift- und Literatursprache. Prinzipiell sind alle von Camilleri eingesetzten Idiome gleichwertig. In *Il birraio di Preston* sind dies deutsche Einflüsse sowie sizilianische, mailändische, toskanische und römische Elemente. In *Il re di Girgenti* hingegen sind außer dem Italienischen das Französische, das Spanische und das Lateinische enthalten. Sehr begrenzt finden sich auch ein sizilianischer Dialekt und deutsche Elemente. Die vorwiegende Sprachform ist jeweils ein sizilianisiertes Italienisch.

Ausgehend von dieser Aufzählung der verwendeten Sprachen und Strata stellt sich die Frage nach der Übersetzbarkeit mehrsprachiger Literatur. Wie kann bei der Übersetzung in die Zielsprache Französisch mit den verschiedenen in einem Text auftretenden Sprachen und Dialekten umgegangen werden? Und welche Herangehensweisen bieten sich im Umgang mit der nicht markierten Sprache der Romane – dem sizilianisierten Italienisch? Dieser Problembereich soll im vorliegenden Rahmen betrachtet werden. Die Wahl zweier Romane, die von verschiedenen Übersetzern in die Zielsprache übersetzt wurden, ermöglicht dabei eine vergleichende Darstellung unterschiedlicher Übersetzungsansätze, insbesondere im Umgang mit dem sizilianisierten Italienisch, welches auch im Ausgangstext ein künstlich geschaffenes ist.

2. Grundsatzproblematik: Dialekte in der Übersetzung und speziell in Camilleri-Übersetzungen

Ziel von literarischen Übersetzern ist es in der Regel, dem Originaltext gegenüber eine Treue sowohl in Bezug auf den Inhalt als auch auf den Stil zu wahren. Eine mögliche Folge können Verfremdungseffekte sein. Knauer versteht literarisches Übersetzen als die Herstellung einer *formal-ästhetischen Äquivalenz* oder einer *Analogie der Gestaltung* (vgl. Knauer 1998, 65). Ein Hauptaugenmerk von Übersetzungen liegt entsprechend darauf, der zielsprachlichen Leserschaft den Eindruck zu vermitteln, den Originaltext zu lesen. Dazu trägt die möglichst weitgehende Erhaltung von Polyvalenzen und der stilistischen Eigenheiten des ausgangssprachlichen Textes bei (vgl. Knauer 1998, 61-66). Für die Übersetzung der meisten Romane Camilleris wirft dies einige Probleme auf, da hier eine Kombination, wenn nicht gar Interaktion der verschiedenen Sprachformen vorliegt. Tatsächlich werden, wie Schreiber (2006, 104) beschreibt, Prosaübersetzungen von dialektal geprägten Texten als besonders schwierig, teils unlösbar wahrgenommen. Insbesondere Camilleris historische Romane, in denen verstärkt Dialekte und Sprachen kombiniert werden, sind diesbezüglich eine große Herausforderung.

Können die dialektal geprägten Abschnitte übersetzt werden? Nach dem deutschen Übersetzer Moshe Kahn ist dies nicht möglich. Vielmehr würden die Dialekte „trattati"/„treated" (Kahn 2004, 180; ders. 2011, 103f.).

Da die markante Sprachnutzung Camilleris Werke wesentlich prägt und ihren Reiz gewissermaßen mitbedingt, müssen sich auch die Dialekte in der Übersetzung widerspiegeln. Ansonsten würde ein Teil des Grundcharakters seiner Romane verloren gehen. Wie kann diesem Problem grundsätzlich entgegengewirkt werden? Czennia (2004, 509ff.) führt hierfür einige Übersetzungsstrategien an, eine Auswahl derer ich im Folgenden auflisten und kommentieren will. Eine dieser Möglichkeiten ist,

> dass der [Übersetzer] die dialektalen Elemente mit einem zielsprachlichen Dialekt wiedergibt. Wird dies nicht angewendet, ist es laut Czennia auch denkbar, die dialektalen Bestandteile durch eine Art *Kunstdialekt* der Zielsprache zu übernehmen, in dem typische Merkmale verschiedener zielsprachlicher Dialekte zusammenlaufen. Beide Verfahren haben den Nachteil, dass die Verwendung zielsprachlicher Mundarten, die ja auf bestimmte Merkmale der Zielkultur verweisen, im Widerspruch zu geographischen und kulturellen Hinweisen des Ausgangstextes steht. (Könnemann 2010, 66)

Andererseits verweisen diese Verfahren mitunter auf eine zielpublikumsorientierte Grundhaltung des Übersetzers, welcher ein „überregionales Identifikationsangebot" schaffen und die „emotionale[] Annäherung des [P]ublikums an die fiktive Textwelt" (beide Czennia 2004, 510) erleichtern will.

Darüber hinaus zieht Czennia die Möglichkeit in Betracht, dialektale Ausdrücke des Originals durch soziolektale, idiolektale oder registerspezifische Markierungen zu substituieren. Ebenso könnten sie in eine mit Elementen der Mündlichkeit angereicherte Standardnorm übersetzt werden. Dies würde einer Orientierung an der Allgemeinverständlichkeit entsprechen. Der gänzliche Wegfall dialektaler Elemente ist ebenfalls denkbar. In Prosatexten werden die dialektalen Einschübe oftmals erst in den zielsprachlichen Standard übersetzt. Es folgen dann aber häufig in der Erzählerrede weiterführende Informationen darüber, dass die originale Figurenrede durch dialektale Einflüsse charakterisiert war. Es lässt sich für den Umgang mit dialektal markierten Texten in Anlehnung an Czennia zusammenfassen, dass für die Wiedergabe der original dialektalen Prägung oftmals zielsprachliche soziolektale Elemente eingesetzt werden.[3]

Ausgehend davon, dass jede Übersetzung die Atmosphäre und den Grundton des jeweiligen Romans erhalten sollte, gilt Demontis (2001, 51, 57f.) zufolge für Camilleris Romane, dass der fiktive Handlungsort Vigàta und die dortigen Geschehnisse nur über die Sprache Vigàtas vermittelt werden können. Die Übertragung in eine andere Sprache geht daher mit einer Reduktion der Aussagekraft und dem teilweisen Verlust des Charakters seiner Werke einher. Wie kann Camilleri also so übersetzt werden, dass der Reiz seiner Romane nicht unnötig vermindert wird? Für Moshe Kahn ist dies dann möglich,

> se il colorito dialettale non viene trasferito in un'altra lingua... ma cambia di sapore, cioè il cambiamento non avviene nel momento del suo adattamento alle particolarità [...] dell'altra lingua, che sono particolarità lessicali e semantiche, particolarità di ritmi sintattici, particolarità di ambiente, particolarità grammaticali. (Kahn 2004, 180)

> Dt.: wenn die dialektale Färbung nicht in eine andere Sprache überführt ..., sondern ihr Klang verändert wird, das heißt, die Veränderung nicht im Moment ihrer Anpassung an die Besonderheiten [...] der anderen Sprache eintritt; diese Besonderheiten sind lexikalische und semantische Besonderheiten, Besonderheiten syntaktischer Rhythmen, des Ambientes, grammatische Besonderheiten. (Kahn 2004, 180, Übersetzung V.K.)

Der sprachliche Zentralismus, welcher in Frankreich verhältnismäßig stark ausgeprägt ist, stellt nach Vittoz (2004, 188ff.) eine in die Übersetzungsarbeit unter anderem hinsichtlich der Werke Camilleris einzubeziehende Größe dar, da häufig eine Ablehnung von regionalsprachlichen Varietäten und Dialekten einerseits sowie eine negative Sicht auf Abweichungen von syntaktischen, orthographischen und lexikalischen Normen andererseits die Folge sind. Das Französische als eine für Abweichungen vom Standard relativ verschlossene Sprache stehe damit Camilleris flexibler Sprachnutzung gegenüber. Natürlich gibt es ebenso französische Kriminalautoren, die mit ihrer Sprache spielen, auf die hier jedoch nicht näher eingegangen werden soll.

---

[3] Vgl. zu den Übersetzungsverfahren bei dialektal geprägten Ausgangstexten Czennia 2004, 509ff.; Könnemann 2010, 67.

3. Übersetzungsstrategien der französischen Camilleri-Übersetzer: eine vergleichende Untersuchung

In *Il birraio di Preston* (frz. *L'Opéra de Vigàta*) steht ein Streit um eine Opernpremiere im Mittelpunkt der Handlung. Der Präfekt plant die Eröffnung des Theaters von Vigàta mit der Oper *Il birraio di Preston*. Die vigateser Bevölkerung ist gegen die Aufführung. Der Präfekt hält aber an der Darbietung fest, sodass die Lage schon vor der Theatereröffnung zu eskalieren droht. Während der Einweihung stören die Vigateser die Aufführung unter anderem durch Zwischenrufe. Daraufhin lässt der Präfekt die Zuschauer bis zum Veranstaltungsende im Theater einsperren. Die Situation gerät außer Kontrolle. Römische Revolutionäre nutzen dies aus: Das Theater wird wenige Stunden nach der Aufführung in Brand gesteckt und die Behörden nehmen die Ermittlungen auf.

Eine besondere Herausforderung an Übersetzer stellen in *Il birraio di Preston* die deutschen Elemente in der Sprache der Figur Fridolin Hoffer (und seines Sohnes), die mailändischen Einflüsse des *Questore* Colombo, die florentinische Prägung des Präfekten und das Römische des Revolutionärs Traquandi sowie ein sizilianisiertes Italienisch dar.

Was die deutschen Einflüsse anbelangt, entscheidet sich Quadruppani für ein ähnliches Vorgehen wie Camilleri selbst. So werden deutsche Begriffe zumeist unverändert oder nur minimal angepasst in die französische Fassung integriert. Vergleiche folgende Äußerung:

„Was ist denn? Che c'è?" (*Il birraio di Preston*, 11),

die auf Französisch

- *Was ist denn?* Qu'est-ce qu'il y a ? (*L'Opéra de Vigàta*, 13, kursiv im Original)

lautet. In der französischen Übersetzung wird allerdings die deutsche Formulierung optisch durch Kursivsetzung hervorgehoben. Die Beibehaltung der deutschen Frage bietet sich an dieser Stelle an, da auch im Original die italienische Entsprechung folgt und damit die Übersetzung dieser ausreicht, um das Verständnis des deutschen Einschubs abzusichern. Selten werden deutsche Einschübe auch übersetzt. So erscheint das originale

«Sì, vater» (*Il birraio di Preston*, 11)

als

- Oui, père (*L'Opéra de Vigàta*, 14).

Die vom Deutschen geprägte Aussprache des Italienischen der Figur Hoffer simuliert Quadruppani ähnlich wie Camilleri durch Abweichungen von der Standardschreibung, wie in den folgenden Textstellen ersichtlich wird:

«Kosa essere successo?» spio l'ingegnere.
«Dove?» spiò a sua volta l'uomo con fare gentile.
«Kome dofe? A Figàta, kosa essere successo?» (*Il birraio di Preston*, 15),

auf Französisch

- **Kess ki** se passe ? demanda l'ingénieur.
- Où ? demanda à son tour l'homme avec une mine affable.
- Komment où ? À Figàta, **kess ki** se passe ? (*L'Opéra de Vigàta*, 17, Hervorhebungen V.K.),

oder

«Ma kosa fa vecchia zighnora?» (*Il birraio di Preston*, 70),

die mit

- Mais **kess kelle** fait, la **fieille tame** ? (*L'Opéra de Vigàta*, 71, Hervorhebungen V.K.)

wiedergegeben wird. Hierin nutzt Quadruppani den Buchstaben *f* für *v*, *k* anstelle von *qu* oder *c* und *t* statt *d*, um „die starke Behauchung der Verschlußlaute" (Schneider 2002, 139) auf Lautebene im Schriftbild widerzuspiegeln. Weitere Abweichungen beziehungsweise Simulationsversuche zeigen sich im Textverlauf in der Schreibweise von *personne* als *bersone*, *hapiter* für *habiter*, *izi* anstelle von *ici*, *ze* für *ce* oder *gôté* für *côté* usw. Vergleiche beispielsweise die Übersetzung des Satzes

«Kvi, kvi, da kvesta parte!» (*Il birraio di Preston*, 65)

mit

- Par **izi**, par **izi**, de **ze gôté** ! (*L'Opéra de Vigàta*, 66, Hervorhebungen V.K.)

Für ein paralleles Vorgehen entscheidet sich Vittoz für die einzige Stelle mit deutschen Elementen in *Le roi Zosimo*. Sie übersetzt

«Kosa tofere noi fare?» addimannò (*Il re di Girgenti*, 210)

mit

« Ke **tefl**ons-nous faire? » quérit-elle (*Le roi Zosimo*, 173, Hervorhebungen V.K.).

Hierin wird ebenfalls *k* und nicht *qu* sowie *t* für *d* gebraucht. Des Weiteren wird der Konsonant *v* von Vittoz nicht nur durch ein *f* ersetzt, sondern als Geminata (*ff*) realisiert.

In *L'Opéra de Vigàta* wird zudem im bereits aufgeführten Auszug

- **Kess ki** se passe ? demanda l'ingénieur.
- Où ? demanda à son tour l'homme avec une mine affable.
- Komment où ? À Figàta, **kess ki** se passe ? (*L'Opéra de Vigàta*, 17, Hervorhebungen V.K.)[4]

– anders als im Original – keine Infinitivform verwendet. Kompensiert wird dies allerdings durch die Form des Interrogativpronomens *Kess ki* statt *Qu'est-ce qui*. An anderen Stellen behält Quadruppani Infinitivformen bei. Es entstehen Äußerungen des Typs

- Fous **hapiter** dans zette maison ? (*L'Opéra de Vigàta*, 67, Hervorhebungen V.K.)[5],

dessen Original

«Foi apitare in kvesta kasa?» (*Il birraio di Preston*, 65)

lautet. Die mangelnde italienische Sprachkompetenz, durch die Camilleri die Figur Hoffer kennzeichnet, wird somit auch in der Übersetzung deutlich gemacht.

Bezüglich der mailändischen Lexik ist zu beobachten, dass Quadruppani sie entweder direkt ins Französische übersetzt oder die Ausdrücke (im Kursivdruck) übernimmt und dann je nach Verständlichkeit des Kontextes eine Übersetzung anschließt oder nicht. Vergleiche den folgenden Auszug aus einem Gespräch zwischen *Questore* Everardo und seiner Frau:

«Descedett, porscella!» fece Everardo con apposita voce da letto.
«Lendenatt!». [...]
«Avanti cara, tira su el coo! Te sèntet no la pendola? Hin i noev or che sona e tu sei ancora in lett!» (*Il birraio di Preston*, 142)

auf Französisch

---

[4] Orig.: «Kosa essere successo?» spio l'ingegnere.
«Dove?» spiò a sua volta l'uomo con fare gentile.
«Kome dofe? A Figàta, kosa essere successo?» (*Il birraio di Preston*, 15).
[5] Neben der Verwendung des Infinitivs *hapiter* (frz. *habiter*) anstelle der finiten Verbform *habitez* zeigt sich erneut die Simulation der durch das Deutsche geprägten Aussprache des Italienischen der Figur Hoffer: Es werden die Konsonanten *f* für *v*, *p* statt *b*, *z* und nicht *c* genutzt.

- Lève-toi, petite cochonne ! dit Everardo **en milanais**, avec une petite voix de fond de lit.
- *Lendenatt* ! (crétin) [...]
- Allons, ma chérie, bouge-toi le *coo* ! Tu n'as pas entendu la *pendola*? Il est dans le neuf heures et tu es encore au *lett* (*L'Opéra de Vigàta*, 141, kursiv im Original, Fettdruck V.K.).

Die erste dialektale Äußerung wird hier ins Französische übersetzt. Es schließt sich in der Erzählerrede der Hinweis an, dass sie ursprünglich auf Mailändisch verfasst war. Werden nur schwer erschließbare dialektale Begriffe übernommen, folgt in der Regel nach dem Ausdruck eine französische Entsprechung, wie bei *Lendenatt! (crétin)*. Wenn der Kontext hingegen bereits das Verständnis absichert oder das Dialektwort dem französischen Äquivalent ähnelt, wird auf eine Übersetzung verzichtet. So bei *coo, pendola* und *lett*.

Quadruppani versucht an einer Stelle die mailändischen Elemente mit einer vom Standardfranzösischen abweichenden Form zu übersetzen. Es entsteht die Äußerung

- Répétez : qu'est-ce que je *v's aiai dittt* ? (*L'Opéra de Vigàta*, 145, kursiv im Original),

deren Original

«Ripetete: cossa v'hoo ditt?» (*Il birraio di Preston*, 146)

lautet. Der Übersetzer nutzt also das französische Hilfsverb *avoir* in der ersten Person Singular *ai* und verdoppelt dieses zur Simulation des Dialektes (*hoo* – in den Dialekten Norditaliens sind derartige Vokaldoppelungen am Wortende nicht selten) zu *aiai*.

Im Zusammenhang mit der florentinischen Prägung der Sprache des Präfekten Bortuzzi simuliert Quadruppani in erster Linie die phonetischen Besonderheiten, auf die zunächst durch den nachstehenden Zusatz in der Autorenrede verwiesen wird:

- Toi, là Orlando, tu es toujours une grande belle tête de 'on, dit le préfet **avec son accent toscan qui éludait certains « c »**. (*L'Opéra de Vigàta*, 38, Hervorhebung V.K.)[6]

Wenn er die toskanische Aussprache nicht an denselben Stellen nachahmen kann, wie Camilleri selbst, versucht Quadruppani dies an anderen Formulierungen zu kompensieren:

---

[6] Im Original lautet diese Textstelle: «Te tu, Orlando, sei sempre una gran bella testa di 'azzo» (*Il birraio di Preston*, 37).

«È un modo di dire delle mie parti. Vuol signifi'are che oramai c'è pohissimo tempo. Doman l'altro, anzi fra tre giorni, l'opera va in scena. E io sono molto preoccupato.» (*Il birraio di Preston*, 41)

wird daher auf Französisch mit

- C'est une façon de dire de par chez moi. **Cela veut dire** que désormais, il nous reste **très peu** de temps. Après-demain, d'ici trois jours plutôt, l'opéra sera porté à la scène. Et je suis très **préo'uppé**. (*L'Opéra de Vigàta*, 42, Hervorhebungen V.K.)

wiedergegeben. Im Original wird in den Ausdrücken *signifi'are* und *pohissimo* die sogenannte *gorgia toscana* graphisch simuliert. Es handelt sich um die Darstellung des verstummten *c* vor dem Vokal *a* durch einen Apostroph oder des aspirierten *c* vor den Vokalen *o* und *i* durch die Schreibung mit *h*. Beides kann zunächst im Französischen nicht umgesetzt werden (*veut dire*, *très peu de*), wird aber durch die Schreibweise von *préo'uppé* kompensiert, in der die Verstummung der *c*'s durch Apostrophierung gekennzeichnet und das *p* geminiert wird.

In Bezug auf die römischen Elemente ist zu erkennen, dass sie sich in der Übersetzung hauptsächlich in der Verwendung der durch Rhotazismus gekennzeichneten römischen Artikel und teils auch der mit dem Artikel amalgamierten Präpositionen niederschlagen. In

- Si vous êtes autant convaincu que c'est ce couillon fou qui a mis *er* feu *ar* théâtre, pourquoi vous êtes venu cette nuit ici [...] (*L'Opéra de Vigàta*, 196, kursiv im Original),

dessen ausgangssprachliche Fassung

«Se sete cussì convinto che a dà foco ar teatro è stato sto pazzo cojone, perché sete venuto stanotte qua [...]» (*Il birraio di Preston*, 198)

entspricht, steht das römische *er* für das französische *le* und die Kombination aus der französischen Präposition *à* und dem französischen Artikel *l'* (= *au*) wird durch das römische *ar* wiedergegeben. Beides sind im Römischen geläufige Rhotazismen. Mitunter sind im Textverlauf der Übersetzung auch Formen wie *dimande* anstelle von *demande*, *peurr* für *peur* oder *querqu'un* statt *quelqu'un* zu lesen sowie einmal die Apokopierung des Verbes *prendre* zu *prend'*. Vergleiche zum Beispiel folgende Äußerung des römischen Revolutionärs Traquandi:

«Perché?» intervenne Traquandi. «Ar foco ce vò tempo ad appiccià. Si quarcheduno, ne la baraonna, ha lassato cadé in tera un sigaro...» (*Il birraio di Preston*, 197),

die auf Französisch mit

- Pourquoi? intervint Traquandi. *Er* feu, il lui faut du temps pour **prend'**. Si **querqu'un**, dans le merdier, a laissé tomber par terre **'n** cigare... (*L'Opéra de Vigàta*, 195, kursiv im Original, Fettdruck V.K.)

wiedergegeben wird.

Im Vergleich zu den sprachlichen Besonderheiten einzelner Figuren gehen deutlich mehr Merkmale des sizilianisierten Italienischen verloren, das Quadruppani im Wesentlichen ins Französische übersetzt:

> Per evitare la matutina punizione paterna magari questa volta, Gerd si susì allo scuro illuminato dai lampi e principiò un'incerta camminata verso il retrè mentre il cuore gli ballava per lo scanto dei pericoli e degli agguati che quel notturno viaggio comportava (*Il birraio di Preston*, 9f.)

lautet entsprechend im französischen Text

> Pour éviter de subir cette fois encore la punition paternelle matutinale, Gerd se dressa dans l'obscurité illuminée d'éclairs et entama une progression incertaine en direction du retrait, tandis que son cœur bondissait de frousse devant les dangers et les pièges que comportait ce voyage nocturne (*L'Opéra de Vigàta* 11f.).

Teilweise werden Ausdrücke aus dem Original übernommen und wenn nötig in einer Fußnote erklärt. Es finden sich zudem verständliche Schreibweisen des Typs *thriâtre* für *théâtre*, *quistion* statt *question*, *raprésintation* für *représentation* usw. Bei der Übersetzung stark dialektal beeinflusster Dialoge in ein gesprochenes Französisch ergänzt Quadruppani in den narrativen Abschnitten den Hinweis auf den Dialekt:

> «Cu sunnu?» spiò il medico alla moglie.
> «Sunnu sordati 'ngresi» (*Il birraio di Preston*, 99)

lautet damit auf Französisch

> - Qui est-ce? demanda-t-il **en dialecte** à sa femme.
> - Des soldats anglais, répondit-elle de même (*L'Opéra de Vigàta*, 100, Hervorhebung V.K.).

Was in *Il birraio di Preston* beziehungsweise *L'Opéra de Vigàta* die verschiedenen Dialekte sind, ist in *Il re di Girgenti* (frz. *Le roi Zosimo*) das Repertoire an verwendeten Sprachen. Der Roman erzählt die Geschichte des Protagonisten Zosimo und seiner Familie. Er ist in fünf Teile untergliedert und schildert den Lebensweg Zosimos von den Umständen seiner Zeugung bis hin zu seinem Tod. Historisch gesehen ist es eine Zeit sozialer Veränderungen auf Sizilien: Die spanische Herrschaft endet und die Piemontesen halten Einzug. In dieser unsicheren

Zur Übersetzung mehrsprachiger historischer Romane 57

Zeit verschafft sich Zosimo mehr und mehr Achtung und wird kurzzeitig zum König von Girgenti, heute Agrigent, ernannt.

Zunächst einige Anmerkungen zu Vittoz Umgang mit dem sizilianisierten Italienisch Camilleris in *Il re di Girgenti*. Die Betrachtung des Textauszuges

«Che vuoi fari?» spiò Colotto.
«Travagliari».
«U principi non ti pagò la jornata?»
«Stavota no. Vuol dire che vossia mi conta solo mezza jornata» (*Il re di Girgenti*, 41)

auf Französisch

« Que te faut?
- Je **m'mets** à la manœuvre.
- Ton prince **t'a pas poné** la journée ?
- Pas ce coup-ci. Mais vous **m'compterez qu'**une demi-journée » (*Le roi Zosimo*, 40, Hervorhebungen V.K.)

zeigt auf graphematischer Ebene den Versuch der Nachahmung einer vom Standard abweichenden Aussprache im Schriftbild. So wird in *me* das *-e* elidiert und es wird *m'* auch vor Konsonanten verwendet: *m'mets, m'compterez*. In anderen Auszügen ist ein ähnliches Vorgehen zum Beispiel an der Schreibweise von *l'duc* für *le duc, c'quidam, l'droit* statt *le droit* oder *c'qu'on* anstelle von *ce qu'on* zu erkennen. Weiterhin wird in der Verneinung auf die Partikel *ne* verzichtet und nur *pas* oder *qu'* gebraucht: *t'as pas poné, m'compterez qu'*. Von besonderem Interesse ist *poné* – eine Form von *poner*, welches ein Verb des « français régional de Lyon » (Vittoz 2003, 363, Glossar zu *Le roi Zosimo*) ist. Derartige regionalfranzösische Ausdrücke finden bei Vittoz häufiger Verwendung, werden aber in einem Glossar erläutert – man trifft unter anderem auf *vendre la carabasse* (frz. ‚révéler un secret'), *se dégrater* (frz. ‚partir'), *charipe (de)* (frz. ‚saleté de'). Mitunter nutzt Vittoz aber nicht nur regionalfranzösische Ausdrücke:

les gens étaient chez eux, franc prêts, attendant le signal et si ça ne venait pas, ils allaient **s'acutir**, se **désatiser**, bref se ramollir. Il prit une décision à la volée (*Le roi Zosimo*, 153f., Hervorhebungen V.K.) -

im Original:

la gente stava pronta nelle case in aspettanza del signali e se il signali non viniva le pirsone si sarebbero ammosciate, avrebbero perso gana. Pigliò una decisioni pronta (*Il re di Girgenti*, 185).

Neben dem regionalen Ausdruck *s'acutir* in der Bedeutung von *se ramollir* wird hier auf ein älteres Französisch (*désatiser* – ‚calmer')[7] zurückgegriffen. Auch derartige Rückgriffe auf ein älteres Französisch sind in der Übersetzung häufiger zu beobachten.

Eine Herausforderung an die Übersetzerin stellen die spanischen Elemente des Romans dar. Es seien hierzu einige Textauszüge betrachtet:

> Disse que a lei le gustava mucho practicar col suo esposo nel casamiento, era sacramental quindi magari ogni noche, ma solo con lui perché gli altri hombres le avrebbero fatto asco, schifio, e perciò el problema no era aquél (*Il re di Girgenti*, 38)

wird im Französischen wiedergegeben mit

> Elle dit qu'elle aimait **mucho practicar** avec son **esposo** au sein du mariage, que c'était **sacramental** et que par consèquent même toutes les *noches*, mais seulement avec lui parce que les autres **hombres** suscitaient son **asco**, son dégoût, et que donc **el problema** n'était pas *aquí* (*Le roi Zosimo*, 37, Hervorhebungen V.K.).[8]

Die spanischen Ausdrücke werden also häufig ohne Anpassung in den französischen Text integriert. Es sind dies *mucho, practicar, esposo, sacramental, hombres, asco, el problema*. Es werden allerdings auch Veränderungen vorgenommen wie in *noches* statt *noche*. Steht im Original nach *ogni* eine Singularform, wird diese an den nach *toutes les* zu erwartenden Plural angeglichen. Es wird aber auf die Übersetzung mit *nuits* verzichtet. Auch *aquél* aus dem ausgangssprachlichen Text wird zu *aquí* gewandelt. Die Verneinung des spagnolisierten Italienisch *no era* wird ins Französische übersetzt: *n'était pas*. Wahrung spanischer Elemente und Anpassung an französische Strukturen schlagen sich ebenso in dialogischen Abschnitten nieder:

> «La cuestión è questa. Chi ha dato questo colpo alla nariz del principe antes che lui si ahorcada? O non è da suponer che il principe sia stato ahorcado da uno sconosciuto?» (*Il re di Girgenti*, 50)

entspricht in der zielsprachlichen Übersetzung

> - La **cuestión** est la suivante: qui a donné ce coup à la **nariz** du prince **antes** qu'il se *ahorque*? Ou bien ne faut-il pas supposer que le prince a été **ahorcado** par une main inconnue? (*Le roi Zosimo*, 47, Hervorhebungen V.K.).

---

[7] Vgl. Vittoz im Glossar zu *Le roi Zosimo*, 363-373.
[8] Fettdruck markiert beibehaltene Elemente, Kursivdruck modifizierte Ausdrücke.

Cuestión, nariz, antes und *ahorcado* werden beibehalten. *Ahorcada* hingegen wird von der Übersetzerin zum Konjunktiv Präsens *ahorque* verändert. Das heißt, die Übersetzerin nimmt in gewisser Weise eine Korrektur der spanischen Form vor, denn *antes que* verlangt in der Regel eine Form im Konjunktiv. Durch diese Modifizierung wirkt der Ausdruck zudem im Schriftbild französischer. *Suponer* wird mit dem Französischen *supposer* übersetzt.

Als letztes Beispiel sei die nachfolgende Stelle angeführt:

«Voi, Capitán, siete un hombre che ha cerebro. Avete capito muy bien. Sono stati Hortensio e Honorio a efectuar la detención di Gisuè.» [...]
«No aquí. Yo estoy informado. Per una ley del milletrecentodue, i principi Pensabene di Baucina hanno diritto di alta e bassa justicia, nelle loro propriedades. Pues essendo yo heredero del principe, ho la misma podestad. Claro?» (*Il re di Girgenti*, 60f.)

wird übersetzt mit

« Capitaine, vous êtes un **hombre** de **cerebro**. Vous avez compris, et **muy** bien. C'est Hortensio et Honorio qui ont *efectuado* la **detención** de Gisuè. » [...]
- Pas **aquí**. Yo suis **informado**. Par **una ley** de 1302, les princes Pensabene di Baucina ont droit de haute et basse justice sur leurs **propriedades**. Donc, comme **heredero** du prince, j'ai la **misma podestad. Claro** ? (*Le roi Zosimo*, 55, Hervorhebungen V.K.).

Die erhaltenen spanischen Ausdrücke sind durch Fettdruck hervorgehoben. Anpassungen erfährt hingegen – bedingt durch eine Umstrukturierung des Satzes – *efectuado*, das im Original als Infinitiv *efectuar* stand. Ins Französische übersetzt werden *Capitán* (frz. ‚Capitaine'), *no* (frz. ‚pas'), *estoy* (frz. ‚suis'), *justicia* (frz. ‚justice') und *Pues* (frz. ‚donc').

Was die französischen und lateinischen Formulierungen angeht, gestaltet sich die Übernahme in die französische Übersetzung weitaus weniger komplex. Die französischen Textstellen werden einfach eins zu eins übernommen, jedoch kursiv gesetzt. In einer Fußnote wird dann darauf hingewiesen, dass die betroffenen Abschnitte auch im Original auf Französisch verfasst waren:

« Bien levé, monsieur le Prince. Voilà!*, fit l'homme en blanc.
- *Merci, monsieur Filibert*. » [...] (*Le roi Zosimo*, 28, kursiv im Original)

Die Anmerkung (« Les passages en italique suivis d'un astérisque sont en français dans le texte » (*Le roi Zosimo*, 25)) wird nur einmal gemacht und ansonsten durch Kursivsetzung und Asterisken (*) auf sie zurückverwiesen.

Auch das Lateinische bleibt unverändert:

« Te rogamus ut hos campos benedicere, conservare et ab omni daemonium infestatione custodire digneris » (*Le roi Zosimo*, 105)

oder

« Latinum studuisti? Legere sciscne? Etne etiam loqui? » (*Le roi Zosimo*, 204).

Hier erfolgt keine besondere Hervorhebung und Erklärung.

4. Schlussbetrachtungen

Zusammenfassend kann festgehalten werden, dass bereits die Übersetzung der nicht markierten Sprachform, das heißt des sizilianisierten Italienischen, eine besondere Herausforderung für die Camilleri-Übersetzer ist. Viele ihrer Grundeigenschaften können dem zielsprachlichen Leser nicht verdeutlicht werden. Quadruppani verzichtet diesbezüglich weitestgehend auf die Nutzung von regionalen Ausdrücken des Französischen. Vittoz hingegen rekurriert zuweilen auf das Regionalfranzösische der Gegend um Lyon, erklärt dem Leser aber die Ausdrücke in einem beigefügten Glossar. Neben diesen regional geprägten Ausdrücken greift sie auf Begriffe eines älteren Sprachzustandes zurück. Beide Übersetzer versuchen phonetische Besonderheiten des Ausgangstextes in der Zielsprache zu simulieren, indem sie von der Standardschreibweise bestimmter Formulierungen und Wörter abweichen.

Dass mithilfe dieser Strategien nur ein Teil der Charakteristik der nicht markierten Sprachform an den französischen Leser vermittelt werden kann, erschließt sich von selbst, aber immerhin wird dieser für die Besonderheiten des Originaltextes sensibilisiert.

Mehr Möglichkeiten scheinen sich bei der Übernahme weiterer Sprachen und Dialekte zu bieten. Es sind hier oftmals parallele Techniken zu den von Camilleri verwendeten Verfahren zu beobachten. Dies lässt sich dadurch erklären, dass die betroffenen Sprachformen bereits im Originaltext hervorstechen.

Für die mailändischen, florentinischen, römischen, deutschen und spanischen Elemente ist erkennbar, dass ein Großteil der Ausdrücke unverändert übernommen wird. Andere wiederum werden übersetzt und in der Autorenrede thematisiert oder an französische Strukturen angepasst. Mitunter sind sowohl der originalsprachliche Begriff als auch der entsprechende französische zu finden. Die Lexik Camilleris wird zumeist dann beibehalten, wenn sie dem französischen Äquivalent ähnelt, bereits im Original zusätzlich erläutert wird oder durch den Kontext verständlich ist.

Unter Bezugnahme auf die eingangs benannten Strategien zum Umgang mit Dialekten und dialektal geprägten Formen in der Übersetzung kann resümiert werden, dass keiner der französischen Camilleri-Übersetzer eine eigene, in dieser Art nicht real existente Sprache, wie das sizilianisierte Italienisch Camilleris, schafft. Auch auf regionalsprachliche Ausdrücke wird nur bedingt zurückgegriffen. Bei der Übersetzung ins Französische werden zumindest bis zu einem gewissen Grad Abweichungen von der Standardsprache simuliert (z.B. bezogen auf die Aussprache oder die verkürzte Verneinung), das heißt, in der Regel Elemente der Mündlichkeit eingebaut. Es werden aber auch Hinweise in der Autorenrede oder als Fußnote eingefügt, um auf den sprachlichen Charakter des Ausgangstextes hinzuweisen, wenn etwa Textstellen aus einem Dialekt ins Französische übersetzt werden.

Bibliographie

Primärliteratur

CAMILLERI, Andrea. 1999. *L'Opéra de Vigàta*. Paris: Points (übersetzt von Serge Quadruppani unter Mithilfe von Maruzza Loria).
CAMILLERI, Andrea. 2001. *Il re di Girgenti*. Palermo: Sellerio.
CAMILLERI, Andrea. [28]2003a. *Il birraio di Preston*. Palermo: Sellerio.
CAMILLERI, Andrea. [2]2003b: *Le roi Zosimo*. Paris: Fayard (übersetzt von Dominique Vittoz).

Sekundärliteratur

BOLOGNA, Anna. 2009. „Sizilianisches in den Romanen von Andrea Camilleri", in: *Zibaldone* 48, 125-137.
BUTTITA, Antonio. ed. 2004. *Il caso Camilleri. Letteratura e storia*. Palermo: Sellerio.
CAPRARA, Giovanni. 2007. *Variación lingüística y traducción: Andrea Camilleri en castellano*. Málaga: Universidad de Málaga, Departamento de Traducción e Interpretación Facultad de Filosofía y Letras.
CZENNIA, Bärbel. 2004. „Dialektale und soziolektale Elemente als Übersetzungsproblem", in: Kittel, Harald et al. edd. *Übersetzung, Translation, Traduction. Ein internationales Handbuch zur Übersetzungsforschung*. Vol. I. Berlin/New York: de Gruyter, 505-512.
DEMONTIS, Simona. 2001. *I colori della letteratura. Un'indagine sul caso Camilleri*. Milano: Rizzoli.
GUERRIERO, Stefano. 2001. „Tracce di parlato nella narrativa contemporanea. Lo strano caso di Andrea Camilleri", in: Dardano, Maurizio & Pelo, Adriana & Stefinlongo, Antonella. edd.

Scritto e parlato. Metodi, testi e contesti. Atti del Colloquio internazionale di studi (Roma, 5-6 febbraio 1999). Roma: Aracne, 221-238.
KAHN, Moshe. 2011. „How to deal with dialects in translation?", in: Buffagni, Claudia & Garzelli, Beatrice & Zanotti, Serenella. edd. *The Translator as Author. Perspectives on Literary Translation. Proceedings of the International Conference, Università per Stranieri of Siena, 28-29 May 2009.* Berlin/Münster: LIT, 103-116.
KAHN, Moshe. 2004. „Il dialetto nelle traduzioni di Andrea Camilleri", in: Buttita, Antonio. ed. *Il caso Camilleri. Letteratura e storia.* Palermo: Sellerio, 180-186.
KLOSE, Henriette. 2000. „Kurzes Porträt des sizilianischen Schriftstellers Andrea Camilleri", in: *Zibaldone* 30, 133-141.
KNAUER, Gabriele. 1998. *Grundkurs Übersetzungswissenschaft Französisch.* Stuttgart [u.a.]: Klett.
KÖNNEMANN, Vivien. 2010. *Sprachliche Phänomene in den Romanen Andrea Camilleris und ihre Übersetzbarkeit ins Französische und Deutsche.* Unveröffentlichte Magisterarbeit. Halle (Saale): Univ.
KÖNNEMANN, Vivien. 2012. „Das Zusammenspiel von Italienisch, Sizilianisch und Genuesisch in Andrea Camilleris *La mossa del cavallo*", in: Bremer, Thomas & Schiller, Annette. edd. *Dialekt und Standardsprache in Italien und Europa. Edeltraud Werner zum 60. Geburtstag.* Frankfurt am Main [u.a.]: Lang, 217-233.
KÖNNEMANN, Vivien. (in Arbeit). *Original – Übersetzung – Übersetzbarkeit.*
LA FAUCI, Nunzio. 2003. „L'italiano perenne e Andrea Camilleri", in: Maraschio, Nicoletta [u.a.]. edd. *Italia linguistica anno Mille. Italia linguistica anno Duemila. Atti del XXXIV Congresso internazionale di studi della Società di Linguistica italiana (SLI). Firenze, 19-21 ottobre 2000.* Roma: Bulzoni, 331-340.
LA FAUCI, Nunzio. 2001. „Prolegomeni ad una fenomenologia del tragediatore: saggio su Andrea Camilleri", in: La Fauci, Nunzio. ed. *Lucia, Marcovaldo e altri soggetti pericolosi.* Roma: Meltemi, 150-163.
MIHALJEVIĆ, Irena. 2010. *Realitätsräume und Wahrheitsbereiche. Realität und Wahrheit in den Montalbano-Romanen Andrea Camilleris.* Jena: Univ., Diss.
MUÑIZ MUÑIZ, María de las Nieves. 2004. „Lo stile della traduzione: Camilleri in Spagna", in: Buttita, Antonio. ed. *Il caso Camilleri. Letteratura e storia.* Palermo: Sellerio, 206-212.
PALUMBO, Ornella. 2005. *L'incantesimo di Camilleri.* Roma: Editori Riuniti.
PRUNSTER, Nicole. 2007. „Polyphonie in Andrea Camilleri's *Il birraio di Preston*", in: *Spunti e ricerche* 21, 51-61.
QUADRUPPANI, Serge. 2004. „Il caso Camilleri in Francia. Le ragioni di un successo", in: Buttita, Antonio. ed. *Il caso Camilleri. Letteratura e storia.* Palermo: Sellerio, 200-205.
RUFFINO, Giovanni & D'AGOSTINO, Mari. 2010. *Storia della lingua italiana e dialettologia.* Palermo: Centro di studi filologici e linguistici siciliani.
SCHNEIDER, Gisela. 2002. „Sprachwissenschaftliche Anmerkungen zu Andrea Camilleris Romanen", in: Kramer, Johannes. ed. *Italienische Sprache und Literatur. Beiträge zum Kolloquium zu Ehren von Ignazio Toscani Trier, 19. und 20. Januar 2001.* Hamburg: Buske, 131-144.
SCHREIBER, Michael. 2006. *Grundlagen der Übersetzungswissenschaft. Französisch, Italienisch, Spanisch.* Tübingen: Niemeyer.
SCHWARZE, Sabine. 2003. „Il birraio di Preston oder Die sizilianische Oper: ein ‚teatrino' auf mehreren Ebenen", in: *Zibaldone* 35, 139-151.

VITTOZ, Dominique. 2004. „Quale francese per tradurre l'italiano di Camilleri? Una proposta non pacifica", in: Buttita, Antonio. ed. *Il caso Camilleri. Letteratura e storia*. Palermo: Sellerio, 187-199.

VITTOZ, Dominique. 2003. „Glossaire de français ancien et de français régional de Lyon", in: Camilleri, Andrea. ²2003. *Le roi Zosimo*. Paris: Fayard (übersetzt von Dominique Vittoz), 363-373.

VIZMULLER-ZOCCO, Jana. 2004. „La lingua de ‚Il re di Girgenti'", in: Buttita, Antonio. ed. *Il caso Camilleri. Letteratura e storia*. Palermo: Sellerio, 87-98.

VIZMULLER-ZOCCO, Jana. 2002. „Il dialetto nei romanzi di Andrea Camilleri", http://www.vigata.org/dialetto_camilleri/dialetto_camilleri.shtml (25.02.2016).

Mille milliards de mille sabords ! La traduction de la bande dessinée à l'exemple des insultes et jurons du capitaine Haddock

Anna Ewig (Münster)

Nach einem Überblick über die Geschichte des Comics von den Anfängen im 19. Jahrhundert bis zu seiner heutigen Form und der Darstellung des Stellenwertes, der ihm im Deutschen im Vergleich zum französischsprachigen Raum zugesprochen wird, behandelt dieser Artikel die sprachlichen und übersetzerischen Besonderheiten dieser Literaturgattung. Daraufhin folgt eine Vorstellung der Comicserie *Tintin* sowie eines ihrer Hauptcharaktere, Kapitän Haddock, dessen Kraftausdrücke im letzten Abschnitt des Beitrags im Hinblick auf ihre deutsche Übersetzung untersucht werden.

1. Introduction

La bande dessinée est un genre littéraire traditionnellement beaucoup plus ancré dans le quotidien de nos voisins francophones. Néanmoins, certaines séries à succès ont réussi à convaincre un public de langue allemande si bien que leur connaissance fait depuis longtemps partie de la culture générale des pays germanophones. Ainsi, à côté des comics américains dont les univers de Disney et de super-héros sont des représentants, la bande dessinée franco-belge, avec des œuvres telle qu'*Astérix*, *Les Schtroumpfs*, *Lucky Luke* et *Tintin*, a conquis les lecteurs et lectrices.

La bande dessinée possède une caractéristique qui la sépare des autres genres littéraires : la grande présence d'oralité conceptuelle. L'emploi d'insultes et de jurons en est un exemple et si leur présence n'est pas limitée aux albums de *Tintin*, le capitaine Haddock en demeure le plus célèbre porte-parole. La caractérisation de ce dernier passe avant tout par la présence de certains éléments lexicaux dans ses injures, comme le jargon ou des créations fantaisistes. Il est particulièrement intéressant d'étudier la manière dont celles-ci sont traduites en allemand pour constater si l'ambiance propre à la représentation du personnage a été maintenue ou si les traductrices ont plutôt opté pour des changements afin de rendre la réception plus facile auprès d'un public enfantin germanophone.

Après une courte présentation de l'historique de la bande dessinée ainsi que des caractéristiques linguistiques propres à ce genre littéraire et à sa traduction, l'article se focalisera donc sur l'inventaire des mots du capitaine Haddock et sur leur traduction.

2. Remarques générales sur la bande dessinée

2.1. Historique de la bande dessinée

En Allemagne, la bande dessinée est souvent considérée comme un genre littéraire plutôt jeune, enfant du 20ᵉ siècle américain (Kaindl 2004a, 211). Mais en réalité ce n'est ni le 20ᵉ siècle ni l'Amérique qui constituent le berceau du futur neuvième art[1]. C'est l'écrivain, critique d'art et pédagogue suisse Rodolphe Töpffer qui est souvent cité comme l'inventeur de ce nouveau média avec une intégration de texte narratif dans l'image. Il créa au premier tiers du 19ᵉ siècle ses ‹ histoires en estampes › qui se caractérisent par une suite d'images racontant une histoire et accompagnées d'un texte narratif en bas de chaque image. La première de ces histoires, *Les Amours de M. Vieux Bois*, publiée en 1837 mais dessinée dix ans plus tôt, est souvent considérée comme la toute première bande dessinée (Krieg & Launier 2011, 12s.). Ce n'est d'ailleurs personne d'autre que Johann Wolfgang von Goethe qui, confronté à deux manuscrits de Töpffer, encouragea ce dernier à la publication de ses œuvres, Goethe devenant ainsi le premier critique de bande dessinée (Peeters 2002, 7), petite information qui permet de voir d'un autre angle la réputation souvent négative de ce genre littéraire. Les histoires de Töpffer eurent à la suite beaucoup de succès au niveau international et inspirèrent d'autres auteurs, notamment en France et en Belgique, à participer à ce nouveau type d'art.

De ces précurseurs naît à la fin du 19ᵉ siècle la BD sous sa forme moderne. Le berceau de celle-ci se trouve, cette fois-ci, aux États-Unis et plus particulièrement au journal *New York World* (Kaindl 2004a, 211). À la même époque, la BD franco-belge continue d'exister mais fait pendant longtemps clairement partie de la presse enfantine tandis qu'outre-Atlantique, un public plus large, aussi bien enfantin qu'adulte, est visé. La première apparition de phylactères dans une BD française a lieu en 1925 et les bulles – qui existaient depuis plusieurs siècles (Peeters 2002, 107) mais qui ne se généralisent qu'avec la BD américaine – deviennent rapidement la norme (Krieg & Launier 2011, 14). L'ouverture du neuvième art en France et en Belgique à un public adulte doit cependant attendre l'année 1959 avec la création du journal *Pilote*. Ce dernier accueillera des grands succès comme *Astérix* ou *Tanguy et Laverdure* et préparera la voie à d'autres journaux qui s'adresseront principalement aux adultes en abordant de nouvelles thématiques

---

[1] Terme introduit par le créateur de *Lucky Luke*, Morris, en 1964 (Krieg & Launier 2011, 20).

comme la politique et la sexualité (Krieg & Launier 2011, 18). La bande dessinée est alors un média attaché surtout à la presse, même si la publication en albums connaît un succès grandissant à partir des années 1950. Jusqu'à aujourd'hui, la BD forme un genre littéraire important en France et en Belgique et est considérée comme un art à part entière.

L'introduction de la BD en Allemagne est plus récente et ne commence vraiment qu'après la Seconde Guerre mondiale. Les productions allemandes étant rares, les publications se composent, au début comme aujourd'hui, surtout de traductions de BD américaines et franco-belges, et plus récemment, de mangas japonais. À l'instar de la France et de la Belgique, la bande dessinée est longtemps considérée comme un genre littéraire pour enfant, jugement encore très présent de nos jours. Et contrairement aux grandes nations de la BD (Japon, États-Unis, Belgique, France), elle est dès le départ traitée de littérature de bas étage qui aurait une mauvaise influence sur les enfants (Kaindl 2004a, 216ss.).[2] Cette stigmatisation continue d'être répandue dans les pays germanophones. Il en résulte que la recherche universitaire sur ce domaine y est encore à ses débuts, aussi bien en traductologie que dans d'autres disciplines.[3] Pourtant, le fait que d'après un sondage auprès de 107 maisons d'édition dans 15 pays, l'allemand est la langue vers laquelle on traduit le plus de BD (Kaindl 2004b, 164s.) nous montre que l'on devrait prêter davantage attention aux traductions de ce genre littéraire encore méconnu et déprécié.

2.2. Les caractéristiques de la BD

2.2.1. Les spécificités linguistiques de la BD

Comparé à d'autres genres littéraires, la BD se caractérise par l'utilisation d'un langage qui privilégie une proximité avec l'oral, notamment par le contenu des phylactères des personnages. Il en résulte un écart avec la langue standard car en français comme en allemand, celle-ci a comme base une langue écrite assez uniforme tandis que la langue parlée se montre plus ouverte à la variation diasystémique.

---

[2] Voir Kaindl 2004b pour les raisons socio-politiques de ce jugement.
[3] Pour la traductologie, voir par exemple l'appel à contributions d'une conférence sur la traduction de la BD à l'université de Hildesheim en automne 2014 qui commence en disant que „Comics sind in der Translationswissenschaft ein bislang nur wenig erforschter Gegenstand" (Stiftung Universität Hildesheim 2014).

Une deuxième caractéristique importante du neuvième art est le fait qu'il s'agit d'un genre littéraire multimédia. Peeters (2002, 105) cite un article de Töpffer que ce dernier publia en 1837 et dans lequel il se réfère à ce fait : « Les dessins, sans ce texte, n'auraient qu'une signification obscure ; le texte, sans les dessins, ne signifierait rien. » La parole et l'image étant liées inséparablement dans la plupart des cas,[4] l'une ne pouvant se priver de l'autre, elles s'influencent réciproquement, se complètent, se renforcent ou créent des contradictions. Ce sont ces deux dimensions qui font de la lecture attentive d'une BD une continuelle découverte de sens supplémentaires, doubles sens et de comique de situation.

2.2.2. Les spécificités de la traduction de la BD[5]

Ce qui vient d'être dit par rapport aux caractéristiques multimédias de la BD explique une des difficultés de traduction spécifiques à ce genre littéraire. La double dimension visuelle et verbale peut, dans sa forme la plus poussée, créer des jeux entre le mot et l'image qui ne sont pas aisément reproductibles dans une autre langue. Si dans *Le bouclier arverne* (Goscinny & Uderzo 1968, 23), le chef d'une patrouille romaine noirci de la tête aux pieds peut, dans la version originale de cet album d'*Astérix*, résumer une fouille infructueuse dans une réserve de charbon de bois par la phrase « Nous avons fait chou blanc » et créer ainsi un effet comique à travers l'opposition des couleurs noir (dans l'image) et blanc (dans le texte), une expression semblable pouvant produire le même effet sur le lecteur ou la lectrice n'existe pas en allemand et ne peut pas être employée dans la traduction de la BD. Pour sauver le côté comique de cette case qui se trouve à la fin de la page et doit donc constituer une chute, la traductrice allemande a ainsi dû trouver une stratégie équivalente. Elle a eu recours à la redondance et fait dire au chef de patrouille en question : „Nichts, wir haben gesucht, bis wir schwarz waren." Le noir de l'image étant repris dans le texte, le jeu entre le texte et l'image, et ainsi l'effet produit sur le lecteur et la lectrice ont pu être maintenus.

La place disponible dans les phylactères est une autre difficulté qui a une influence directe sur la traduction. En plus de respecter le contenu (et de l'adapter éventuellement à la culture cible), le style oral des personnages et l'effet produit sur le lecteur et la lectrice, il faut donc tenir compte de la taille des bulles. Gudrun

---

[4] Sur l'histoire de la bande dessinée muette voir Groenstein 1997 et 1998.
[5] Seules les spécificités propres à la BD seront ici prises en compte, non celles qu'elle a en commun avec d'autres genres littéraires ou la traduction en général.

Mille milliards de mille sabords ! 69

Penndorf, une des traductrices de BD les plus importantes dans les pays germanophones, dit dans un entretien sur ce sujet :

> Es geht darum, auf kleinstem Raum (die Größe der Sprechblasen ist vorgegeben und eine Veränderung der Zeichnung darf nicht vorgenommen werden) eine maximale Aussage wiederzugeben. Und da die Zielsprache, das Deutsche, nun mal länger ist als das analytische Französische, gerät man hierbei leicht unter Druck. (Kaindl 2004a, 226)

Ceci explique en partie les raccourcissements et omissions qui ont lieu dans beaucoup de traductions allemandes. Ce problème est renforcé si la maison d'édition opte pour une police ou une taille de police prenant plus de place que l'originale, par exemple pour rapprocher davantage une œuvre de la littérature pour enfants.

3. La traduction des insultes et jurons du capitaine Haddock

3.1. La série de *Tintin*

Traduites très tôt, dès 1952, les *Aventures de Tintin* sont aujourd'hui disponibles dans plus de cent langues et dialectes, ce qui démontre toute l'étendue des traductions de l'œuvre d'Hergé dans le monde et donc l'intérêt qu'elle représente pour la traductologie.

Les albums du célèbre reporter à houppette et de son compagnon à quatre pattes – en plus des films, de la série d'animation, des jeux et jouets, des chansons, des objets en tout genre et des détournements – demeurent bien le cœur de l'œuvre encore en pleine activité plus de 80 ans après sa création. La fondation Hergé, la maison d'édition Casterman et les millions de lecteurs et lectrices en sont les acteurs principaux mais non les seuls. La recherche scientifique est elle aussi éloquente, en témoignent les nombreuses publications (histoire, psychanalyse, sociologie, art etc.) qui portent sur la série.

À première vue, *Tintin* est une série qui contredit partiellement ce qui a été dit plus haut sur les caractéristiques linguistiques de la BD. Les narrations y témoignent d'une écriture assez littéraire, le personnage de Tintin a un langage très neutre, et globalement, le style reste proche de l'écrit. Les particularités typiques de l'oral (p. ex. répétitions de mots ou de formules, lexique imprécis, expressions familières, erreurs de syntaxe, phrases interrompues et inachevées) ne s'y trouvent que très exceptionnellement. Néanmoins, parmi les personnages principaux autres que Tintin, des tics linguistiques qui les rapprochent de la langue parlée sont omniprésents : Tryphon Tournesol est dur d'oreille et a des répliques qui s'écartent du contexte ; les Dupondt usent de répétitions dénaturées par des lapsus ; le capitaine Haddock est véhément. Même s'il est donc vrai que la proximité avec l'oral est moins prononcée que dans d'autres séries de bande dessinée, la langue parlée y a tout de même une place certaine. L'emploi d'insultes − catégorie de mots presque entièrement réservée à l'oral − si renchéri par Haddock est le sujet d'analyse dont nous parlerons ici.

3.2. Les particularités linguistiques du capitaine

Le capitaine Haddock, qui entre dans le monde de Tintin dans l'album *Le crabe aux pinces d'or* et qui y trouve tout de suite une place primordiale,[6] se caractérise avant tout par deux particularités : son penchant pour l'alcool et celui pour les tempêtes verbales, les débordements causés par ces dernières pouvant ou bien aller de pair avec ses excès alcooliques ou bien les remplacer à défaut de boissons dignes de ce nom d'après les idées du capitaine. Ce sont ces deux penchants qui rendent Haddock si irremplaçable à côté d'un Tintin qui − une fois ses ‹ erreurs de jeunesse › des premiers albums tombées dans les oubliettes − ne semble pas avoir de côté obscur ni même la moindre trace d'imperfection. Sur le plan verbal, ce sont donc les injures qui stimulent le lecteur et la lectrice et qui ont fait l'objet de nombre de traités théoriques. Leur particularité est bien sûr le fait que pour la plupart, ce ne sont pas des injures au sens strict du terme mais des vocables ou bien tout à fait quotidiennes (comme le fameux *moule à gaufres*) ou bien savantes, exotiques ou tirées du jargon marin. Hergé lui-même confiait dans les entretiens avec Sadoul (2000, 112) : « Il y a des termes qui ne sont pas des injures mais qui, lancés avec une certaine véhémence, ont l'air d'épouvantables insultes. Plus c'est savant, plus c'est sans réplique. » Puisque le personnage insulté ne connaît pas la signification du terme transformé en insulte ou reste perplexe devant l'utilisation injurieuse d'un mot parfaitement banal, une réponse lui est impossible.[7] Ce n'est donc pas tant le contenu sémantique de l'injure qui compte mais la manière dont

---

[6] Prenant celle du meilleur ami de Tintin jusqu'alors réservée à Milou ; un fait qui est occulté dans la version allemande du nom de la série que la maison d'édition Carlsen intitulera *Tim und Struppi*, faisant de Tintin et Milou un couple indissociable, sans possible ouverture à une tierce personne, contrairement au titre original *Les aventures de Tintin* où le nom de Tintin apparaît seul et semble plus disposé à une alliance étroite avec différents personnages.

[7] Ce n'est évidemment pas la seule raison pour l'emploi de mots non injurieux à la base. On connaît l'importance de la loi du 16 juillet 1949 qui a institutionnalisé un contrôle des contenus destinés aux enfants (Méon 2009).

Mille milliards de mille sabords ! 71

elle est proférée et la portée qu'elle a ainsi sur l'individu visé. En même temps, l'absurdité des expressions choisies crée un certain effet comique et tourne en dérision le capitaine, obtenant ainsi un résultat tout à fait opposé au but poursuivi par celui-ci. L'incompréhension sémantique n'est d'ailleurs pas limitée aux personnages de la série mais s'étend aux lecteurs et lectrices qui, même en étant francophones, seront souvent laissés dans le flou devant des ‹ anthropopithèques › et autres, ce que prouve la nécessité d'un ouvrage aussi bien distrayant qu'instructif qu'est le ‹ dictionnaire › des jurons de Haddock d'Albert Algoud (1991). De plus, il semble qu'aucun rapport ne peut être établi entre la situation ou la personne insultée et l'injure. Comme le remarque Baetens (2010, 56), les expressions de Haddock ne seraient que du « perroquet », une imitation – de surcroît mal faite – des insultes de son ancêtre François de Hadoque, lequel maîtriserait cette technique de joute verbale à la perfection. On ne découvre jamais d'ailleurs si Haddock lui-même connaît le sens de ses insultes ou s'il les utilise seulement à cause de leur sonorité et, justement, leur opacité. Néanmoins on doit reconnaître que l'existence de ces mots, qui se rattachent à des domaines variés comme, d'après l'énumération d'Algoud (1991, 12), « anatomie, botanique, chimie, criminologie, diététique, économie, entomologie, ethnologie, histoire, littérature, médecine, météorologie, minéralogie, morale, ornithologie, psychiatrie, rhétorique, théologie, zoologie », lui est familière et qu'il fait donc preuve d'un certain degré de culture. Ses accès de fureur ne s'inscrivent pas non plus dans ce qui a été dit sur la double dimension verbale et visuelle de la BD, des rapports avec le contexte visuel ne pouvant pas être constatés. Le choix du mot serait-il donc anodin, uniquement le fruit de l'excentricité verbale – héritage familial – du capitaine ? L'analyse des équivalents allemands choisis par les traductrices de *Tintin* nous montrera comment ces dernières ont interprété la question.

3.3. La présentation du corpus

Parmi les 15 albums de *Tintin* dans lesquels apparaît Haddock (y compris *Tintin et l'AlphArt*, album resté incomplet et publié après la mort d'Hergé), les deux tiers ont été parcourus à la recherche des insultes et jurons qu'il profère. Les insultes (d'une tierce personne) et les jurons (en terme d'interjection ne visant personne en particulier) seront ici traités ensemble parce que la séparation fonctionnelle chez Haddock n'est pas nette. Comme le constate Baetens (2010, 55),

[l]à où dans ses premiers avatars, l'insulte cherchait d'abord à faire peur, ses formes évoluées sont surtout un moyen de caractérisation. […] C'est dire qu'un déplacement s'opère de la communication avec autrui à l'expression de soi : l'*injure* de Hadoque [l'ancêtre du capitaine duquel ce dernier aurait hérité son penchant pour l'invective] devient le *juron* de Haddock.

Comme Hergé a régulièrement apporté de petites modifications aux albums, ce sont les versions les plus récentes qui ont été prises en compte pour notre analyse. À l'exception d'un des albums considérés ici, tous ont été traduits vers l'allemand par une seule traductrice, Ilse Strasmann. Seul *L'étoile mystérieuse* a été traduit par une autre traductrice, Anke Titz. On peut par conséquent supposer une grande unité stylistique dans les albums allemands. Pour regarder de plus près les traductions, nous partirons du principe que les albums de *Tintin* sont une œuvre d'art à part entière et non pas de simples historiettes amusantes pour enfants. Hergé a créé avec Tintin le personnage de bande dessinée qui a longtemps été le plus populaire dans le monde (p. ex. Krieg & Launier 2011, 14). La création du style graphique de la ligne claire, la méticulosité de sa documentation, le détail de ses dessins en correspondance avec la réalité et le perfectionnisme avec lequel il a remanié régulièrement les albums déjà publiés, l'ont placé au rang des artistes les plus importants du 20e siècle. En outre, Hergé a toujours prêté une grande attention à ce qu'il n'y ait pas de modifications apportées à son œuvre non validées par lui-même,[8] et surtout à ce qu'il soit et reste le seul auteur des albums de *Tintin*, une poursuite de la série étant ainsi exclue depuis sa mort en 1983. C'est pourquoi il semble essentiel que les traductions de *Tintin* respectent le mieux possible le génie et l'esprit des albums et des personnages, dont la langue est une manifestation principale.

Plus de 240 expressions différentes employées de manière injurieuse ont été repérées dans notre corpus. Le grand nombre de trouvailles est dû au fait que la plupart des invectives n'apparaissent qu'à quelques reprises. Deux catégories d'injures seront considérées ici, celles qui reprennent le vocabulaire marin et celles qui sont constituées de mots savants. Ces deux catégories servent à bien montrer les deux traits les plus frappants des injures de Haddock et conséquemment de sa personnalité : sa caractérisation comme vieux loup de mer d'un côté, le comique créé par la divergence entre sa personnalité farfelue et cultivée (emploi

---

[8] Des modifications de la part des maisons d'édition sont un procédé fréquent dans le domaine de la bande dessinée.

d'un vocabulaire insensé mais léché) de l'autre. Il sera intéressant de savoir où les traductrices ont placé le curseur pour rester fidèle aux intentions d'Hergé, si elles y ont réussi ou si au final un ‹ autre Haddock › a été créé.

3.4. Les résultats de l'étude

3.4.1. Les mots savants

Les mots savants que le capitaine transforme en insultes se rattachent, nous l'avons vu plus haut, à nombre de domaines scientifiques. Ceux qui vont être considérés ici sont des formes lexicales qui seront comprises principalement par une minorité cultivée de francophones adultes. Cette remarque renvoie à une différence fondamentale entre l'allemand et le français. La langue française, dans son utilisation courante, comprend un grand vocabulaire constitué d'éléments savants dont les locuteurs et locutrices sans connaissances en latin et en grec ancien ne connaissent pas le sens exact. Un mot comme *omniprésent* est généralement compris dans son ensemble, mais non par la connaissance de tous ses éléments, sa motivation lexicale est ainsi en partie opaque pour un locuteur ou une locutrice moyen(ne). L'allemand, en revanche, se caractérise davantage par l'absence de mots savants dans le langage courant, les emprunts savants étant souvent des calques linguistiques qui dès le premier abord paraissent motivés (p. ex. *allmächtig*, calqué du latin *omnipotens*). Le remplacement d'un mot savant par un mot courant dans une traduction allemande pourrait s'expliquer par ce fait. Dans notre analyse, cette différence entre l'allemand et le français est amoindrie par le choix de mots inconnus à la plupart des francophones. Une base comparative – l'incompréhension lexicale dans les deux langues – est donc établie. Ces mots sont *amphitryon, anacoluthe, anthropophage, anthropopithèque, autocrate, catachrèse, cercopithèque, coloquinte, macrocéphale, ophicléide, phylloxéra, polygraphe* et *rhizopode*, qui ont 27 occurrences dans les albums étudiés. Pour une partie des mots, on peut constater une connotation négative possible à cause du renvoi à une réalité extralinguistique qui pourrait être ressentie comme dégradante pour un être humain.[9] Les autres mots n'ont pas de connotation négative que l'on pourrait qualifier de directe (p. ex. *catachrèse, ophicléide*). Pour tous les mots, l'allemand connaît des cognats ou du moins les termes techniques latins.

---

[9] Voir par exemple le renvoi répété aux singes ou aux parasites.

Cinq procédés ont été choisis par les deux traductrices pour les versions allemandes de ces injures :

a) traduction exacte avec sauvegarde du mot savant (*anacoluthe – Anakoluth*)
b) traduction par un autre mot savant sémantiquement proche (*anthropopithèque – Hominiden*)
c) utilisation d'un mot savant sans lien sémantique (*anthropophage – Ornithologe*)
d) utilisation d'un mot non savant avec ou sans lien sémantique avec la version originale (*macrocéphage – Dickschädel, Wasserkopf*, la *tête* est présente dans les deux traductions ; *anacoluthe – Höllenhund*, pas de lien directe)
e) omission de l'insulte

Les procédés a)-c) vont être regroupés parce qu'ils conservent le trait ‹ mot savant › si important dans la représentation du capitaine. Parmi les 27 occurrences des vocables choisis, dix font partie de ce groupe. Il est intéressant de constater qu'aucune injure n'est traduite deux fois de la même manière, indépendamment de la traductrice et de l'album. Ainsi pour *anthropophage*, on trouve *Anthropophage* dans *L'affaire Tournesol* (Hergé 1988a, 36), *Menschenfresser* dans *On a marché sur la lune* (Hergé 1988c, 45) et *Ornithologe/Homo Sapiens* dans *Cock en stock* (Hergé 1987, 49), trois albums traduits par la même personne. *Anthropopithèque* a deux occurrences dans *Tintin au Tibet* (Hergé 2004, 26 ; 37) mais apparaît sous deux formes distinctes dans la traduction allemande : *Hominiden* et *Pithekanthropus*. Ce même mot est exprimé par *Anthropopithecus* dans *On a marché sur la lune* (Hergé 1988c, 47) et par *Anthropopitheken* dans *Le crabe aux pinces d'or* (Hergé 2013, 56). Si dans deux cas, la traductrice a donc opté pour une fidélité maximale avec l'original, dans l'autre cas, elle a choisi, au sein d'un même album, deux autres mots savants dont l'un, *Pithekanthropus*, est tout aussi opaque qu'*Anthropopithecus*. On peut se demander pourquoi le terme original n'a pas été conservé si le changement ne représente pas de facilitation de compréhension à l'égard du lecteur et de la lectrice et ne crée pas non plus un effet nouveau. Parmi les treize différentes injures savantes, seul quatre ont une traduction fidèle à l'original (procédé a), cf. supra), mais qui n'est jamais la seule traduction employée.

Il n'y a cependant pas que coexistence de différents termes savants (procédés a)-c)). Il y a encore celle d'expression savante et non savante, donc le procédé d). Ainsi *anacoluthe* est traduit par *Anakoluth* dans *On a marché sur la lune* (Hergé 1988c, 46), tandis que dans quatre autres albums des expressions sans lien avec l'original sont employées, p. ex. *Höllenhunde* (Herge 1988c, 48) ; *Gangster/Banditen/Menschenjäger* (Hergé 1988a, 33). La traduction à travers l'utilisation d'un mot non savant avec ou sans lien sémantique avec le mot original est d'ailleurs le procédé le plus répandu pour les injures choisies. Seize occurrences sur 27 fonctionnent d'après ce principe, la plupart des fois sans coexistence avec le procédé a). Pour ces occurrences, les traductrices intègrent parfois l'effet de gradation par intensification qui ne se trouve pas dans la version originale (p. ex. *Spitzbube, Galgenvogel, Pestbeule* (Hergé 2013, 59), les injures devenant de plus en plus aggravées). Finalement, comme cela a déjà été constaté plus haut pour les procédés a)-c), aucune injure n'est traduite deux fois de la même manière. Même si certaines expressions apparaissent de manière répétée, aucun systématisme dans leur emploi n'a pu être constaté. Plutôt que de suivre littéralement l'original, les traductrices ont alors opté pour une intégration de leurs propres insultes. Finalement, le procédé e) n'apparaît qu'une fois, et ce dans *Les bijoux de la Castafiore* (Hergé 1988b, 19). Contrairement aux procédés a)-c), les solutions d) et e), qui représentent 63% des occurrences, vont à l'encontre de la caractérisation originale de Haddock.

3.4.2. Le vocabulaire marin

Dans le vocabulaire marin que le capitaine Haddock emploie de manière injurieuse, il y a d'un côté l'apparition régulière d'insultes du type *pirate, flibustier, marin d'eau douce*, qui ont 34 occurrences dans les albums étudiés et dont les traductions montrent une fidélité d'à peu près 50% à l'original, l'autre moitié se servant d'un lexique non marin. De l'autre côté, on y trouve deux jurons qui caractérisent avant tout le capitaine et sur lesquels nous nous focaliserons ici.

Le juron le plus typique de Haddock, à telle mesure que le petit Abdallah le transforme en surnom du capitaine dans *Cock en stock* (Hergé 1987), est *mille sabords*. 182 occurrences de ce juron ont pu être comptées dans notre corpus. Celles-ci ont sept différents degrés d'intensification par ordre numérique et par accumulation d'allitérations, allant de *mille sabords* et *vingt mille sabords*, en passant par *mille millions de sabords, mille millions de mille sabords, mille milliards de mille sabords* pour arriver à *mille milliards de mille millions de mille sabords* et *mille millions de mille milliards de mille sabords*. Dans les versions en allemand, la traduction la plus fréquente tourne autour de l'injure *Höllenhunde*, et c'est conséquemment « Höllenhunt [sic] » qui devient le surnom donné au capitaine par Abdallah (Hergé 1987 (1999a, 63)). En allemand aussi, on trouve différents degrés d'intensification de ce juron : *(alle) Höllenhunde, bei allen heiligen Höllenhunden, (alle) heulende(n) Höllenhunde, (bei) alle(n) heulenden und jaulenden Höllenhunden, hundert heulende Höllenhunde, alle hundert heulenden und jaulenden Höllenhunde, tausend Höllenhunde, (alle) hunderttausend Höllenhunde, (alle) hunderttausend heulende(n) Höllenhunde, (alle) hunderttausend heulende(n) und jaulende(n) Höllenhunde, alle hundert Millionen heulenden und jaulenden Höllenhunde.* Trois grandes différences peuvent néanmoins être constatées entre les traductions et les albums originaux. Premièrement, *mille sabords*, qui est la forme la plus utilisée avec 114 occurrences sur 182, est dans environ un cas sur six supprimé entièrement dans les traductions allemandes. Pour les occurrences maintenues en allemand, on trouve 23 traductions différentes. Celles-ci ne sont pas seulement dues aux différents degrés d'intensification dont nous parlerons plus tard, mais aussi à l'utilisation d'autres expressions très variées dans quinze cas, comme *verflixt, zum Kuckuck, Donnerwetter* ou *zum Teufel*. *Höllenhunde* n'étant pas graphiquement plus long que beaucoup de ces traductions, le problème de la place disponible dans les phylactères ne peut pas représenter la seule explication de cette inconséquence dans la caractérisation du capitaine. Deuxièmement, les degrés d'intensification de *Höllenhunde*, mis à part le fait d'être plus nombreux en allemand, ne se calquent pas sur les versions françaises. Ainsi, les traductions de *mille sabords* – comme des autres variantes du juron – embrassent tous types de degré, et ceci indépendamment de l'album et de la traductrice. Le niveau de mécontentement du capitaine n'est donc pas pris en compte dans les versions allemandes. Et troisièmement, un sabord étant une « [o]uverture quadrangulaire pratiquée dans la muraille des vaisseaux de guerre et servant de passage à la bouche des canons » (Algoud 1991, 60), les expressions françaises renvoient explicitement au vocabulaire marin. *Höllenhunde* et les autres traductions choisies, en revanche, n'évoquent pas d'associations avec la navigation. Seul le principe d'allitération est dans la plupart des fois maintenu en allemand. Les traductions ne respectent donc pas ce trait essentiel du langage de Haddock et de son identité de marin.

Pour finir, on va regarder de plus près le deuxième juron très typique de Haddock. *Tonnerre de Brest* est d'après *Le Petit Robert* (Rey-Debove & Rey 2011, s.v. *tonnerre*) un « juron de marin, à l'origine » et a 98 occurrences dans notre corpus. Selon Algoud (1991, 84), l'expression est due aux coups de canon du bagne de Brest qui, à partir du 18ᵉ siècle, se faisaient entendre dans la rade après une fuite de prisonniers. On trouve cinq différentes formes du juron dans les albums étudiés : *tonnerre de Brest, mille tonnerres de Brest, mille millions de tonnerres de Brest, mille milliards de tonnerres de Brest* et *tonnerre de tonnerre de Brest*, la forme de base étant de nouveau la plus répandue avec 78 occurrences. Comme pour *mille sabords*, il y a différents degrés d'intensification par ordre numérique et par allitération. Dans les versions allemandes, environ un juron sur quatre est complètement supprimé. Pour les autres cas, 26 expressions différentes ont été comptées. Il y a de nouveau une traduction qui l'emporte sur les autres. Il s'agit de *Hagel und Granaten* qui apparaît dans un quart des traductions. Mais la préférence est cette fois-ci beaucoup moins prononcée. Il y a notamment quelques autres expressions contenant l'élément *Hagel*, p. ex. *alle heulenden Hagelwetter* (imitant *alle heulenden Höllenhunde*) ou *Hagel und Torpedos* ; 14 occurrences avec comme élément de base le tonnerre, p. ex. *Donner, Donnerwetter, Donnerkiel* ou *Donner und Doria* ; une reprise de différentes formes de *Höllenhunde* dans un dixième des cas ; et sept autres expressions qui n'entrent pas dans une de ces catégories, p. ex. *verflixt, beim Neptun, heiliger Fockmast* ou *Mir fehlen die Worte*. La plupart des traductions jouent donc avec la sonorité qu'évoque le juron de base *tonnerre de Brest* : tonnerre, obus, chiens hurlants produisent des bruits impressionnants. Contrairement aux traductions de *mille sabords*, cette fois-ci on ne trouve pas de degrés d'intensification en allemand. De plus, seules trois traductions sont en rapport direct avec le vocabulaire marin : *Donnerkiel, beim Neptun* et *heiliger Fockmast*. Même si l'origine de l'expression française est ignorée par la plupart des lecteurs et lectrices francophones, la ville de Brest est suffisamment connue comme ville portuaire pour que la référence maritime de l'expression soit transparente. La même chose ne peut pas être dite de la plupart des traductions allemandes. Il est vrai que les tempêtes en mer peuvent être tonitruantes et les obus, employés pour attaquer un navire, mais l'appartenance au domaine maritime n'est pas leur première connotation. Une fois de plus, la caractérisation de Haddock comme vieux loup de mer n'a pas lieu en allemand. Et contrairement à *mille sabords*, il n'y a pas création d'un juron typique, mais une coexistence de différents jurons dont l'utilisation est par conséquent moins fréquente.

3.4.3. Discussion des résultats

Pour résumer les résultats de notre étude, on peut affirmer que les injures savantes sont moins fréquentes dans les traductions allemandes, que les jurons marins ne sont pas reconnaissables comme tels, qu'il y a régulièrement omission d'insultes, que de nouvelles caractéristiques sont introduites et qu'un systématisme conséquent dans la traduction des injures phare n'est pas de règle. Néanmoins on doit admettre que Haddock reste identifiable comme homme de la mer : à travers ses habits de capitaine, sa désignation de *Kapitän* et les expressions qui témoignent du jargon marin, même si celles-ci sont moins nombreuses et moins emblématiques que dans l'original. Si les traductions de ses deux jurons principaux ne se rattachent pas au jargon en question, peut-être le seul fait d'utiliser des jurons est-il suffisant pour caractériser Haddock comme marin, profession dont la grossièreté du langage est un stéréotype bien ancré dans l'imaginaire des cultures francophone et germanophone. Les injures savantes, quant à elles, sont moins nombreuses en allemand, mais on en trouve tout de même. Peut-être les écarts dans leurs traductions rendent-ils compte des différents usages linguistiques en allemand et en français mentionnés plus haut, peut-être ne sont-ils pas le fruit d'une réflexion approfondie. Dans tous les cas, si les effets principaux des injures et jurons de Haddock semblent conservés, ils ne le sont que de manière approximative car les traductions ne respectent pas toujours l'original.

Différents aspects doivent être pris en compte pour bien situer ces traductions. Premièrement, le lectorat ciblé par les albums de *Tintin* en Allemagne sont avant tout les enfants. La série n'y est pas considérée comme une œuvre littéraire mais comme de la littérature grand public. L'intérêt principal de la traduction n'est ainsi pas de créer un ouvrage entièrement fidèle à l'original mais davantage de proposer une version distrayante et accessible aux enfants germanophones. Ce but est certainement atteint par les traductions étudiées.

Le second aspect important sont les conditions de travail des traducteurs et traductrices de bandes dessinées. Mauvaises rémunérations, strictes directives des maisons d'édition à respecter, interventions de la part des lecteurs des maisons d'édition, anonymisations des traducteurs et traductrices jusque dans les années 1980 et manque de prestige comparé aux traductions d'autres genres littéraires (Kaindl 2004a, 224-228 ; 2004b, 167-177) sont des facteurs souvent présents qui défavorisent un approfondissement de l'œuvre originale. Des changements, parfois de grande envergure, aussi bien de détails linguistiques que de contenu pour

Mille milliards de mille sabords !   79

adapter les histoires à la culture respective et aux intentions des maisons d'édition (lectorat ciblé, rendement économique), sont des procédés fréquents dans la traduction des bandes dessinées. Même des erreurs dans la traduction ne sont pas rares et témoignent de connaissances linguistiques défectueuses chez quelques traducteurs et traductrices, une formation en traductologie et même en philologie étant rarement considérée comme essentielle par les maisons d'éditions commanditaires.[10] Si dans les albums de *Tintin*, la qualité des traductions est élevée, on ne peut évacuer la possibilité que les obstacles cités aient potentiellement handicapé une traduction respectant les intentions supposées d'Hergé non seulement de manière approximative mais aussi dans le détail. Car il reste la question de savoir si, au final, les mots allemands du capitaine Haddock conservent l'irremplaçable personnalité de celui-ci – pour y répondre avec plus de certitude, il faudrait des études portant sur sa réception auprès des publics francophone et germanophone –, et s'il est vraiment légitime de ‹ retoucher › une œuvre littéraire, car *Tintin* en est une, pour l'adapter à certains publics.

4. Résumé et conclusion

L'esquisse de l'histoire de la bande dessinée de ses débuts töpfferiens jusqu'à sa forme moderne a pu montrer que l'introduction de ce genre littéraire est un fait plus tardif en Allemagne que dans les grands pays de la BD et qu'il est généralement resté limité au rayon enfant et à la considération comme littérature de second rang, dont résultent des remaniements souvent très amples et un faible souci de fidélité à l'original dans beaucoup de traductions.

La grande présence d'oralité conceptuelle et sa caractéristique multimédia sont les deux traits principaux qui différencient la bande dessinée des autres genres littéraires. Ses difficultés de traduction sont liées à cette caractéristique multimédia, mais aussi à des paramètres plus techniques comme la place restreinte dans les phylactères.

Dans notre étude, nous avons constaté que la traduction de bandes dessinées demeure un exercice périlleux. Les albums de Tintin en témoignent, notamment la façon avec laquelle la véhémence du capitaine Haddock a été remaniée. En réponse aux caractéristiques de la traduction en allemand des insultes et jurons explicitées dans notre étude, que nous est-il possible de conclure sur la version

---

[10] Voir à ce propos Kaindl (2004b, 173 et chapitre 6).

allemande de l'identité du capitaine Haddock ? Bien que dans l'ensemble fidèle, la traduction semble avoir amoindrie l'intensité du personnage, caractéristique principale dont le langage est sa pleine mesure. Il serait nécessaire de mener des études portant sur la réception du personnage auprès de lecteurs francophones et germanophones pour vérifier cette hypothèse. Enfin et surtout, le cas spécifique du capitaine Haddock invite à mener plus loin cette étude en incluant la comparaison avec des traductions dans d'autres langues dont nous savons, *mille milliards de mille sabords*, qu'elles sont nombreuses et croissantes !

Bibliographie

ALGOUD, Albert. 1991. *Le Haddock illustré. L'intégrale des jurons du capitaine*. Tournai: Castermann.
BAETENS, Jan. 2010. *Hergé écrivain*. Paris: Flammarion.
GOSCINNY, René & UDERZO, Albert. 1968. *Le bouclier arverne*. Paris: Dargaud.
GROENSTEIN, Thierry. 1997. « Histoire de la bande dessinée muette (première partie) », in: *9ème Art* 2, 60-75.
GROENSTEIN, Thierry. 1998. « Histoire de la bande dessinée muette (deuxième partie) », in: *9ème Art* 3, 92-105.
HERGÉ. 1981. *Objectif lune*. Tournai: Casterman. (Allemand: 1998a. *Reiseziel Mond*. Hamburg: Carlsen.)
HERGÉ. 1987. *Cock en stock*. Tournai: Casterman. (Allemand: 1999a. *Kohle an Bord*. Hamburg: Carlsen.)
HERGÉ. 1988a. *L'affaire Tournesol*. Tournai: Casterman. (Allemand: 1998b. *Der Fall Bienlein*. Hamburg: Carlsen.)
HERGE. 1988b. *Les bijoux de la Castafiore*. Tournai: Casterman. (Allemand: 1999b. *Die Juwelen der Sängerin*. Hamburg: Carlsen.)
HERGE. 1988c. *On a marché sur la lune*. Tournai: Casterman. (Allemand: 1998c. *Schritte auf dem Mond*. Hamburg: Carlsen.)
HERGÉ. 1988d. *Tintin et les Picaros*. Tournai: Casterman. (Allemand: 1997. *Tim und die Picaros*. Hamburg: Carlsen.)
HERGÉ. 1988e. *Vol 714 pour Sydney*. Tournai: Casterman. (Allemand: 1999d. *Flug 714 nach Sydney*. Hamburg: Carlsen.)
HERGÉ. 2004. *Tintin au Tibet*. Tournai: Casterman. (Allemand: 1999c. *Tim in Tibet*. Hamburg: Carlsen.)
HERGÉ. 2006. *L'étoile mystérieuse*. Tournai: Casterman. (Allemand: 1998d. *Der geheimnisvolle Stern*. Hamburg: Carlsen.)
HERGÉ. 2013. *Le crabe aux pinces d'or*. Tournai: Casterman. (Allemand: 1998e. *Die Krabbe mit den goldenen Scheren*. Hamburg: Carlsen.)
KAINDL, Klaus. 2004a. « Das Feld als Kampfplatz. Comics und ihre Übersetzung im deutschen Sprachraum », in: *Internationales Archiv für Sozialgeschichte der de utschen Literatur* 29/2, 211-228.
KAINDL, Klaus. 2004b. *Übersetzungswissenschaft im interdisziplinären Dialog. Am Beispiel der Comicübersetzung*. Tübingen: Stauffenburg.

KRIEGK, Jean Samuel & LAUNIER, Jean-Jacques. 2011. *Art ludique*. Paris: Sonatine.
MEON, Jean-Matthieu. 2009. « L'illégitimité de la bande dessinée et son institutionnalisation : le rôle de la loi du 16 juillet 1949 », in: *Hermès* 54, 45-50
PEETERS, Benoît. 2002. *Lire la bande dessinée*. Paris: Flammarion.
REY-DEBOVE, Josette & REY, Alain. edd. 2011. *Le Petit Robert. Dictionnaire alphabétique et analogique de la langue française*. Paris: Dictionnaires Le Robert.
SADOUL, Numa. 2000. *Tintin et moi. Entretiens avec Hergé*. Tournai: Casterman.
STIFTUNG UNIVERSITÄT HILDESHEIM. 2014. « Call for papers. Übersetzungen und Adaptionen von Comics », https://www.uni-hildesheim.de/fb3/institute/institut-fuer-uebersetzungs-wiss-fachkommunikation/tagungen/comictagung/call-for-papers (05.04.2016).

Der Blick des Übersetzers und die Aspektualität in deutsch-französischen und französisch-deutschen literarischen Übersetzungen

Gerda Haßler (Potsdam)

En traduction, l'étude des structures morphologiques et syntaxiques de la langue source comme de la langue cible reste incontournable parce qu'elles ne véhiculent pas toujours les mêmes valeurs sémantiques ou pragmatiques. Tandis que la plupart de ces catégories ne posent que rarement de problème pour la traduction, l'aspect est un piège pour la traduction entre l'allemand et les langues romanes. Dans ce contexte, nous entendons par aspectualité une fonction sémantique qui représente l'action exprimée par le verbe soit comme limitée par le début et la fin (perfectif) soit comme prise dans son déroulement et regardée de l'intérieur (imperfectif). Le marquage de l'aspectualité est plus fort dans les langues romanes, qui disposent, à côté des modes d'action, des formes verbales aspectuellement marquées. Des observations faites jusqu'ici nous pouvons conclure que, s'il y a plus de différenciation grammaticale dans la langue cible que dans la langue de départ, le traducteur peut être contraint de procéder à une sur-spécification dans le but de restreindre les possibilités d'interprétation. De l'autre côté, quand il y a moins de différenciation grammaticale dans la langue cible, le traducteur doit recourir à d'autres moyens. Dans le cas de l'aspectualité, ce sont surtout des moyens lexicaux, mais aussi la détermination et l'ordre des mots.

1. Problemstellung und Korpus

Dass die Aspektverhältnisse im Französischen und im Deutschen grundsätzlich anders gestaltet sind, ist eine Voraussetzung, die dem professionellen Übersetzer natürlich bewusst ist. Es stellt sich jedoch die Frage, wie diese Tatsache in der Praxis des Übersetzens wirksam wird und wie der Übersetzer die sprachsystematischen Voraussetzungen nutzt, um seine Interpretation des Blicks auf die Handlung auszudrücken. Im Folgenden soll zunächst kurz auf die Theorie der Aspektualität eingegangen werden, um die genannten Fragen dann anhand literarischer Übersetzungen zu behandeln. Als Korpus nutzen wir dabei die Novelle *Sarrasine* (1830) von Balzac, *Le grand voyage* (1963; dt. *Die große Reise*, 1964) von Jorge Semprún, *Les mains sales* (1948; dt. *Die schmutzigen Hände*, 1949) von Jean-Paul Sartre sowie in umgekehrter Richtung die Übersetzungen von Franz Kafkas *Die Verwandlung* (1912) ins Französische (*La Métamorphose*, übersetzt von Bernard Lortholary 1988). Auf quantitative Auswertungen wird dabei verzichtet, es sollen jedoch Tendenzen in der Nutzung der zur Verfügung stehenden sprachlichen Mittel aufgezeigt werden.

2. Die Aspektualität als funktional-semantische Kategorie

Unter Aspektualität fassen wir eine Kategorie, die all die verschiedenen Mittel umfasst, die im weiten Sinne dem Ausdruck des Charakters des Verlaufs der Handlung dienen. Während das Französische über aspektuell markierte Verbformen und Verbalperiphrasen verfügt, ist man im Deutschen darauf angewiesen, auf Präpositionalgruppen, Aktionsarten, veränderte Wortstellung und Adverbien zurückzugreifen oder auf eine aspektuelle Markierung zu verzichten. Eine funktional-semantische Kategorie kann (muss aber nicht) in einer bestimmten Sprache auf einer rein grammatischen Kategorie basieren; d.h. der Kerngehalt dieser funktional-semantischen Kategorie kann durch eine bestimmte grammatische Kategorie repräsentiert sein (Bondarko 1984; Schwall 1991, 99-102). Während die grammatische Kategorie einer bestimmten wesentlichen Eigenschaft, z.B. des Verbs, entspricht, wird die funktional-semantische Kategorie mithilfe von morphologischen, syntaktischen, wortbildenden und lexikalischen Mitteln bzw. durch Kombination all dieser Mittel oder kontextuell ausgedrückt.[1]

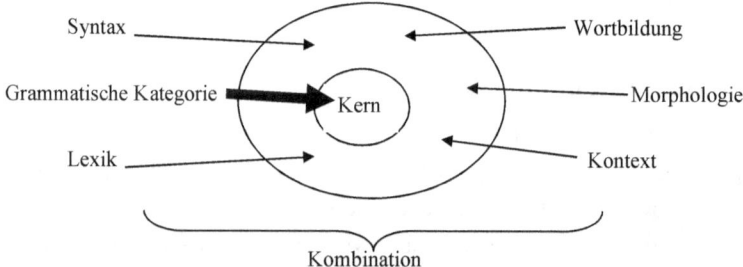

In Aspektsprachen wie im Griechischen oder in slawischen Sprachen hätte die funktional semantische Kategorie der Aspektualität folgende Gestalt:

---

[1] Zur Aspektualität und ihrer Ausprägung in romanischen Sprachen vgl. Abraham & Leiss 2008, Bertinetto 1986, Comrie 1976, Coseriu 1976, Dessì Schmid 2014, García Fernández 2004, García Fernández 1999, Haßler 2001, Haßler 2002, Kotin 2008, Labeau & Larrivée 2005, Miguel 1999, Weinrich ⁶2001.

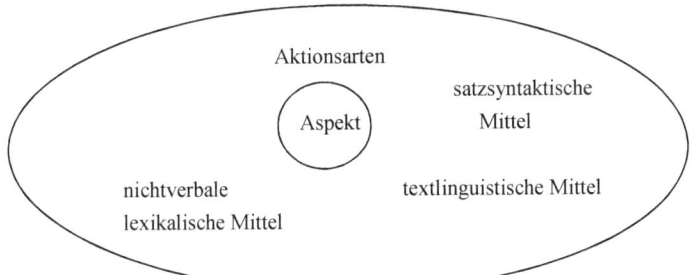

Mit einem grammatischen Aspekt als Kern der Kategorie kann jedoch weder im Deutschen noch im Französischen gerechnet werden. Zwar hat das Französische Verbformen, die aspektuelle Merkmale aufweisen; ein Satz, in dem beide Partner einer Aspektkorrelation sinnvoll verwendet würden, ist jedoch in romanischen Sprachen nicht möglich. Während das korrelativ verbundene Aspektpaar *сдавать* ('ablegen', imperfektiv)/*сдать* ('ablegen', perfektiv) im Russischen aufgrund der Aspektkorrelation allein im Stande ist, die Opposition von ‚Versuch' und ‚Ergebnis' zu tragen, reicht die Verwendung einer imperfektiven und einer perfektiven Verbform im französischen Satz dafür nicht aus. Die Zielgerichtetheit in der lexikalischen Bedeutung von *passer* würde hier die aspektuelle Bedeutung überlagern; ein sinnvoller Satz käme nicht zustande:

(1) Он   сдавал   экзамен,   но   не   сдал.
    er   ablegen. 3.S. IPFV Prüfung aber nicht ablegen. 3.S.PFV
    ‚Er nahm an der Prüfung teil, hat sie aber nicht bestanden.'

(2) *Il   passait   l'examen,   mais il ne   l'a   pas   passé.
    er   ablegen. 3.S. IPFV ART-Prüfung aber er nicht sie-hat Neg. ablegen. 3.S. PFV

In Sprachen, die über eine Aspektkorrelation verfügen, scheint diese die lexikalische Bedeutung zu überlagern und nicht umgekehrt.

Bestimmte Verbformen sind allerdings im Französischen regelmäßig aspektuell markiert: das *passé simple* und die zusammengesetzten Verbformen sind perfektiv und das *imparfait* imperfektiv. Auch hier gibt es aber Einschränkungen im Gebrauch, die es nicht erlauben, von einem Kern der Aspektualität zu sprechen. Deshalb werden diese Verbformen innerhalb der folgenden Darstellung der funktional-semantischen Kategorie der Aspektualität zwar hervorgehoben, die Abgrenzungslinie jedoch gestrichelt.

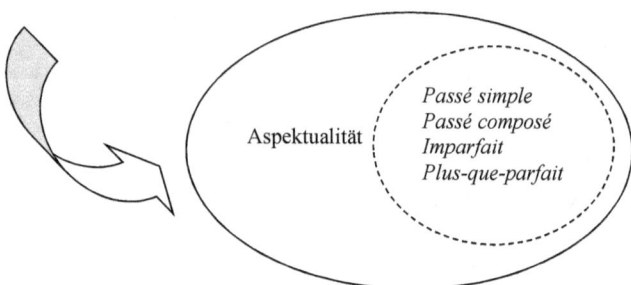

Zu den Ausdrucksmitteln der Aspektualität gehören mindestens die in der folgenden Darstellung zusammengefassten:

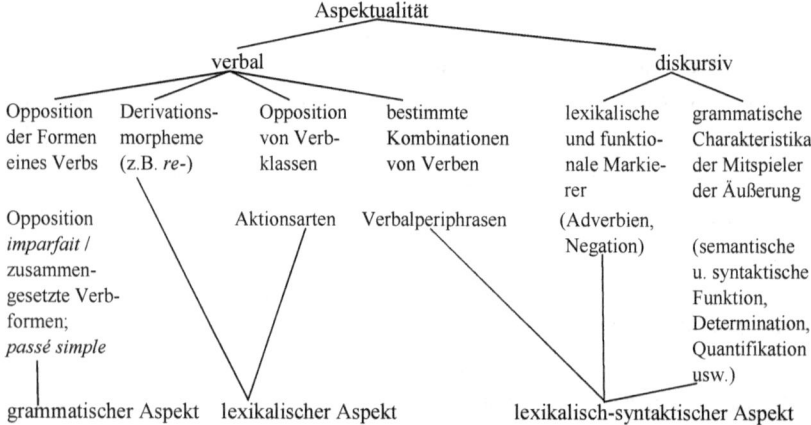

Zu den verbalen Ausdrucksmitteln werden zunächst diejenigen gerechnet, die oben beinahe als Kern hervorgehoben wurden, also die Opposition der zusammengesetzten Verbformen und des einfachen Perfekts zum *imparfait*. In dem Satz (3) kennzeichnet das *imparfait* eine im Verlauf befindliche Handlung, während das *passé simple* eine einmalige, plötzlich eintretende Handlung bezeichnet.

(3)   L'inconnu, qui se trouvait près de cette femme, s'en *alla*. (Balzac, 40)

Mit den Derivationsaffixen sind hier solche gemeint, die zum Beispiel Wiederholungen von Handlungen kennzeichnen, wie *relire,* das in Beispiel (4) ein ‚immer wieder Lesen' kennzeichnet und auch der Markierung imperfektiver Aspektualität dient:

(4) Je parie qu'il l'a dans son sac et qu'il le *relit* tous les soirs [...] (Frantext, R937 – Genevoix, Maurice, *Ceux de 14*, 1950, 338)

Ähnliche Effekte können auch mit Suffixen erzielt werden, z.b. in *sautiller* ‚hüpfen', *feuilleter* ‚blättern', wo die iterative Aktionsart gleichzeitig das Imperfektive der Handlung markieren kann:

(5) Et juste à cet instant voilà un pied qui entre en danse, voilà que leur cou les démange, leur corps *sautille* et tout est à recommencer. (Frantext, R230 – Sartre, Jean-Paul, *Carnets de la drôle de guerre: septembre 1939-mars 1940*, 1983, 218)

Die für die romanischen Sprachen häufig als *lexikalischer Aspekt* bezeichneten Aktionsarten sind lexikalische Eigenschaften der Verben, die eine bestimmte Aspektualität nahe legen. Zum Beispiel ist *suchen* ein duratives Verb, das eine Nähe zur imperfektiven Aspektualität nahelegt, *finden* dagegen als Bezeichnung einer punktuellen Handlung eine Beziehung zur perfektiven Aspektualität. Die Verbindung des eine punktuelle Handlung bezeichnenden *finden* mit Adverbien, die Durativität bezeichnen, ist daher normalerweise ausgeschlossen:

(6) *Ich habe den Schlüssel lange gefunden.

Dass im Französischen jedoch auch deutlich durch ihre Aktionsart markierte Verben eine zusätzliche aspektuelle Markierung durch die Flexion erfahren können, zeigen die folgenden Beispiele:

(7) Le beau-frère de Geneviève *est arrivé* jeudi avec deux de ses enfants, une fillette et un garçonnet singulièrement imbéciles et arrogants. (Frantext, R804 – Manchette, Jean-Patrick, *Journal : 1966-1974*, 2008, 375)

(8) Nous n'en avions que des images rares et fugaces : une belle voiture qui *arrivait*, un personnage habillé d'une façon dont nous ne connaissions aucun équivalent... (Frantext, E055 – Eribon, Didier, *Retour à Reims*, 2009, 103)

Während in Beispiel (7) die terminative Aktionsart des Verbs die durch die Verbform ohnehin ausgedrückte Perfektivität noch unterstreicht, wird im Beispiel (8) eine im Verlauf befindliche Handlung des Ankommens mit dem *imparfait* beschrieben.

Neben aspektuell markierten Verbformen und den Aktionsarten stehen in den einzelnen Sprachen auch weitere Mittel zum Ausdruck der Aspektualität zur Verfügung, wie zum Beispiel Verbalperiphrasen und Adverbien.

3. Übersetzen mit Differenzierungsanstieg: Deutsch–Französisch

Für die Übersetzungen vom Deutschen ins Französische gehen wir von der Hypothese aus, dass in der Zielsprache häufig Differenzierungen von perfektiven und imperfektiven Verbformen vorgenommen werden müssen, für die der Ausgangstext keine Anhaltspunkte gibt.[2] Folgende Beispiele aus Franz Kafkas *Verwandlung* sollen dies illustrieren. Warum gerade dieser Text einen idealen Ausgangspunkt für einen textbasierten Vergleich zur Aspektualität bildet, liegt auf der Hand, denn von der Erzählung der alltäglichen, realen Welt des Kleinbürgermilieus hebt sich ein einziges, ganzheitlich erlebtes und zur Voraussetzung des weiteren Geschehens werdendes Ereignis ab: die Metamorphose Gregor Samsas zum Insekt. Es schließt sich eine langsame Verwandlung der Familie an, in deren Ergebnis Gregor schließlich ausgestoßen wird. Mir erscheint es gerechtfertigt, bei der Betrachtung solcher Texte mit vorher feststehenden Zielen von thematisch erwartungsgesteuertem Textvergleich zu sprechen. Hypothetisch ließe sich also folgende Verteilung der Verbformen annehmen:

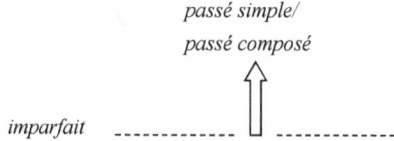

Die Hypothese einer notwendigen Überspezifizierung der Aspektualität beim Übersetzen vom Deutschen ins Französische findet sich gleich im ersten Abschnitt der *Verwandlung/Métamorphose* bestätigt. Betrachten wir dazu das Beispiel (9):

> (9D) Als Gregor Samsa eines Morgens aus unruhigen Träumen erwachte, *fand* er sich in seinem Bett zu einem ungeheuren Ungeziefer verwandelt. Er *lag* auf seinem panzerartig harten Rücken und *sah*, wenn er den Kopf ein wenig hob, einen gewölbten, braunen, von bogenförmigen Versteifungen geteilten Bauch, auf dessen Höhe sich die Bettdecke, zum gänzlichen Niedergleiten bereit, kaum noch erhalten konnte. Seine vielen, im Vergleich zu seinem sonstigen Umfang kläglich dünnen Beine *flimmerten* ihm hilflos vor den Augen. (Kafka, 112)

---

[2] Zu den übersetzungstheoretischen Grundlagen vgl. Albrecht 2013, Eriksson 1993, Schreiber 2006, Verkuyl 1993, Vinay & Darbelnet 1958, Wong 2006, Wu & Matsuzaki & Tsujii 2010.

(9F) En se réveillant un matin après des rêves agités, Gregor Samsa *se retrouva*, dans son lit, métamorphosé en un monstrueux insecte. Il *était* sur le dos, un dos aussi dur qu'une carapace, et, en relevant un peu la tête, il *vit*, bombé, brun, cloisonné par des arceaux plus rigides, son abdomen sur le haut duquel la couverture, prête à glisser tout à fait, ne tenait plus qu'à peine. Ses nombreuses pattes, lamentablement grêles par comparaison avec la corpulence qu'il avait par ailleurs, *grouillaient* désespérément sous ses yeux. (Kafka/Lortholary, 23)

Die resultative Konstruktion, die bei Kafka zur Bezeichnung des Schlüsselereignisses steht, findet sich in der Übersetzung als *se retrouva métamorphosé en un monstrueux insecte* wieder. Der Gemeinsamkeit in der aus der lexikalischen Bedeutung des Verbs *finden/retrouver* ersichtlichen Aktionsart steht jedoch bereits hier ein aspektueller Unterschied gegenüber. Während bei Kafka die Möglichkeit eines allmählichen Sich-Findens zumindest offenbleibt, steht in der Übersetzung der Prozess als Ganzes mit seinem Endpunkt vor Augen. Noch deutlicher wird der Differenzierungsanstieg bei der aspektuellen Differenzierung der im Deutschen gleichermaßen im Präteritum verwendeten Verben *lag* und *sah* in der französischen Übersetzung: *Il était sur le dos* kennzeichnet einen anhaltenden Zustand, während mit *il vit* nicht ein ebenso anhaltendes betrachtendes Sehen, sondern ein plötzliches Erkennen der physischen Veränderung in ihrer ganzen Tragweite nahegelegt wird.

Gerade der variationslose Gebrauch des Präteritums semantisch wenig komplexer Verben ist ein Charakteristikum der Erzählweise Kafkas, das in der französischen Übersetzung nicht beibehalten werden kann. Im Beispiel (10) wird der Gleichklang von drei Präteritumformen aufgelöst in zwei *passé-simple*-Formen, zwischen denen ein *imparfait* steht.

(10D) Gregors Blick *richtete* sich dann zum Fenster, und das trübe Wetter – man *hörte* Regentropfen auf das Fensterblech aufschlagen – *machte* ihn ganz melancholisch. (Kafka, 112)

(10F) Le regard de Gregor se *tourna* ensuite vers la fenêtre, et le temps maussade – on *entendait* les gouttes de pluie frapper le rebord de zinc – le *rendit* tout mélancolique. (Kafka/Lortholary, 23)

Dabei handelt es sich zweifellos nicht um eine zufällige Entscheidung des Übersetzers. Die durchgängige Verwendung des *imparfait* würde in diesem Fall eine iterative Handlungsfolge nahelegen, die Verwendung des *passé simple* auch im eingeschobenen Satz ein plötzliches Wahrnehmen des Regens, der jedoch die Situation dauerhaft als Hintergrund begleiten soll. Offensichtlich genügen für eine angemessene Darstellung des Handlungsverlaufs im Deutschen kontextuelle Bezüge, auf Weltwissen basierte Verstehenspräferenzen und einige lexikalische Anhaltspunkte wie *dann* für die Kennzeichnung der Aufeinanderfolge von Handlungen. Die größere Differenzierung der Verbformen im aspektuellen Bereich fordert dagegen im Französischen die Verwendung der spezifischen Form, die mit anderen kontrastiert.

Beispiele einer im Originaltext nicht vorhandenen aspektuellen Kontrastierung, die durch die sprachlichen Voraussetzungen im Französischen erzwungen wird, finden sich in der Kafka-Übersetzung erwartungsgemäß gehäuft.

Besonders interessant an Beispiel (11) erscheint, dass der lexikalische Ausdruck der Iterativität in *Er versuchte es wohl hundertmal* im Französischen zwar beibehalten wird, durch die Verwendung der *passé simple*-Form des Modalverbs aber zugleich die Abgeschlossenheit der Handlungsfolge unterstrichen wird.

(11D)   Mit welcher Kraft er sich auch auf die rechte Seite *warf,* immer wieder *schaukelte* er in die Rückenlage zurück. Er *versuchte es wohl hundertmal, schloß* die Augen, um die zappelnden Beine nicht sehen zu müssen, und *ließ* erst ab, als er in der Seite einen noch nie gefühlten, leichten, dumpfen Schmerz *zu fühlen begann.* (Kafka, 113)

(11F)   Quelque énergie qu'il mît à se jeter sur le côté droit, il *tanguait* et *retombait* à chaque fois sur le dos. Il *dut bien l'essayer cent fois, fermant* les yeux pour ne pas s'imposer le spectacle de ses pattes en train de gigoter, et il ne renonça que lorsqu'il *commença à sentir* sur le flanc une petite douleur sourde qu'il n'avait jamais éprouvée. (Kafka/Lortholary, 24)

Die epistemische Modalität als solche war im Deutschen auch nicht wie in der Übersetzung durch eine Periphrase (*Il dut bien l'essayer cent fois*), sondern adverbial durch *wohl* ausgedrückt worden. Auf verstärkte Differenzierungsnotwendigkeiten im Französischen verweist auch die formal analog gebildete inchoative Periphrase *zu fühlen begann/commença à sentir*. Während die lexikalische Benennung der Handlung gleichermaßen mit dem Infinitiv (*fühlen/sentir*) erfolgt und das finite Verb ebenso analog die Anfangsphase dieser Handlung bezeichnet, besteht in der aspektuellen Sicht im Französischen durch die Verwendung des *passé simple* Eindeutigkeit. Das Beispiel deutet darauf hin, dass es sinnvoll ist, gerade im periphrastischen Bereich zwischen Aspekt und Aktionsart deutlich zu unterscheiden.

In Beispiel (12) lässt die Häufung von adverbialen Benennungen des langsamen und vorsichtigen Handlungsverlaufs auf dem Hintergrund der aspektuellen Indifferenz durchaus eine prozessuale Lesart zu, die in der Übersetzung, bedingt durch den klaren Ausdruck der Handlungsfolge, mit der Wahl des *passé simple* jedoch aufgegeben wird:

(12D) Er *versuchte* es daher, ZUERST den Oberkörper aus dem Bett zu bekommen, und *drehte* VORSICHTIG den Kopf dem Bettrand zu. Dies *gelang* auch leicht, und trotz ihrer Breite und Schwere folgte SCHLIEßLICH die Körpermasse LANGSAM der Wendung des Kopfes. (Kafka, 116)

(12F) Il *essaya* donc de COMMENCER PAR EXTRAIRE du lit le haut de son corps, et il *tourna* PRUDEMMENT la tête vers le bord. Cela *marcha* d'ailleurs sans difficulté, et FINALEMENT la masse de son corps, en dépit de sa largeur et de son poids, *suivit* LENTEMENT la rotation de la tête. (Kafka/Lortholary, 28/29)

Die Bestimmung der Reihenfolge, die im deutschen Text adverbial erfolgte (*zuerst, schließlich*), bedient sich im Französischen auch der gegebenen periphrastischen Möglichkeiten (*commencer par extraire*).

Als Ergebnis des Übersetzungsvergleichs ließe sich festhalten, dass bei einem Differenzierungsanstieg von der Ausgangssprache zur Zielsprache Überspezifizierung erfolgt, die ihrerseits eine Einschränkung der möglichen Lesarten zur Folge haben kann. Letztere Aussage ist selbstverständlich dahingehend zu überprüfen, ob nicht schon im Ausgangstext eine entsprechende Einschränkung durch andere Mittel als verbale Kategorien, also etwa durch Adverbien, vorgegeben ist.

Differenzierungsanstieg

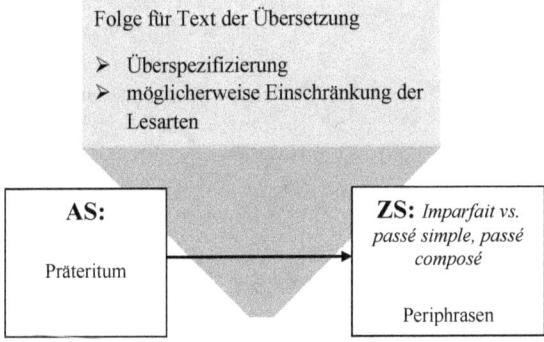

4. Übersetzen mit Differenzierungsgefälle: Französisch–Deutsch

Bei der Übersetzung ins Deutsche, das weniger Ausdrucksmittel im Bereich des Verbalaspekts hat, stehen dem Übersetzer neben den Aktionsarten vor allem Adverbien zur Vermittlung aspektueller Markierungen der Ausgangssprache zur Verfügung. Betrachten wir zunächst die Übersetzung von Sätzen mit den Verbformen *imparfait*, *passé simple* und *passé composé* in Balzacs *Sarrasine* ins Deutsche. Der Übersetzer hat sich hier offensichtlich ausschließlich von der äußeren Form der Verbformen leiten lassen. So hat er das *imparfait* fast durchweg mit dem Präteritum wiedergegeben (13 bis 15) und auch für das *passé simple* diese aspektuell unmarkierte Verbform gewählt (16 bis 18). Für das *passé composé* steht hingegen fast durchweg das zusammengesetzte Perfekt (19 bis 21), das aspektuell ebenso unmarkiert ist, jedoch dem nähesprachlichen Charakter der bei Balzac auftretenden Sätze mit *passé composé* besser entspricht. Die aspektuelle Markiertheit durch Verbformen geht im deutschen Text damit verloren. Natürlich kann der Übersetzer auf das Weltwissen der zielsprachlichen Leser bauen, das es ihnen zum Beispiel erlaubt zu erkennen, dass das schwache Sich-Abheben der Bäume ein dauerhafter Zustand ist oder das Lächeln und Sich-Trennen aufeinanderfolgende abgeschlossene Handlungen sind.

(13F) Les arbres, [...] se *détachaient* faiblement... (Balzac, 35)

(13D) Die [...] Bäume *hoben* sich schwach von dem graugetönten Hintergrund *ab*. (Balzac/Hoch, 217).

(14F) Assis dans l'embrasure d'une fenêtre, [...] je *pouvais contempler* à mon aise le jardin de l'hôtel où je *passais* la soirée. (Balzac, 35)

(14D) In einer Fensternische sitzend, [...] konnte ich nach Belieben den Garten der Villa *betrachten*, in deren Räumen ich den Abend *verbrachte*. (Balzac/Hoch, 217).

(15F) [...] ils *ressemblaient* vaguement à des spectres [...] (Balzac, 35)

(15D) In dieser phantastischen Umgebung *schienen* sie irgendwie [...]. (Balzac/Hoch, 217)

(16F) Elle *sourit*, et nous nous *séparâmes* [...] (Balzac, 52)

(16D) Sie *lächelte* und wir *trennten* uns, [...]. (Balzac/Hoch, 229)

(17F) Un peu ! *Dit* la marquise. (Balzac, 64)

(17D) Ein wenig nur! *Sagte* die Marquise. (Balzac/Hoch, 238)

(18F) Bientôt l'exagération naturelle aux gens de la haute société *fit naître* et accumuler les idées les plus plaisantes [...] (Balzac, 40).

(18D) Bald *ließ* die bei Leuten aus ferner Gesellschaft so verbreitete Übertreibungssucht die amüsantesten Ideen, [...] *aufkommen*. (Balzac/Hoch, 220).

(19F) Je n'*ai consenti* à vous tromper que pour faire plaisir à mes camarades, [...] (Balzac, 75)

(19D) Ich *habe* mich zu dieser Täuschung nur meinen Freunden zuliebe *hergegeben*, [...]. (Balzac/Hoch, 247)

(20F) [...] tu m'*as dépeuplé* la terre de toutes ses femmes. (Balzac, 76)

(20D) [...] du *hast* für mich die Erde von allen Frauen *entvölkert*. (Balzac/Hoch, 247)

(21F) J'*ai conçu* trop de respect pour ton caractère pour me livrer ainsi. (Balzac, 67)

(21D) Ich *habe* zu viel Achtung vor deinem Charakter *gewonnen*, als daß ich mich so preisgeben könnte. (Balzac/Hoch, 240)

Eine von dieser schematischen Übersetzung abweichende Lösung hat der Übersetzer in einigen Fällen gewählt. So übersetzt er zum Beispiel *il n'a jamais voulu* in Satz (22) mit *daß noch nicht einmal seine Aufwartung in meinem Hause machen wollte* und trägt damit dem Charakter des narrativen Textes Rechnung, in dem im Deutschen das Präteritum vorherrscht:

(22F) Eh bien, il a si peu de reconnaissance du service que je lui ai rendu, qu'il n'a jamais *voulu remettre* les pieds chez moi. (Balzac, 74)

(22D) Wohlan, er zeigt sich für den Dienst, den ich ihm erwiesen habe, so wenig erkenntlich, daß er noch nicht einmal seine Aufwartung in meinem Hause *machen wollte*. (Balzac/Hoch, 245)

Auch in verblosen Satzteilen wird gelegentlich das Präteritum in der deutschen Übersetzung eingefügt:

(23F) Moi, sur la frontière de ces deux tableaux si disparates, [...]. (Balzac, 36)

(23D) Ich selbst, der ich mich auf der Grenze zwischen zwei so ungleichen Bildern *befand*, [...]. (Balzac/Hoch, 217)

Für die Übersetzung von Verbalperiphrasen treten auch Adverbien auf:

(24F) Minuit *venait de sonner* à l'horloge... (Balzac, 35)

(24D) Die Uhr des Elysée-Bourbon *hatte* GERADE Mitternacht *geschlagen*. (Balzac/Hoch, 217)

In *Les mains sales* von Jean-Paul Sartre dominiert dagegen deutlich das *passé composé* und wird auch zumeist mit dem deutschen Perfekt übersetzt:

(25F) J'ai lutté, je *me suis humilié*, j'ai tout *fait* pour qu'ils oublient, je leur *ai répété* que je les aimais, que je les enviais, que je les admirais. (Sartre, 284)

(25D) Ich *habe gekämpft*, ich *habe mich demütigen lassen*, ich *habe* alles *getan*, damit sie es vergessen, immer wieder *habe* ich ihnen *gesagt*, ich liebe euch, ich bewundere euch, ich beneide euch. (Sartre/Baerlocher, 56)

Das Präteritum wird jedoch nicht schematisch für die Wiedergabe des *imparfait* genutzt. So verwendet die Übersetzerin das Perfekt, wenn es sich um nähesprachliche Äußerungen handelt:

(26F) Et vous *disiez* : il s'en est bien tiré, il a fait sa besogne proprement et sans compromettre personne. (Sartre, 250)

(26D) Und dann *habt* ihr *gesagt:* Gut hat er seine Sache gemacht, den Auftrag sauber erledigt, keinen verpfiffen. (Sartre/Baerlocher, 15)

Für die Wiedergabe des narrativen *imparfait* verwendet die Übersetzerin durchweg das Präteritum:

(27F) Ils *arrivaient* la nuit sur leurs vélos, [...] ils *s'asseyaient* autour de la table, Louis *bourrait* sa pipe et quelqu'un *disait* : [...] (Sartre, 250)

(27D) Sie *kamen* nachts auf ihren Fahrrädern an, [...] *setzten sich* um den Tisch, Louis *stopfte* seine Pfeife, und einer *sagte* dann: [...] (Sartre/Baerlocher, 14)

Für die Wiedergabe imperfektiver Aspektualität werden in der deutschen Übersetzung auch präpositionale Wortgruppen verwendet, die das Andauern einer Handlung kennzeichnen:

(28F) En principe, elles *traversaient* pour aller en Hongrie. (Sartre, 250)

(28D) Eigentlich waren sie AUF DURCHMARSCH nach Ungarn. (Sartre/Baerlocher, 14)

Verbalperiphrasen werden in der deutschen Übersetzung durchweg mit Adverbien wiedergegeben:

(29F) As-tu fini par comprendre ? (Sartre, 257)

(29D) Hast du es SCHLIEßLICH begriffen? (Sartre/Baerlocher, 23)

(30F) Hugo finit par lui arracher le revolver pendant que le rideau tombe et qu'elle crie. (Sartre, 293)

(30D) Hugo entwindet ihr SCHLIEßLICH den Revolver, während der Vorhang fällt und sie schreit. (Sartre/Baerlocher, 67)

(31F) [...] que les troupes allemandes sont en train de perdre la guerre ? (Sartre, 307)

(31D) [...] und die deutschen Truppen DABEI sind, den Krieg zu verlieren? (Sartre/Baerlocher, 84)

(32F) il a bien failli me prendre à son piège. (Sartre, 345)

(32D) Aber er, er hätte mich BEINAHE in seine Falle gelockt. (Sartre/Baerlocher, 132)

Insgesamt ist die Wiedergabe der Aspektualität in der deutschen Übersetzung von *Les mains sales* sehr systematisch vorgenommen worden, wobei auf alle Ebenen des Ausdrucks von aspektuellen Merkmalen im Deutschen zurückgegriffen wurde. Es liegt nahe, hier von einer Bewusstheit der Gestaltung der aspektuellen Verhältnisse im Zieltext auszugehen.

In der Übersetzung von *Le grand voyage* von Jorge Semprún fällt auf, dass die *imparfait*-Formen weitgehend mit dem Präteritum wiedergegeben wurden:

(33F) Nous *vivions* toutes choses à travers les livres. (Semprún, 36)

(33D) Alles *erlebten* wir nur durch Bücher. (Semprún/Christaller, 34)

Jedoch auch im *passé composé* erscheinende Verbformen werden im Deutschen häufig mit dem Präteritum übersetzt. Diese Entscheidung des Übersetzers scheint aus stilistischen Erwägungen erklärbar. Eine Häufung von Perfektformen im deutschen Text könnte diesem einen umgangssprachlichen Charakter geben.

(34F) Il *a été pris* dans une raffle générale, quand les allemands *ont voulu* nettoyer la région. (Semprún, 31)

(34D) Bei einer Razzia, als die Deutschen die Gegend *säubern wollten*, wurde er *festgenommen*. (Semprún/Christaller, 28)

(35F) Il *a essuyé* le sang sur son visage et son visage *était* celui de la haine. (Semprún, 33)

(36D) Er *wischte* sich das Blut aus dem Gesicht, und auf diesem Gesicht *lag* Haß. (Semprún/Christaller, 30)

(37F) L'évasion *a raté*. (Semprún, 33)

(37D) Aus der Flucht *wurde* nichts. (Semprún/Christaller, 30)

Auffällig ist außerdem, dass im deutschen Text an einigen Stellen das Plusquamperfekt erscheint, womit eine weiter zurückliegende temporale Ebene eingeführt wird:

(38F) Le gars de Semur m'*a regardé* et je lui *ai fait* oui de la tête. (Semprún, 32)

(38D) Der Junge aus Semur *hatte* mich *angeschaut*, und ich *hatte* ihm *zugenickt*. (Semprún/Christaller, 29)

(38F) Mais cette phrase-là *a soulevé* un concert de protestations. (Semprún, 32)

(38D) Aber da *hatte* sich ein Sturm der Entrüstung *erhoben.* (Semprún/Christaller, 29)

Mit der Nutzung des Plusquamperfekts wird zugleich verdeutlicht, dass die bezeichneten Handlungen vor einem Referenzpunkt in der Vergangenheit abgeschlossen sein mussten. Damit wird bis zu einem gewissen Grade auch die Aspektualität der Verbform *passé composé* beibehalten.

Wie wir gesehen haben, waren die Strategien der Übersetzer im Umgang mit der Aspektualität in den drei französischen Texten sehr unterschiedlich. Während bei der Übersetzung des Balzac-Textes lediglich formale Kriterien eine Rolle spielten, nutzte die Übersetzerin des Textes von Sartre die aspektuellen Möglichkeiten des Deutschen systematisch. In der Übersetzung des Textes von Semprún spielte offensichtlich die Wahrung der stilistischen Invarianz eine übergeordnete Rolle.

Wenn wir unsere Analyse auf die Verben beschränken würden, wäre bei der Übersetzung ins Deutsche in jedem Fall ein Differenzierungsgefälle beim Ausdruck der Aspektualität festzustellen.

Differenzierungsgefälle

AS	ZS
imparfait, passé simple, passé composé, Infinitiv + Präposition, aspektuelle Verbalperiphrase	Präteritum Perfekt (Adverbien, Präposition + Infinitiv)

Folge für Text der Übersetzung
➢ aspektuelle und temporale Unschärfe
➢ lexikalischer und syntaktischer Ausgleich

5. Vereinfachende Übersetzungslösungen oder Hinzufügen

Dass Übersetzer immer wieder auf vereinfachende Lösungen des Problems der fehlenden Kongruenz im Bereich der Aspektualität der Verbformen hereinfallen, ist in beiden Richtungen relevant. Unter vereinfachenden Lösungen werden dabei zum Beispiel die Aufstellung direkter Korrespondenzen zwischen den

Verbformen der Sprachen verstanden, wie sie García Yebra (1997, 147) in seinem Handbuch gibt:

Deutsch	Englisch	Französisch	Spanisch
Präsens	*Present*	*Présent*	*Presente*
	Present continuous		*(Presente continuo)*
Präteritum	*Simple Past*	*Imparfait*	*Imperfecto*
	Past continuous		*(Imperfecto continuo)*
		Passé simple	*Pret. perf. simple*
			(Pret. perf. simple cont.)
Perfekt	*Present perfect*	*Passé composé*	*Pret. perf. compuesto*
			(Pret. perf. comp. contin.)
Plusquamperfekt	*Past perfect*	*Plus-que-parfait*	*Pluscuamperfecto*
	Past perfect continuous		*Pluscuamperf. continuo*
		Passé antérieur	*Pretérito anterior*

Wenn sich ein Übersetzer auf diese Tabelle verlassen würde, würde er zum Beispiel das Fehlen aspektueller Markiertheit bei deutschen Verbformen verkennen. Das Präteritum und das Perfekt stehen nicht in aspektueller Opposition zueinander, sondern sie unterscheiden sich hauptsächlich nach stilistischen und diatopischen Kriterien. Andererseits existiert die Korrespondenz zwischen dem französischen *passé simple* und dem spanischen *pretérito perfecto simple* zwar auf aspektueller und temporaler Ebene; wenn man ihr aber bedingungslos folgen würde, würden die grundlegenden diaphasischen Unterschiede verkannt. Deutlich wird dies in der Übersetzung des als umgangssprachlich markierten Satzes bei Jorge Semprún, in dem sogar der deutsche Übersetzer das Perfekt mit einer reduzierten Verbform verwendet. Im Spanischen steht hier – durchaus angemessen – das *pretérito perfecto simple*, allerdings lässt der Übersetzer hier jegliche Markierung des Registers weg:

(39F) J'ai *passé* mon foutu temps à dormir. (Semprún, 22)

(39D) Geschlafen *hab* ich die verdammte Zeit. (Semprún/Christaller, 19)

(39S) Me *pasé* el tiempo durmiendo. (Semprún/Conte, 21)

Die fehlenden Möglichkeiten des Deutschen im Bereich der Markierung des Verbalaspekts werden insbesondere am Beispiel des sogenannten Inzidenzschemas deutlich. Zwischen den Verbformen im folgenden französischen Satz besteht eine aspektuelle Differenz, denn das erste Verb drückt die Handlung des

Lesens als im Verlauf befindlich aus, das zweite Verb benennt das Ankommen als punktuelle Handlung:

(40F)   Mon frère *lisait* le journal quand je *suis arrivé*.

In den anderen romanischen Sprachen ist diese aspektuelle Differenz ohne weiteres reproduzierbar, wobei im Spanischen auf die einfache Perfektform zurückgegriffen wird:

(40S)   Mi hermano *leía* el periódico cuando *llegué*.

(40I)   Mio fratello *leggeva* il giornale quando *sono arrivato*.

Im Deutschen gibt es keine Möglichkeit, diesen Unterschied durch die Flexion des Verbs auszudrücken. Man könnte die Verben in diesem Satz entweder mit dem Präteritum oder mit dem Perfekt übersetzen und sich dabei auf die Aktionsart der Verben verlassen (Vendler 1957). Das Verb *lesen* impliziert durch seine lexikalische Bedeutung bereits eine gewisse Dauer des Prozesses, *ankommen* ist dagegen terminativ und verweist auf die Handlung in ihrer Gesamtheit:

(40D)   Mein Bruder *las* die Zeitung, als ich *ankam*.

(40D')   Mein Bruder *hat* die Zeitung *gelesen*, als ich *angekommen bin*.

Die Markierung der Aspektualität durch die Aktionsarten ist jedoch nicht spezifisch für das Deutsche, sie ist vielmehr auch in den romanischen Sprachen gegeben, wo sie mit der aspektuellen Markierung der Verbformen, die in diesen obligatorisch ist, zusammenwirkt. In vielen Fällen ist die Wahl einer bestimmten Verbform durch aspektuelle Zwänge vorgegeben. So können die Verbformen in unserem Satz (40) nicht vertauscht werden:

(*40)   *Mon frère *a lu* le journal quand j'*arrivais*.

Die Markierung der Aspektualität ist im Französischen stärker, da es neben den Aktionsarten über aspektuelle Verbformen verfügt. Im Deutschen kann man deren Fehlen durch Adverbien oder präpositionale Wortgruppen ausgleichen:

(41)   Mein Bruder las GERADE die Zeitung, als ich ankam.

(42)   Mein Bruder *las* die Zeitung, als ich PLÖTZLICH *ankam*.

(43)   Mein Bruder *war* BEIM LESEN der Zeitung, als ich *ankam*.

Die Übersetzung jeder *imparfait*-Form mit dem Adverb *gerade* oder einer präpositionalen Gruppe aus *beim*+Infinitiv bzw. der Formen des *passé simple* oder des *passé composé* mit *plötzlich* wäre jedoch in einem längeren Text sicher störend.

Wie wir in der Übersetzung des Balzac-Textes gesehen haben, fallen Übersetzer mitunter auch auf die rein formale Korrespondenz des *imparfait* und des *passé simple* mit dem Präteritum bzw. des *passé composé* mit dem *Perfekt* herein. Dies würde folgende Übersetzung unseres Satzes mit Inzidenzschema ergeben:

(44)   Mein Bruder *las* die Zeitung, als ich *angekommen bin.*

Der Unterschied zwischen den beiden deutschen Verbformen ist aber kein aspektueller, sondern ein diatopischer und diaphasischer. Die zusammengesetzte Form wird in der gesprochenen Sprache bevorzugt und sie ist in Süddeutschland generalisiert, während das Präteritum vor allem in der geschriebenen Sprache verwendet wird.

In einigen Fällen erweist sich die Markierung des aspektuellen Unterschieds im Deutschen als notwendig und fordert kreative Lösungen. Eine Übersetzung des *imparfait enlaçait* in Satz (45) mit *umarmte* würde zwar verstanden, aufgrund der Aktionsart von *umarmen* jedoch als punktuelle Aktion gedeutet; um die Handlung als durativ darzustellen, ist das Ausweichen auf eine Umschreibung mit dem durativen Verb *halten* erforderlich (Blumenthal 1997, 63):

(45)   Elle *trouva* son père qui *enlaçait* Mlle Protat.

(46)   Da *fand* sie ihren Vater, wie er Fräulein Protat *umarmt hielt.*

Im Deutschen steht lediglich das Präteritum oder das Perfekt für das Erzählen vergangener Vorgänge zur Verfügung. Daraus kann eine aspektuelle und auch eine temporale Unschärfe resultieren. Gerade die Übersetzung von *Les mains sales* hat jedoch gezeigt, dass es lexikalische und syntaktische Ausgleichsmöglichkeiten für das Fehlen aspektuell markierter Verbformen im Deutschen gibt.

Beim Übersetzen ist also stets ein Hinzufügen zu erwägen, und dies sowohl bei Differenzierungsanstieg als auch bei Differenzierungsgefälle von der Ausgangssprache zur Zielsprache. Fehlt die aspektuelle Markiertheit im Ausgangstext, muss sie bei grammatischer Notwendigkeit in der Zielsprache hinzugefügt werden. Fehlen in der Zielsprache grammatische Möglichkeiten der Differenzierung, müssen diese in bestimmten Fällen durch lexikalische Angaben ergänzt werden. Diesen Sachverhalt hat bereits Roman Jakobson zutreffend beschrieben:

If some grammatical category is absent in a given language, its meaning may be translated into this language by lexical means. [...] It is more difficult to remain faithful to the original when we translate into a language provided with a certain grammatical category from a language devoid of such a category. [...] As Boas neatly observed, the grammatical pattern of a language (as opposed to its lexical stock) determines those aspects of each experience that must be expressed in the given language. [...] In order to translate accurately the English sentence "I hired a worker", a Russian needs supplementary information, whether this action was completed or not and whether the worker was a man or a woman. [...] Languages differ essentially in what they *must* convey and not in what they *may* convey. (Jakobson 1959, 236)

Wenn eine grammatische Kategorie in einer Sprache fehlt, muss ihre Bedeutung durch lexikalische Mittel in diese Sprache übersetzt werden. Es ist beim Übersetzen schwieriger, dem Original treu zu bleiben, wenn die Zielsprache über eine Kategorie verfügt, die in der Ausgangssprache fehlt. Sprachen unterscheiden sich grundlegend in dem, was sie ausdrücken müssen, und nicht in dem, was sie ausdrücken können.

Corpus

BALZAC, Honoré de. [1830] 1995. « Sarrasine », in: Balzac, Honoré de. *Sarrasine. Gambara. Massimilla Doni*, éd. par Pierre Brunel. Paris: Éditions Gallimard, 35-78.
BALZAC, Honoré de. 1987. „Sarrasine", in: Barthes, Roland. ed. *S/Z*, übers. von Jürgen Hoch. 1. Aufl. Frankfurt am Main: Wagner, 217-249.
KAFKA, Franz. [1912] 1983. „Die Verwandlung". *Das erzählerische Werk*. Berlin: Rütten & Loening, Bd. 1, 112-168.
KAFKA, Franz. 1988. *La métamorphose*, suivi de *Description d'un combat*. Avant-propos, préface et traductions de Bernard Lortholary. Paris: Flammarion.
SARTRE, Jean-Paul. [1948] 2005. « Les mains sales », in: Sartre, Jean-Paul. *Théâtre complet*, publiée sous la direction de Michel Contat. Paris: Éditions Gallimard, 247-373.
SARTRE, Jean-Paul. 1949. *Die schmutzigen Hände. Stück in sieben Bildern*. Übersetzt von Gritta Baerlocher. Reinbek: Rowohlt.
SEMPRUN, Jorge. [1963] 1999. *Le grand voyage*. Paris: Édition Gallimard.
SEMPRÚN, Jorge. 1981. *El largo viaje*. 3. ed., trad. por Jacqueline y Rafael Conte. Barcelona: Editorial Seix Barral, S.A.
SEMPRÚN, Jorge. 1994. *Die große Reise*. Aus dem Französischen übertragen von Abelle Christaller. Frankfurt am Main: Büchergilde Gutenberg.

Bibliographie

ABRAHAM, Werner & LEISS, Elisabeth. edd. 2008. *Modality-Aspect Interfaces. Implications and typological solutions*. Amsterdam/Philadelphia: Benjamins.
ALBRECHT, Jörn. 2013 [^{1}2000]. *Übersetzung und Linguistik* (= *Grundlagen der Übersetzungsforschung* 2), 2. überarbeitete Auflage. Tübingen: Narr.

BERTINETTO, Pier Marco. 1986. *Tempo, Aspetto e Azione nel Verbo Italiano. Il sistema dell'indicativo.* Florencia: Accademia della Crusca.
BLUMENTHAL, Peter. 1997. *Sprachvergleich Deutsch-Französisch.* Tübingen: Niemeyer.
BONDARKO, Aleksandr Vladimirovič. 1984. *Teorija grammatičeskogo značenija i aspektologičeskie issledovanija.* Leningrad: Nauka.
COMRIE, Bernard. 1976. *Aspect.* Cambridge: Cambridge University Press.
COSERIU, Eugenio. 1976. *Das romanische Verbalsystem.* Tübingen: Narr.
ERIKSSON, Olof. 1993. „Linguistique contrastive et traductologie", in: *Moderna Sprak* 87/2, 180-187.
DESSÌ SCHMID, Sarah (2014): *Aspektualität. Ein onomasiologisches Modell am Beispiel der romanischen Sprachen.* Berlin, Boston: Walter de Gruyter.
FRANTEXT = ATILF – CNRS & UNIVERSITE DE LORRAINE. O.J. *Base textuelle FRANTEXT*, http://www.frantext.fr. (15.03.2016).
GARCÍA FERNÁNDEZ, Luis. 1999. „48. Los complementos adverbiales temporales. La subordinación temporal", in: Bosque, Ignacio & Demonte, Violeta. edd. *Gramática descriptiva de la lengua española.* Vol. 2. Madrid: Espasa, 3129-3208.
GARCÍA FERNÁNDEZ, Luis. 2004. „El pretérito imperfecto: repaso histórico y bibliográfico", in: García Fernández, Luis & Camus Bergareche, Bruno. edd. *El pretérito imperfecto.* Madrid: Gredos, 13-95.
GARCÍA YEBRA, Valentín. 1997. *Teoría y práctica de la traducción.* Madrid: Gredos.
HASSLER, Gerda. 2001. „Übersetzungsvergleich als Zugang zur Untersuchung funktionaler Kategorien des Verbs in den romanischen Sprachen", in: Albrecht, Jörn & Gauger, Hans Martin. edd. *Sprachvergleich und Übersetzungsvergleich – Leistung und Grenzen, Unterschiede und Gemeinsamkeiten.* Bern [u.a.]: Lang, 51-75.
HASSLER, Gerda. 2002. „Crosslinguistic and Diachronic Remarks on the Grammaticalization of Aspect in Romance Languages: Location and Motion Verbs", in: Diewald, Gabriele & Wischer, Ilse. edd. *New Regards on Grammaticalization (= Typological Studies in Language,* 49). Amsterdam: Benjamins, 169-186.
JAKOBSON, Roman. 1959. „On linguistic aspects of translation", in: Brower, Reuben A. ed. *On translation.* Cambridge, Mass.: Harvard University Press, 232-239.
KOTIN, Michail L. 2008. „Zu den Affinitäten zwischen Modalität und Aspekt. Eine germanisch-slavische Fallstudie", in: *Die Welt der Slaven* 53, 116-140.
LABEAU, Émmanuelle & LARRIVÉE, Pierre. edd. 2005. *Nouveaux développements de l'imparfait.* Amsterdam/New York: Rodopi.
MIGUEL, Elena de. 1999. „El aspecto léxico", in: Bosque, Ignacio & Demonte, Violeta. edd. *Gramática descriptiva de la lengua española.* Vol. 2. Madrid: Espasa, 2977-3060.
SCHREIBER, Michael. 2006. *Grundlagen der Übersetzungswissenschaft. Französisch, Italienisch, Spanisch (= Romanistische Arbeitshefte* 49). Tübingen: Niemeyer.
SCHWALL, Ulrike. 1991. *Aspektualität: eine semantisch-funktionale Kategorie (= Tübinger Beiträge zur Linguistik* 344). Tübingen: Narr.
VENDLER, Zeno. 1957. „Verbs and Times", in: *The Philosophical Review* 66/2, 143-160.
VERKUYL, Henk J. 1993. *A theory of aspectuality. The interaction between temporal and atemporal structure.* Cambridge: University Press.
VINAY, Jean-Paul & DARBELNET, Jean. 1958. *Stylistique comparée du français et de l'anglais. Méthode de traduction.* Paris: Didier/Montréal, Beauchemin.
WEINRICH, Harald. ^{6}2001. *Tempus. Besprochene und erzählte Welt.* München: Beck.

WONG, Laurence Babel. 2006. „Syntax and Translatability", in: *Revue Internationale de la Traduction/International Journal of Translation* 52/2, 124-132.
WU, Xianchao & MATSUZAKI, Takuya & TSUJII, Jun'ichi. 2010. „Improve Syntax-Based Translation Using Deep Syntactic Structures", in: *Machine Translation* 24/2, 141-157.

Aussi *laides* que *fidèles*? Nähesprachliche französische Syntax in der literarischen Übersetzung

Georgia Veldre-Gerner (Münster)

L'objectif de cette contribution est de mettre en lumière, dans le contexte de la traduction littéraire, les particularités des structures syntaxiques du français, rassemblées sous la dénomination commune de ‚dislocation à droite'. Après l'examen de la variété fonctionnelle des dislocations à droite en français, il s'agit de mettre en évidence certaines divergences par rapport aux structures voisines de l'allemand et de l'italien. En nous appuyant sur un corpus constitué de textes littéraires français et de leurs traductions, nous nous proposons de montrer que ce sont notamment les contraintes syntaxiques de la langue cible, qui, tout en présentant une certaine infidélité vis-à-vis de l'original, peuvent servir à ouvrir une nouvelle perspective sur la syntaxe du français.

0.

Gegenstand dieses Beitrags sind die Rechtsdislokation (RD) im französischen literarischen Text und ihre Übersetzung ins Deutsche und Italienische. Im Vergleich mit Texten italienischer und deutscher Autoren ist die Zahl der Dislokationen im modernen Französisch hoch. Die Häufigkeit ergibt sich zum einen daraus, dass bestimmte Typen der Dislokation in dieser Form in anderen Sprachen nicht existieren, wie *moi, je*; *c'est beau, ça; j'ai soif, moi*. Zum anderen lässt sich die hohe Zahl der Dislokationen auf eine Tendenz bei französischen Autoren zurückführen, die Mylène Blasco-Dulbecco als „faire plus oral" bezeichnet (Blasco-Dulbecco 1999, 187). Zugleich sieht Blasco-Dulbecco diese Tendenz kritisch, « parce qu'ils créent des énoncés qui ne sont jamais attestés » (ibid.). Dieses Problem wird in der Praxis der Übersetzung nicht kleiner und muss für jede Zielsprache neu gelöst werden. Dabei führt die unkritische Orientierung an formal analogen Strukturen in der Zielsprache nicht immer zum bestmöglichen Ziel, sondern droht mit der „besogneuse ressemblante" zu enden, um eine weitere Variante aus dem titelgebenden Antonymenfeld der ‚belles infidèles' zu zitieren (Pruvost 2011, 389). Der Beitrag geht der Frage nach, welche Äquivalente die verschiedenen Typen der RD im Deutschen und Italienischen haben und welche Probleme auf der syntaktischen und inhaltlichen Ebene zu lösen sind.

Dislokationen gelten als Formen nähesprachlicher Syntax. Sie sind tendenziell ein Phänomen der Mündlichkeit (vgl. Blank 1991, 27; Lecercle 2001), werden jedoch unter expressivem Aspekt ebenso in der Schriftlichkeit verwendet. Das gilt vor allem für die Pressesprache und die Literatur. In der Literatur gelten markierte syntaktische Strukturen wie Dislokationen als Mittel der Literarisierung von Mündlichkeit (Blank 1991, 46). Sie lassen daher eine Bindung an die direkte Rede im literarischen Text vermuten. Dies gilt für die Dislokation generell und im Besonderen für die Linksdislokation (LD), die im *parlé* eine höhere Frequenz zeigt als die RD und bisher eher im Fokus des wissenschaftlichen Interesses steht (vgl. Huber 2007, 333; Blasco-Dulbecco 1999, 89; Veldre-Gerner 2014a).

Untersuchungen mit diachroner Ausrichtung wie Pagani-Naudet (2005) und Härmä (1993) haben die Aufmerksamkeit auf spezifische Formen der Dislokation gelenkt, die direkt an die literarische Schriftlichkeit als Stilmittel gebunden sind. Dies betrifft vor allem die RD, die hier im Mittelpunkt stehen soll.

Die Frequenz der einzelnen Dislokationen in französischsprachiger Literatur divergiert sehr stark. Dort, wo die expressive Komponente im Sinne der Imitation von Mündlichkeit in der direkten Rede oder der Erzählerrede große Bedeutung hat, ist der Anteil an LD gegenüber RD höher, wie zum Beispiel in dem Roman *Kiffe kiffe demain* von Faïza Guène (2004), der generell einen hohen Anteil an Dislokationen zeigt. Dort, wo der Erzähler in polyphonischer Tendenz beispielsweise in erlebter Rede eine gegenüber dem Leser präsente Instanz ist beziehungsweise mit ihm in Kontakt tritt, liegt der Anteil der RD höher. Ein Beispiel hierfür ist der autofiktionale Roman von Justine Lévy *Rien de grave* (2004), der deutlich mehr RD als LD enthält. Ein Beispiel für einen Text mit relativ wenigen Dislokationen ist *Journal d'hirondelle* von Amélie Nothomb (2006); zu den genauen Zahlenverhältnissen vgl. Veldre-Gerner (2014b, 123).

1.

Im Folgenden geht es um die RD im literarischen Text, wie sie in folgenden Beispielen vorliegt:

(1a) Je ne sais pas ce qu'il faisait là **le militaire**, en tout cas, on ne l'a pas vu longtemps (...). (Claudel 2003, 19f.)
(1b) Ah mazette, reprend-il, **il** va me manquer, **le bougre**. (Barbery 2006, 147)
(1c) Moi je **le** connais **celui-là** ! (Guène 2004, 22)
(1d) Moi aussi, j'aimerais bien, **tu** veux pas me lever, **toi**, le matin ? (Lévy 2004, 125)

Die RD im Französischen wird üblicherweise formal definiert: Neben einem Personalpronomen oder Demonstrativum im Kernsatz gibt es ein zweites Element, das sich auf das erste bezieht oder mit ihm koreferenziell ist und außerhalb des Kernsatzes nachsteht. Das innersyntaktische Pronomen erscheint als Platzhalter, so dass eine referenzielle Redundanz von Pronomen und disloziertem Element entsteht (vgl. Blasco 1997; Blasco-Dulbecco 1999; Huber 2007). Die Thematizität des Referenten gilt als zentrales Merkmal dislozierter Elemente (Honnigfort 1993, 254; Blasco-Dulbecco 1999, 182; Pellet 1994, 43). Daraus ergeben sich die Tendenz zu dislozierten definiten Ausdrücken und eine hohe Frequenz von anaphorischen Ausdrücken, auch wenn Thematizität nicht an Vorerwähnung von Referenten gebunden ist (Blasco-Dulbecco 1999, 182).

Auf der Textebene werden der RD vor allem informationsstrukturierende Funktionen („turn closing", „topicshift") zugesprochen (Ashby 1994, 130). Lambrecht (2001, 1076) benennt die Disambiguierungsfunktion bei mehreren verfügbaren Referenten. Für Huber (2007, 298f., 333) hat die RD verglichen mit der LD einen stärker „affektiven" Charakter.

Eine interessante innerphrastische Funktion der RD besteht in der „Fokussierung des letzten Kernsatzelements", also des rhematischen Anteils im Satz, der direkt vor dem nachgestellten dislozierten Element steht (Dudtenhöfer 2000, 197f.). Rivelin-Constantin (1993) beobachtet diesen Effekt in französischen RD im Kontext der Übersetzungsproblematik und bewertet die Fokussierung des Prädikats sogar als zentrale Funktion der RD (Rivelin-Constantin 1993, 77f.).

Man erwartet Dislokationen als Formen nähesprachlicher Syntax zunächst in denjenigen Teilen eines literarischen Textes, die direkte Mündlichkeit abbilden, wie die direkte Rede. Das ist bereits in Texten des 19. Jahrhunderts und auch zum Beispiel bei Proust (*Du côté de chez Swann*, 1913) der Fall. Dort dominiert die LD gegenüber der RD, indem sie vom Autor im Sinne fingierter emphatischer Nähesprache beziehungsweise stilistisch zur Figurenzeichnung genutzt wird (Helkkula 2009, 203).

Die RD hat demgegenüber ein differenziertes Funktionsprofil. Anders als die LD war sie vom normativen Diskurs ab dem 17. Jahrhundert weniger betroffen und diente kontinuierlich seit dem Mittelfranzösischen als nähesprachliches Stilmittel (Pagani-Naudet 2005, 193; Veldre-Gerner 2014a). Es sind oft expressive Lexeme mit bewertender Komponente, wie in Beispiel (2), die in rechtsversetzter Position erscheinen:

(2) Mais il s'en donnera bien guarde, **le paillard**. (Rabelais: *Le Tiers Livre*, Prologue, 551; zit. n. Pagani-Naudet 2005, 199)

Diese nicht seltenen Verwendungen sind als Erscheinung der Erzählerrede grundlegend von der Imitation von Mündlichkeit zu unterscheiden, wenn auch beide gleichermaßen als nähesprachlich anzusehen sind (Pagani-Naudet 2005, 193).

2.

Die Übersetzung syntaktischer Strukturen eines literarischen Textes ist keine isolierte Suche nach formalen Äquivalenten. Wenn auch im Zuge der heute überwiegend einbürgernden Tendenz in der literarischen Übersetzung funktionale statt formaler Äquivalenz angestrebt wird, sind formale Analogien und Ähnlichkeiten von Ausgangssprache und Zielsprache im Einzelfall das Nächstliegende (vgl. zu dieser Thematik Fabricius-Hansen 2000). Dabei stellt sich für jede Zielsprache separat die Frage nach den angemessenen Mitteln.

Im Folgenden wird untersucht, welche Äquivalente für RD-Konstruktionen in Übersetzungen aus dem Französischen gewählt werden und welche Unterschiede und Gemeinsamkeiten sich für einzelne Fälle und für die jeweiligen Sprachen finden lassen. Es wird versucht, erste Erkenntnisse darüber zu gewinnen, wo die gemeinsame funktionale Schnittmenge formal scheinbar ‚gleichwertiger' Konstruktionen liegt und wo einzelsprachliche Besonderheiten hervortreten und zu systematischer Abweichung zwingen. Dazu wird ein Korpus ausgewertet, das aus mehreren Ausgangstexten und jeweils einer deutschen und einer italienischen Übersetzung besteht. Dieses Korpus wird unter 4. näher beschrieben.

Zunächst geht es darum, die Kernmerkmale der RD sprachenübergreifend zu erfassen, um Klarheit darüber zu gewinnen, woran eine RD zu erkennen ist. Ausgehend von der unter 1. vorgestellten Definition der RD ist im Französischen immer eine formale Dopplung von Pronomen und nachgestelltem Element gegeben, und zwar für alle syntaktischen Rollen, in denen eine RD auftreten kann. Dies ist mit Abstand am häufigsten ein Subjekt (Blasco-Dulbecco 1999, 89f.). RD (und LD) werden daher als Konstruktionen « avec réduplication d'une fonction syntaxique » (Blasco-Dulbecco 1999, 9) oder als « pléonasme syntaxique » (Berrendonner 1997, zit. n. Avanzi 2009, 59) beschrieben. Bereits Charles Bally (1909, 312) bringt außerdem für die Dislokation die Diskontinuität der Elemente im Satz in Verbindung mit einem « accent expressif », wodurch der Adressat zu einer größeren Aufmerksamkeitsleistung animiert wird: « la dislocation est un stimulant pour l'attention » (Bally 1909, 313).

Pagani-Naudet (2005, 132) stellt eine direkte Beziehung von Dislokation in der Schriftlichkeit und intonatorischer Äußerungsstruktur her:

> La dislocation est précisément l'un des procédés par lesquels l'écrit supplée à l'absence d'élements aussi fondamentaux que l'intonation. Elle structure l'énoncé de telle sorte qu'elle lui confère automatiquement une mélodie caractéristique.

Für das Französische und andere Sprachen wird eine direkte Kopplung der RD an feste prosodische Muster beschrieben, die Avanzi 2009 kritisch beleuchtet (Rossi 1999; Avanzi 2009, 65ff.). Zwar ist davon auszugehen, dass die pragmatischen Eigenschaften des nachgestellten thematischen Elements Einfluss auf die Prosodie haben. Entgegen häufigen Annahmen über die intonatorische Homogenität von Äußerungen mit RD zeigt aber die Untersuchung von Avanzi an authentischer spontaner Sprache, dass es keine einheitlichen Intonationsmuster oder silbischen Begrenzungen für die RD gibt (Avanzi 2009, 70). Dies kann als Indiz für funktionale Varianz innerhalb der RD gelten, es lässt jedoch in jedem Fall die Annahme zu, dass eine bestimmte Interpunktion keine notwendige Bedingung zur Verschriftlichung der RD ist.[1] Während hier die Frage von Intonationskurven und Silbenzahl vernachlässigt werden soll, ist die Frage einer Pausenmarkierung vor dem RD-Element von Belang, da es Folgen für die Verschriftlichung hat. Avanzi zeigt, dass es entgegen anderen Annahmen Konstruktionen sowohl mit als auch ohne hörbare Pause zwischen dem Kernsatz und der RD gibt (Avanzi 2009, 62f.). Die unterschiedlichen Prosodiemuster werden sowohl für das Französische als auch für andere Sprachen terminologisch als *afterthought* (mit Pause) vs. *antitopic* beziehungsweise RD (ohne Pause) beschrieben (Lambrecht 1981, 74; Cornish 1986, 240; Berruto 1986, 58; Averintseva-Klisch 2008)[2].

In der französischen Schriftlichkeit lassen sich RD mit und ohne Komma als Pausenmarkierung finden, ohne dass es systematische Gründe dafür gäbe. Im

---

[1] Zur Beziehung von RD und Apposition vgl. Pagani-Naudet (2005, 201ff.).
[2] Averintseva-Klisch sieht den *afterthought* als einen Reparaturnachtrag an, der im Deutschen nicht den Status einer RD habe, da nur diese ein zukünftiges Diskurstopik kodiere (Averintseva-Klisch 2008, 401). Diese Trennung soll hier zugunsten eines umfassenden Begriffs der RD verworfen werden, da beide Aspekte einander nicht zwingend ausschließen.

sogenannten *pseudo-écrit* im pressesprachlichen Korpus von Huber (2007) findet sich oft kein Komma, was einer Realisierung ohne Pause im *parlé* entspreche (Huber 2007, 338). Blank (1991) sieht in der Form der Zeichensetzung und Pausenmarkierung in den von ihm untersuchten literarischen Texten keine funktionale Markierung (Blank 1991, 54). Die Einschätzung von Blank trifft auch für die hier behandelten Belege der Rechtsdislokation zu. Es ist anzunehmen, dass Autoren die RD ohne graphische Pausenmarkierung explizit als Imitation spontaner Mündlichkeit verwenden.

Im Folgenden werden zentrale Merkmale der RD an den Beispielen (1a-d) aus unterschiedlichen literarischen Texten diskutiert.

(1a) Je ne sais pas ce qu'il faisait là **le militaire**, en tout cas, on ne l'a pas vu longtemps (...). (Claudel 2003, 19f.)
(1b) Ah mazette, reprend-il, il va me manquer, **le bougre**. (Barbery 2006, 147)
(1c) Moi je le connais **celui-là** ! (Guène 2004, 22)
(1d) Moi aussi, j'aimerais bien, tu veux pas me lever, **toi**, le matin ? (Lévy 2004, 125)

In allen Fällen wird ein Referent zweimal im Satz verbalisiert.

In Beispiel (1a) wird in der Rede des Ich-Erzählers ein Referent am Satzende aufgenommen, um einen Nachtrag im Sinne einer Reparatur oder Klarstellung zu geben, die einen nähesprachlichen Redundanzeffekt erzeugt. Das Beispiel (1b) zeigt eine RD in direkter Rede mit einem bewertenden Nachtrag, dessen expressiver Effekt in der Abbildung von Emotion besteht. In (1c) wird ein ähnlicher Effekt wie in 1b durch ein anaphorisches Deiktikon erreicht, das die im Prädikat ausgedrückten Eigenschaften des Referenten unterstreicht. Beispiel (1d) steht für den häufigen Fall von direkter Rede, in der mit der Redundanz des Anredepronomens der Eindruck von Eindringlichkeit erzeugt wird.

In allen Beispielen ist der Referent thematisch. Die RD hat einen nähesprachlichen Effekt, der sich aus der subjektiven Komponente der Bewertung oder aus dem spontansprachlichen Aspekt der Redundanz in direkter Rede und Erzählerrede ergibt.

3.

Die Merkmale der RD im Französischen lassen sich grundsätzlich auf andere Sprachen übertragen. Das gilt auch für das Deutsche und das Italienische, wobei es einige morphosyntaktische und stilistische Besonderheiten gibt (vgl. zum Italienischen z.B. Berruto 1986; Meier 2008; zum Deutschen Altmann 1981; Averintseva-Klisch 2008). Diese sollen an Belegen aus deutschen und italienischen Originaltexten demonstriert werden.

In beiden Sprachen dient die RD dazu, vorerwähnte Referenten mit bewertender oder disambiguierender Funktion zu verbalisieren, wie in den Beispielen (3a) und (3b). Es handelt sich um ‚Nachträge' zu etwas vorher Besprochenem.

(3a) Die gefallen mir, **diese wachen Typen**. (Schulze 2008, 269)
(3b) Allora non è poi così lontano, **questo posto**. (Giordano 2008, 282)

Das folgende italienische Beispiel (4) ist anders gelagert. Obwohl es ein finales Subjekt gibt, handelt es sich nicht um eine RD:

(4) In quel momento entra la Cavalla. (Culicchia 2004, 13)

Die NP *la Cavalla* liegt innerhalb des Kernsatzes, und auch der Kontext zeigt, dass die finale NP nicht thematisch, sondern rhematisch ist, was zu einer anderen Satzintonation mit einem Intonationsgipfel auf dem Subjekt führt. Vergleicht man dieses Beispiel mit den folgenden Beispielen (5a-c), entsteht der Eindruck, dass die Pausenmarkierung im Italienischen zur Verschriftlichung einer RD anders als im Französischen essentiell ist, um ein intonatives Muster wiederzugeben:

(5a) Non ce l'ho la moto, io. E di conseguenza non rimorchio. (Culicchia 2004, 151)
(5b) Stasera cucino io... (Ammaniti 2006, 38)
(5c) Lo sai che di queste cose non me ne occupo io. (Ammaniti 2006, 70)

Der Vergleich der Beispiele zeigt einen zentralen Unterschied des Italienischen zum Französischen im Bereich der RD. Es gibt bekanntlich im Italienischen anders als im Französischen kein syntaktisch eingebundenes klitisches Subjektpronomen, so dass der informationelle Status des finalen Subjekts (thematisch vs. rhematisch) nur kontextuell (zum Beispiel durch den Status des Prädikats) oder über ein Komma als Pausenmarkierung feststellbar ist. Folgerichtig ist die Frage von Ferrari (1999, 131, zit. n. Meier 2008, 205), ob ein Subjekt «sintatticamente dislocabile o [...] solo posponibile» sei, grundsätzlicher Art. Meier weist außerdem auf die formale Kollision der RD mit der Subjektinversion hin (ebd). Eine RD sei vor allem durch die Interpunktion in der Schriftlichkeit „optisch erkennbar" (ebd, 212).

Davon ausgehend wird deutlich, dass in (5a) eine RD vorliegt, aber in (5b) nicht. Fehlt eine Pausenmarkierung wie in (5c), kann der Status des finalen Elements durchaus unklar sein.

Ein zweiter Bereich, in dem die Verhältnisse im Französischen nicht auf andere Sprachen übertragbar sind, sind Äußerungen mit nachgestelltem Personalpronomen des Typs *j'ai soif moi*. Hier dominiert eine expressiv-intensivierende Komponente, die das Verhältnis Sprecher-Adressat eher als den ausgedrückten Sachverhalt abbildet. Während dieser Typ im Französischen in direkter Rede in literarischen Texten nicht selten ist, lassen sich im Deutschen Beispiele mit nachgestelltem ‚ich' nicht finden.

Was Anredepronomen (*moi, toi* etc.) wie in Beispiel (1d) betrifft, gibt es ebenfalls keine Äquivalenz mit dem Deutschen und Italienischen. Im Deutschen sind rechtsversetzte Personalpronomen in der Nähesprache deutlich weniger verbreitet, nur Anredepronomen und drittpersonige Pronomen (*der, die*) sind nachweisbar. Auch in der Literatur (außer der Kinderliteratur[3]) sind sie selten. Ein Beispiel für ein Anredepronomen findet sich bei Thomas Mann:

(6) Schade, daß du nicht Mitglied bist, du, (...). (Mann 1991 ([1]1924), 73)

4.

Im folgenden Abschnitt soll der Ausgangsfrage nachgegangen werden, indem die Rolle der formalen Äquivalenz in der Übersetzung von französischen RD ermittelt wird. Das Korpus an literarischen Texten, auf das ich mich beziehe, besteht aus den folgenden fünf Texten französischer Autoren, die bisher einmal ins Deutsche und ins Italienische übersetzt wurden:

Barbery, Muriel. 2006. *L'élégance du hérisson*. Paris: Gallimard.
Guène, Faïza. 2004. *Kiffe kiffe demain*. Paris: Hachette Littératures.
Claudel, Philippe. 2003. *Les Âmes grises*. Paris: Stock.
Gavalda, Anna. 1999. *Je voudrais que quelqu'un m'attende quelque part*. Paris: J'ai lu.
Lévy, Justine. 2004. *Rien de grave*. Paris: Stock.

Insgesamt beträgt der Umfang des Korpus etwa 280.000 Wörter. Alle Texte wurden vollständig in Bezug auf die RD und LD erfasst. Von den erfassten 921 Dislokationen sind 402 RD. Diese wurden mit ihren jeweiligen Übersetzungen ins Deutsche und ins Italienische verglichen.[4] Die Ausgangsannahme für die Analyse ist, dass Übersetzungen der französischen RD ins Italienische und Deutsche neben RD in hohem Maße auch andere funktional äquivalente Konstruktionen enthalten und dass dies vom Typ der RD abhängt.

---

[3] Vgl. z.B. Neis (in diesem Band), 9-28).
[4] Die Angaben zu den Übersetzungen stehen in der Bibliographie.

Zunächst sollen die unter 1a-d angeführten Beispiele und ihre jeweiligen Äquivalente betrachtet werden. Der Typ (1a) ist in allen drei Sprachen anzutreffen: der Reparaturnachtrag[5]. Davon finden sich im Korpus 59 Belege, er macht also etwa ein Siebtel der Belege aus. Die italienischen Übersetzungen dieser Belege enthalten etwa zur Hälfte eine RD (28), während es im Deutschen etwa ein Drittel ist (20).

Beispiel (7) (identisch mit 1a), repräsentiert diesen Fall. Es handelt sich um die Rede des Ich-Erzählers:[6]

(7a) Il y avait le juge Mierck, son greffier (…), trois gendarmes gradés qui ne se prenaient pas pour des demi-ronds de flan, et puis un militaire. Je ne sais pas ce qu'il faisait là **le militaire**, en tout cas, on ne l'a pas vu longtemps (…). (Claudel 2003, 19f.)

(7b) Mit ihm kamen Richter Mierck, dessen Schreiber, (…) drei Gendarmen niederen Dienstgrades, die sich für besonders schlau hielten, und ein Soldat. Ich weiß nicht, was er dort zu suchen hatte, **dieser Soldat**, jedenfalls blieb er nicht lange. (Claudel 2009a, 17)

(7c) C'erano il giudice Mierck, il suo cancelliere, (…) tre gendarmi graduati che si davano un sacco di arie, e poi un militare. Non so cosa ci facesse lì **il militare**, in ogni caso non lo si è visto a lungo: (…). (Claudel 2009b, 16)

Die Syntax in (7a) imitiert den Erzählmonolog eines ehemaligen Polizisten zur Zeit des ersten Weltkrieges: Hier wird durch *le militaire* nicht wirklich eine Disambiguierung erreicht, da klar ist, worauf sich das Pronomen *il* bezieht. Vielmehr wird spontane Nähesprache imitiert, und zwar direkt durch die Redundanz der NP. Im französischen Ausgangstext (AT) liegt daher zweifelsfrei eine RD vor, auch wenn es keine Pausenmarkierung gibt.

Die deutsche Übersetzung in 7b zeigt ebenfalls eine RD, allerdings mit einem Demonstrativum. Durch die anaphorische Verweisfunktion des Demonstrativums ergibt sich eine immense stilistische Veränderung, die den Aspekt ‚spontane Nähesprache' des AT nicht reproduziert.[7]

Im italienischen Text unter 7c findet man ebenfalls eine nachgestellte NP. Der Referent ist thematisch, aber die NP erscheint nur implizit über den Kontext als RD, wobei auch eine kontrastiv-rhematische Lesart der NP nicht ausgeschlossen

---

[5] Eine Reparatur besteht hier nur im weiteren Sinne. Eher ist von Korrektur, Ergänzung oder Verdeutlichung zu sprechen (Averintseva-Klisch 2008, 400).
[6] **A** steht dabei immer für den AT, **B** für das deutsche und **C** für das italienische Äquivalent.
[7] Definiter Artikel und adnominales Demonstrativum unterscheiden sich in der Präsupponierbarkeit des Referenten als Individuum der jeweiligen Klasse.

ist. Dieses Beispiel zeigt exemplarisch die Besonderheiten bei der Übersetzung französischer RD ins Italienische.

Ganz ähnlich ist das Beispiel (8) gelagert, in dem der RD im französischen AT ein finales Subjekt im italienischen Zieltext (ZT) entspricht, das keine eindeutige RD darstellt. In der deutschen Übersetzung wird die insistierende Wirkung der RD im AT plausibel durch eine Modalpartikel (*denn*) übertragen.

(8a) C'est comme un balayeur qui oublierait des moutons. «Mais à quoi ça sert, **la grammaire** ?» a-t-il demandé. «Vous devriez le savoir», a répondu madame-je-suis-pourtant-payée-pour-vous-l'en-seigner. (Barbery 2006, 193)

(8b) Ich finde, sie drängte sich geradezu auf.»Aber wozu dient denn **die Grammatik**?«, hat er gefragt. »Das sollten Sie eigentlich wissen«, hat Madame-ich-bin-doch-dafür-bezahlt-es-Ihnen-beizubringen geantwortet. (Barbery 2008, 173)

(8c) È come uno spazzino che lascia lì la polvere. «Ma a cosa serve **la grammatica**?» ha chiesto Achille. «Dovreste saperlo» ha risposto la signora-e-dire-che-mi-pagano-per-insegnarvelo. (Barbery 2007, 151)

Andere Varianten in der Übersetzung einer französischen RD zeigt das Beispiel (9). Im Französischen AT ist das formale Kriterium der RD erfüllt:

(9a) Ce qui fait la particularité du couscous de Tante Zohra, ce sont les pois chiches et la manière très délicate avec laquelle elle traite sa semoule. Elle m'amuse beaucoup **Tante Zohra**. (Guène 2004, 35)

(9b) Das Besondere an Tante Zohras Couscous sind die Kichererbsen und die leckere Art, wie sie den Grieß zubereitet. Ich finde **Tante Zohra** sehr lustig. (Guène 2006b, 26)

(9c) Quel che fa del cuscus di zia Zohra una specialità sono i ceci e il modo così delicato con cui tratta il semolino. Mi fa ridere, **quella donna**. (Guène 2006a, 23)

In der deutschen Übersetzung wird das Prädikat ebenfalls über die finale Position betont. Daher erscheint der Verzicht auf eine RD plausibel. Interessant ist die Wahl des italienischen Übersetzers. Durch die lexikalische Varianz und die Pausenmarkierung ist die RD des Subjekts im Italienischen eindeutig markiert, was durch bloße Setzung eines finalen Subjekts nicht gegeben wäre. *Quella donna* ist als Anapher per se thematisch.

Bei den bisher betrachteten französischen RD zeigt sich, dass der Typ ‚Reparaturnachtrag' als nähesprachliches Stilmittel nur unter bestimmten Bedingungen ein formales Äquivalent im ZT hat. Dies geschieht eher dann, wenn die NP anaphorischen Charakter hat. Im Italienischen erweist sich die Pausenmarkierung als wesentlich, damit das finale Element als thematischer Nachtrag und nicht als rhematisches Subjekt erscheint.

Nur eine Nuance trennt den eben vorgestellten Typ von einer anderen Verwendung der RD, die deutlich häufiger zu finden ist: Hier wird durchaus auch derselbe Referent verbalisiert, oft im inneren Monolog oder in der Erzählerrede. Der Unterschied zur ersten Gruppe und den Beispielen (7-9) ist, dass die RD eine Bewertung enthält. Diese Bewertung kann in der RD selbst lexikalisch oder implizit in der Satzaussage gegeben sein. Zu diesem Typ zählen 92 Belege im Korpus, also etwa ein Viertel.

Das ist zugleich die Gruppe, bei der sich auch deutsche Übersetzer relativ am häufigsten für eine RD entscheiden: Es sind 69 Belege, also knapp zwei Drittel, etwas weniger sind es im Italienischen.

Das Beispiel (10) soll diesen Typ illustrieren. Es geht um die NP *cette perruque*:

(10a) Timidement, comme une voleuse, comme si elle profitait de ce que je regardais en l'air, elle reprend sur la table, à ce moment-là, sa perruque toute chiffonnée et se la remet sur la tête. **Elle est pas mal, cette perruque**, je me rends compte. (Lévy 2004, 34)

(10b) Schüchtern, wie eine Diebin, als nutze sie den Moment, in dem ich in die Luft schaue, nimmt sie in diesem Moment ihre ganz zerzauste Perücke vom Tisch und setzt sie sich wieder auf den Kopf. Nicht schlecht, **diese Perücke**, merke ich jetzt. (Lévy 2007, 29)

(10c) Timidamente, come una ladra, quasi approfittando del mio sguardo assente, ha preso dal tavolo la parrucca tutta scompigliata e se l'è rimessa sulla testa. Non è poi male, **la parrucca**. (Lévy 2005, 23)

Interessant ist hier die Nähe zum Kompliment in der gesprochenen Sprache (vgl. *Il est super ton blouson*, Traverso 1996, 94). In der deutschen Übersetzung gibt es erwartungsgemäß eine RD, und dies gilt auch für die italienische Version, in der die NP graphisch vom Kernsatz getrennt wird.

In einem weiteren Beispiel tritt die emotionale Komponente noch stärker hervor: Es geht um Beispiel (11) (identisch mit 1b) und darin um die NP *le bougre*:

(11a) Mère Michel, me répond Gégène, des gars comme ça, on n'en fait plus. Ah mazette, reprend-il, il va me manquer, **le bougre**. (Barbery 2006, 147)

(11b) »Mère Michel«, antwortet mir Gégène, »solche Kerle, das gibt's heute nicht mehr«. »Ah, Teufel«, fängt er wieder an, »er wird mir fehlen, **der Bursche**.« (Barbery 2008, 132)

(11c) «Signora Michel» mi risponde Gégène, «dei tipi così hanno buttato lo stampo. Accidenti, mi mancherà **quel mascalzone**». (Barbery 2007, 115)

Der Übersetzer in (11b) hat hier dem AT folgend im Deutschen eine RD gewählt. In der italienischen Version findet man wiederum wie in Beispiel (9c) eine RD mit demonstrativischer NP. Auch hier ist nur die Lesart mit rechtsversetzter, d.h. thematischer NP möglich. Der Grund liegt in der Funktion der sogenannten ‚Distanz'-Form ‚*quel*', die in der Anaphora Thematizität impliziert (vgl. Veldre-Gerner 2007, 120-122).

5.

Unter 1. wurde die Thematizität als genuines Merkmal der RD beschrieben, das Voraussetzung für die erneute Verbalisierung eines vorerwähnten Referenten in gleicher oder variierter Form ist. In literarischen Texten findet man über die bisher genannten Varianten hinaus eine weitere, die als literarische ‚Technik' anzusehen ist, da die üblichen Bedingungen der RD hier fingiert werden. Pellet (1994, 44) bezeichnet diesen Effekt als « illusion de permanence [...] qui vient contrebalancer la linéarité du texte », indem die RD gemeinsames Wissen zwischen Erzähler und Leser fingiert. Eine solche spezifisch literarische Verwendung der RD zeigt das Beispiel (12):

(12a) Elles sont bêtes **ces femmes qui veulent un bébé**. Elles sont bêtes. (Gavalda 1999, 19)
(12b) Sie sind so bescheuert, **diese Frauen, die ein Kind wollen**. So bescheuert. (Gavalda 2002, 21)
(12c) Quanto sono sceme **le donne che vogliono un figlio**. Quanto sono sceme. (Gavalda 2001, 15)

Die dort genannten Frauen sind keinesfalls vorerwähnt, sondern es ist der Anfang einer Erzählung. Durch den scheinbar ‚bekannten' Referenten *ces femmes* wird der thematische Charakter der RD de facto ‚hergestellt'.

Die deutsche Version in (12b) übernimmt das Muster des Originals, eingeschlossen das Demonstrativum, das hier per se auf eine gemeinsame Wissensoder Wahrnehmungsebene mit dem Adressaten verweist und zu einem analogen Effekt wie im AT führt.

In der italienischen Übersetzung (12c) ist, anders als in der französischen und der deutschen Version, der Status der postverbalen NP nicht eindeutig als thematisch kodiert, da die Trennung vom Kernsatz und ein eindeutiges lexikalisches Signal der Thematizität fehlen. Wiederum ist, wie in Beispiel (4), auch eine rhematische Interpretation möglich, durch die die NP *le donne che...* als neuer Referent postverbal eingeführt würde. Die von Ferrari 1999 beschriebene Ambiguität ist auch hier zu beobachten, wenn sie auch keine nachteiligen Folgen hat.

Beim letzten Typ von RD, der hier vorzustellen ist, kann man von thematischen Merkmalen der RD ebenfalls nur in dem Sinne sprechen, dass der durch sie bezeichnete Referent Gegenstand der Aussage ist, während andere nur tendenziell zutreffende Kriterien wie ‚Bekanntheit' und ‚Vorerwähnung' nicht gegeben sind.

Der Anteil solcher rechtsdislozierter Pronomen im Korpus beträgt ein Viertel, also 102 Belege. Davon sind 81 Formen Personalpronomina und 21 Demonstrativa. Hier beträgt der Anteil direkter Rede etwa 50 %.

Im Falle deiktischer Verwendung betreffen die Pronomen die Redeinstanzen im Text in direkter Form (Erzähler, Figuren, fiktiver Adressat) oder anaphorisch im Falle eines drittpersonigen Pronomens (z.B. *lui, celui-là*).[8]

Anders als bei den lexikalischen Formen gibt es hier im deutschen und italienischen ZT grundsätzliche formale beziehungsweise stilistische Begrenzungen für eine RD. Gegenüber den 102 RD-Pronomen in dem französischen AT gibt es insgesamt nur 7 RD in den Übersetzungen, und diese finden sich ausschließlich in italienischen ZT. Im Folgenden sollen exemplarisch rechtsversetzte Personalpronomina und ihre Äquivalente betrachtet werden.

Ein Beispiel für ein nachgestelltes *moi* des Ich-Erzählers mit den jeweiligen Übersetzungen stellt (13) dar:

(13a) C'est nul comme surnom. J'aurais sûrement fait mieux, moi. (Guène 2004, 165)
(13b) Ein bescheuerter Spitzname. Mir wäre bestimmt was Besseres eingefallen. (Guène 2006, 122)
(13c) Un soprannome. Pessimo. Io avrei sicuramente fatto di meglio. (Guène 2006, 106)

Im AT ist ein kontrastiver Fokus wahrzunehmen, der nicht durch das Pronomen *moi* erzeugt, sondern nur verstärkt wird. Als primäres syntaktisches Mittel eines referenziellen Kontrastes gilt zwar die LD, aber auch die RD kann mit kontrastiver Referenz verbunden sein, worauf Dudtenhöfer (2000, 203f.) anhand interessanter empirischer Belege hinweist (vgl. auch Blank 1991, 137; zur Pressesprache vgl. Huber 2007, 299).

Im deutschen ZT (13b) wird die kontrastive Komponente durch das initiale Dativpronomen *Mir* aufgenommen. Auch das initiale *Io* in der italienischen Version in 13c bildet als *pronome tonico* die kontrastive Komponente ab.

---

[8] Zum grundsätzlichen Unterschied von 1. und 2. vs. der 3. Person hinsichtlich der Deixis vgl. Benveniste (1966).

Die RD ist in dieser Funktion in literarischen Texten nicht neu. Auch in Flauberts *Madame Bovary* finden sich analoge Beispiele wie das folgende:

(14) J'ai fait tout ce que j'ai pu, pourtant ! – Oui ..., c'est vrai ..., **tu es bon, toi** ! (Flaubert 2004, 371)

Hier ist, eher subtil, ein referenzieller Kontrast gegeben.[9]

Allerdings ist im *parlé* bei pronominalen RD anstatt eines Kontrastes eher eine rein diskursive Funktion gegeben, wie die folgenden beiden transkribierten Belege mit rechtsdisloziertem Personalpronomen unter (15) zeigen:

(15a) Je préfère le vert moi (Arbori 25,6, zit. n. Blasco-Dulbecco 1999, 282)
(15b) Alors tu as passé une bonne nuit toi (Arbori 33,8, zit. n. Blasco-Dulbecco 1999, 284)

Diese Funktion vergleicht Lambrecht (2001, 1076) mit einer vokativischen „calling form", mittels derer der Sprecher vom Adressaten eine höhere Aufmerksamkeit einfordert oder selbst erhöhte Aufmerksamkeit ausdrückt. In der Literatur dient diese Syntax zweifellos als Indikator für Nähesprache.

Das Beispiel (16a-c) zeigt im Vergleich von AT und ZT das Pronomen *toi* in einer solchen Funktion:

(16a) Oui mon amour, mon petit ours, je t'aime, mais j'aimerais bien que tu te lèves le matin. Moi aussi, j'aimerais bien, tu veux pas me lever, **toi**, le matin ? Tu veux pas me secouer ? (Lévy 2004, 125)
(16b) Ja, mein Herz, mein kleiner Bär, ich liebe dich, aber ich würde mich freuen, wenn du morgens aufstehst. Ich würde mich auch freuen, **willst du mich nicht morgens wecken**? Willst du mich nicht schütteln? (Lévy 2007, 115)
(16c) Sì amore mio, orsacchiotto, ti amo, ma mi piacerebbe che ti alzassi al mattino. Piacerebbe anche a me, **non hai voglia di alzarmi tu**, al mattino? Ti andrebbe di scuotermi? (Levy 2005, 105f.)

Die deutsche Version (16b) muss wiederum ohne diese reduplikative Verstärkung auskommen, und es wird auch nicht versucht, diese Verstärkung etwa durch eine Modalpartikel zu erreichen, sodass die insistierende Komponente fehlt.

---

[9] Eine ältere der insgesamt 29 Übersetzungen ins Deutsche übernimmt, mit diskutablem Ergebnis, formal die RD: „Ich habe dir doch alles zuliebe getan, was ich konnte!" „Ja ... freilich ... **Du bist gut ... du**!" (Übers. Schurig 1911, 419). Zu weiteren Funktionen der RD und LD bei Flaubert und zur Übersetzung vgl. Veldre-Gerner (im Druck).

Der italienische Übersetzer folgt in 16c dem französischen Original, wobei *tu* wie im AT als Intensivierer wirkt, ohne dabei jedoch strukturell als RD zu erscheinen.

6. Fazit

Die Übersetzungen von RD aus dem Französischen ins Deutsche und ins Italienische sind eine Herausforderung für den Übersetzer, weil allein ihre relative Häufigkeit im Französischen die Frage aufwirft, wie Äquivalenz über strukturelle Nachahmung hinaus zu bestimmen und herzustellen ist. Die Untersuchung ergab, dass heutige Übersetzer differenziert und meist mit funktionalem Weitblick an eine nur scheinbar einheitliche Struktur des Französischen herangehen. Dafür spricht die festgestellte sehr unterschiedliche Frequenz von RD in Abhängigkeit vom jeweiligen Typ in den ZT.

Wenn man im Französischen alle hier behandelten Fälle aufgrund struktureller Merkmale (Aufnahme eines pronominalen Elements im Kernsatz am Satzende) letztlich plausibel unter die einheitliche syntaktische Kategorie der RD subsumieren kann, ist damit noch keine funktionale Einheit gegeben. Dies zeigt schon der Vergleich des Typs ‚Nachtrag' mit und ohne bewertende Komponente mit den häufigen pronominalen RD. Während der erstgenannte Typ in allen hier betrachteten Sprachen gegeben ist und als äquivalent gelten kann sowie in der Schriftlichkeit oft durch ein graphisches Pausenzeichen zusätzlich markiert ist, weichen Frequenz und Vielfalt der pronominalen RD in den Sprachen voneinander ab.

Die verfügbaren und genutzten Äquivalente, zum Beispiel im syntaktisch flexibleren Deutschen, lenken die Aufmerksamkeit auf die Frage, was der ursprüngliche Vorteil solcher Konstruktionen in einer Sprache wie dem (Neu-) Französischen war: die Kompensation des allmählichen Verlustes an Wortstellungs- und informationeller Varianz, die im Deutschen und auch im Italienischen gegeben ist (vgl. zum Mittelfranzösischen Härmä 1993).

Der Vergleich französischer RD mit ihren italienischen Übersetzungen lenkt die Aufmerksamkeit auf die Frage, welche Rolle tatsächlich die zweifache Verbalisierung eines Referenten zur Markierung der letztlich durch den Kontext gegebenen Thematizität für die Funktion der RD spielt. So deutet die von Blasco-Dulbecco (1999) belegte formale und von Avanzi (2009) belegte intonatorische Vielfalt dieser syntaktischen Erscheinung im Französischen darauf hin, dass die

Gründe, aus denen ein Sprecher am Satzende einen Referenten aufnimmt, sehr unterschiedlicher Art sind. Dies gilt auch in der Literatur, denn ein ‚Nachtrag' in der Erzählerrede kann als adressatenorientierte Information gelten, während in direkter Rede die Nachahmung spontaner, dialogischer Kommunikation als expressives Mittel dient. Die interessanten Fälle, in denen im italienischen ZT die Frage von RD vs. Subjektinversion aus strukturellen Gründen offen bleibt, können wiederum dazu Anlass geben, nach analogen Fällen für das Französische zu suchen.

Bibliographie

Primärquellen

AMMANITI, Niccolò. 2006. *Come Dio comanda*. Mailand: Mondadori.
BARBERY, Muriel. 2006. *L'élégance du hérisson*. Paris: Gallimard.
BARBERY, Muriel. 2007. *L'eleganza del riccio*. Rom: Edizioni e/o.
BARBERY, Muriel. 2008. *Die Eleganz des Igels*. München: dtv.
CLAUDEL, Philippe. 2003. *Les Âmes grises*. Paris: Stock.
CLAUDEL, Philippe. 2009a. *Die grauen Seelen*. Reinbek: Rowohlt.
CLAUDEL, Philippe. 2009b. *Le anime grigie*. Mailand: TEADUE.
CULICCHIA, Giuseppe. 2004. *Il paese delle meraviglie*. Mailand: Garzanti.
GAVALDA, Anna. 1999. *Je voudrais que quelqu'un m'attende quelque part*. Paris: J'ai lu.
GAVALDA, Anna. 2001. *Vorrei che da qualche parte ci fosse qualcuno ad aspettarmi*. Mailand: Frassinelli.
GAVALDA, Anna. 2002. *Ich wünsche mir, dass irgendwo jemand auf mich wartet*. München: Hanser.
GIORDANO, Paolo. 2008. *La solitudine dei numeri primi*. Mailand: Mondadori.
GUÈNE, Faïza. 2004. *Kiffe kiffe demain*. Paris: Hachette Littératures.
GUENE, Faïza. 2006a. *Kif kif domani*. Mailand: Mondadori.
GUENE, Faïza. 2006b. *Paradiesische Aussichten*. Hamburg: Carlsen.
FLAUBERT, Gustave. 2004. *Madame Bovary*. Paris: Gallimard.
LÉVY, Justine. 2004. *Rien de grave*. Paris: Stock.
LÉVY, Justine. 2005. *Niente di grave*. Rom: Frassinelli.
LÉVY, Justine. 2007. *Nicht so tragisch*. München: Diana.
MANN, Thomas. 1991 (^{1}1924). *Der Zauberberg*. Frankfurt am Main: S. Fischer.
NOTHOMB, Amélie. 2006. *Journal d'hirondelle*. Paris: Albin Michel.
SCHULZE, Ingo. 2008. *Adam und Evelyn*. Berlin: Berlin.

Sekundärquellen

ALTMANN, Hans. 1981. *Formen der ‚Herausstellung' im Deutschen*. Tübingen: Niemeyer.
ASHBY, William J. 1994. „An acoustic profile of right-dislocations in French", in: *French Language Studies* 4, 127-145.
AVANZI, Mathieu. 2009. „Aspects prosodiques de la dislocation à droite en français contemporain" in: Apothéloz, Denis & Combettes, Bernard & Neveu, Franck (edd.). *Les linguis-*

tiques du détachement. Actes du colloque international de Nancy (7-9 juin 2006). Frankfurt am Main: Lang, 59-71.

AVANZI, Mathieu. 2011. „La dislocation gauche en français spontané. Etude instrumentale", in: *Le français moderne* 2, 157-175.

AVERINTSEVA-KLISCH, Maria. 2008. „To the right of the clause. Right dislocation and afterthought", in: Fabricius-Hansen, Cathrine & Ramm, Wiebke. edd. *'Subordination' versus 'coordination' in sentence and text*. Amsterdam: Benjamins, 217-239.

BALLY, Charles. 1909. *Traité de stylistique française*. Heidelberg: Winter.

BENVENISTE, Emile. 1966. „Structure des relations de personne dans le verbe", in: ders. *Problèmes de Linguistique générale*. Paris: Gallimard, 224-236.

BERRUTO, Gaetano. 1986. „Le dislocazioni a destra in italiano", in: Stammerjohann, Harro. edd. *Tema-Rema in Italiano. Symposium. Frankfurt am Main, 26/27-4-1985*. Tübingen: Narr, 55-69.

BLANK, Andreas. 1991. *Literarisierung von Mündlichkeit. Louis-Ferdinand Céline und Raymond Queneau*. Tübingen: Narr.

BLASCO-DULBECCO, Mylène. 1999. *Les dislocations en français contemporain. Etude Syntaxique*. Paris: Honoré Champion.

BLASCO, Mylène. 1997. „Pour une approche syntaxique des dislocations", *French Language Studies* 7, 1-21.

CORNISH, Francis. 1986. „Discussion. Anaphoric pronouns: under linguistic control or signalling particular discourse representations? A contribution to the debate between Peter Bosch and Liliane Tasmowski and Paul Verluyten", in: *Journal of Semantics* 5, 233-260.

DUDTENHÖFER, Ulrich. 2000. „*Right detachment* im gesprochenen Französisch", in: Wehr, Barbara & Thomaßen, Helga. edd. *Diskursanalyse. Untersuchungen zum gesprochenen Französisch. Akten der gleichnamigen Sektion des 1. Kongresses des Franko-Romanisten-Verbands (Mainz, 23.-26. 9.1998)*. Frankfurt am Main: Lang, 183-206.

FABRICIUS-HANSEN, Cathrine. 2000. „Übersetzen mit Stil – ein unmögliches Ziel?", in: Fabricius-Hansen, Cathrine & Østbø, Johannes. edd. *Übertragung, Annäherung, Angleichung*. Frankfurt am Main: Lang, 65-96.

FERRARI, Angela. 1999. „L'extra-posizione a destra in italiano, con osservazioni sul francese", in: Skytte, Gunver/Sabatini, Francesco (a c. di), *Linguistica testuale comparativa. In memoriam Maria-Elisabeth Conte. Atti del convegno interannuale della Società di Linguistica Italiana (Copenhagen, 5-7 febbraio 1998), (= Etudes romanes 42)*. Copenhagen: Museum Tusculanum, 111-140.

HÄRMÄ, Juhani. 1993. „Regards sur les constructions disloquées en moyen français", in: Aubailly, Jean-Claude et al. edd. *Et c'est la fin pour quoy sommes ensemble. Hommage à Jean Dufournet. Littérature, Histoire et Langue du Moyen Âge. Tome II: Nouvelle Bibliothèque du moyen âge 25*. Paris: Honoré Champion, 712-725.

HELKKULA, Mervi. 2009. „Sur les constructions disloquées à gauche dans *A la recherche du temps perdu* de Marcel Proust", in: Havu, Eva et al. edd. *Du côté des langues romanes. Mélanges en l'honneur de Juhani Härmä*. Helsinki: Société Néophilologique, 201-213.

HONNIGFORT, Eva. 1993. *Der segmentierte Satz. Syntaktische und pragmatische Untersuchungen zum gesprochenen Französisch der Gegenwart*. Münster: Nodus.

HUBER, Christina. 2007. *Die Satzsegmentierung in der französischen Pressesprache der Gegenwart*. Wilhelmsfeld: Egert.

LAMBRECHT, Knud, 1981. *Topic, Antitopic and Verb Agreement in non-standard French*, Amsterdam: Benjamins.
LAMBRECHT, Knud. 2001. „Dislocation", in: Haspelmath, Martin et al. edd. *Language Typology and Language Universals. An International Handbook*. New York: de Gruyter, 1050-1079.
LECERCLE, Jean-Jacques. 2001. „Of Markov chains and upholstery buttons: ‚Moi, madame, votre chien ...'", in: Fischer, Olga & Nänny, Max. edd. *The motivated sign. A selection of papers given at the Second International and Interdisciplinary Symposium on Iconicity in Language and Literature*. Amsterdam: Benjamins, 289-302.
MEIER, Sandra. 2008. *„È bella, la vita!"*: *pragmatische Funktionen segmentierter Sätze im „italiano parlato"*. Stuttgart: ibidem.
PAGANI-NAUDET, Cendrine. 2005. *Histoire d'un procédé de style. La dislocation (XIIe-XVIIe siècles)*. Paris: Champion.
PELLET, Eric. 1994. „Les phrases segmentées dans le *Voyage au bout de la nuit* de L. F. Céline", in: *L'information grammaticale* 61, 41-49.
PRUVOST, Jean. 2011. „Avant-propos. Traduire: la pesée des mots", in: *Études de Linguistique appliquée* 164, octobre-décembre 2011, 389-391.
RIVELIN-CONSTANTIN, Eve. 1993. „Topic, Topicalization and word order in French and English. Problems of translation", in: *L'ordre des mots II. Domaine anglais. Communications présentées à l'atelier de Linguistique du 30e Congrès de la Société des Anglicistes de l'Enseignement Supérieur* (Le Mans, 11-13 mai 1990 et Aix-en-Provence, 24-26 mai 1991). Saint Etienne: CIEREC, 71-84.
ROSSI, FABIO. 1999. „‚Non lo sai che ora è?' Alcune considerazioni sull'intonazione e sul valore pragmatico degli enunciati con dislocazione a destra", in: *Studi di grammatica italiana* XVIII, 145-193.
TRAVERSO, Véronique. 1996. *La conversation familière*. Lyon: Presses Universitaires.
VELDRE-GERNER, Georgia. 2007. *Demonstrativa im Text*. Tübingen: Niemeyer.
VELDRE-GERNER, Georgia. 2014a. „Expressivité et syntaxe: La dislocation à droite dans le texte littéraire", in: *Archiv für das Studium der neueren Sprachen und Literaturen* 251/1, 111-133.
VELDRE-GERNER, Georgia. 2014b. „Alte und neue Funktionen der Linksdislokation im französischen Roman", in: Veldre-Gerner, Georgia & Thiele, Sylvia. edd. *Sprachen und Normen im Wandel*, Akten des gleichnamigen Kolloquiums vom 22.-23.3.2012 in Münster. Stuttgart: ibidem, 219-241.
VELDRE-GERNER, Georgia. im Druck. „‚La Bovary, quelle meule usante c'est pour moi!' Die Syntax Flauberts im Übersetzungsvergleich", in: Dahmen, Wolfgang et al. edd. *Sprachvergleich und Übersetzung. Romanistisches Kolloquium XXIX*. Tübingen: Narr Francke Attempto.

Les phrases clivées de l'italien en contact avec le français. Une analyse basée sur les textes diffusés sur le portail swissinfo.ch

Anna-Maria De Cesare (Bâle)[1]

Dieser Beitrag behandelt linguistische Phänomene, die als Ergebnisse des Sprachkontakts aufgrund französisch-italienischer Übersetzungen anzusehen sind. Der Beitrag ist insbesondere den sogenannten *Cleft*-Sätzen (fr. *c'est Stella qui lit avec plaisir*; it. *è Stella che legge con piacere*) gewidmet, deren Gebrauch in journalistischen Texten des Schweizer Nachrichtenportals swissinfo.ch untersucht wird. Durch den Vergleich italienischer Originaltexte mit aus dem Französischen übersetzten italienischen Texten soll gezeigt werden, dass Einflüsse des Französischen sowohl hinsichtlich der Frequenz als auch hinsichtlich formaler Aspekte gegeben sind.

1. Introduction

1.1 Le rôle que jouent la traduction et plus généralement le contact culturel dans la transmission de structures syntaxiques d'une langue à une autre, à savoir dans le calque syntaxique, est souvent mentionné mais n'a en réalité pas fait l'objet de nombreuses études systématiques (à ce sujet, cf. toutefois McLaughlin 2011). Une prise de position sur cette question doit tout d'abord prendre en compte le concept même de *calque syntaxique*, qui a été défini de différentes manières dans la bibliographie. Selon Benincà, par exemple, le calque syntaxique se définit comme « la transmission d'un schéma structurel productif » (Benincà 1993, 284)[2], ce qui est évidemment plutôt rare. Selon elle, le contact culturel « excite tout au plus des structures et des règles préexistantes » (ibd., 288). En d'autres termes, il est difficilement envisageable qu'une langue emprunte à une autre langue une construction syntaxique qui n'est pas déjà disponible dans le code emprunteur. Ce qui est envisageable, par contre, surtout en situation de contact, c'est le fait d'observer une augmentation de la fréquence d'emploi ou encore une variation aux niveaux micro-structurel et/ou fonctionnel d'une structure syntaxique à partir de l'imitation d'un modèle de départ, typiquement considéré comme prestigieux.

---

[1] Le présent travail s'inscrit dans le cadre d'un projet de recherche financé par le Fonds National Suisse de la Recherche Scientifique intitulé *Italian Constituent Order in a Contrastive Perspective* (ICOCP, PP00P1-133716/1).
[2] Faute de place, nous ne proposons que la traduction des citations.

Selon McLaughlin (2011, 23), dans le domaine de la traduction, il est nécessaire de distinguer deux types d'imitation d'un code de départ : (i) les simples cas d'influences, ou interférences, et (ii) les emprunts à proprement parler (angl. *borrowing*). Cette distinction est fondamentale car les interférences observées dans la traduction (qui touchent tant aux structures qu'aux règles qui régissent leur emploi) ne débouchent bien entendu pas nécessairement sur un emprunt. C'est uniquement quand une forme linguistique initialement liée à une interférence s'observe dans la langue standard des textes non traduits que l'on peut véritablement parler d'emprunt. Selon cette conception, les emprunts syntaxiques sont donc l'aboutissement d'un parcours complexe, qui consiste à intégrer dans le système d'une langue donnée une structure ou une règle originaire d'un autre code. La difficulté de ce parcours est liée à la rigidité des codes linguistiques au niveau syntaxique : l'emprunt implique généralement une compétition entre structures préexistantes et innovatrices et conduit à la réorganisation d'un microsystème de la langue peu perméable à la pression de modèles exogènes (cf. Renzi 2012, 26ss.).

1.2 Un cas particulièrement intéressant en matière de calque syntaxique est la phrase clivée de l'italien (it. *frase scissa*)[3], qui semble s'être véritablement imposée à l'écrit seulement à partir du 18ème siècle, à la suite de l'influence du français. Selon Tagliavini (1963, 482), cité par Benincà 1993, la formule italienne *è con molto piacere che...* ‹ c'est avec grand plaisir que... ›, caractéristique des monologues expositifs, est à imputer au français. Une observation similaire se trouve déjà chez Schiaffini, selon lequel l'unité linguistique européenne a été favorisée par la diffusion de constructions françaises du type *c'est pour cela que...* en espagnol, italien et même en allemand (cf. Schiaffini 1937, 115, qui cite des exemples de Gómez de Quevedo, actif dans la première moitié du 17ème siècle, de Cesarotti et de Goethe, tous deux actifs entre la fin du 18ème et le début du 19ème siècle). Plus généralement, les clivées italiennes construites avec un syntagme prépositionnel (SP), comme dans les exemples proposés plus haut, sont considérées comme appartenant à une nouvelle variante de clivée (cf.

---

[3] Les phrases clivées sont des structures syntaxiques biclausales, composées d'une phrase copulative (en italien ouverte par une forme conjuguée du verbe *essere*) et d'une phrase subordonnée. Pour une définition plus précise au niveau syntaxique, sémantique et pragmatique, nous renvoyons au travail de Roggia 2009.

D'Achille & Proietti & Viviani 2005), que l'on conseillait d'éviter encore à la fin du 19ème siècle (cf. Fornaciari 1881, Chap. VII, § 3).

Les phrases clivées du type *c'est Stella qui lit avec plaisir* et *c'est avec plaisir que Stella lit* sont encore aujourd'hui considérées comme typiques du français (oral et écrit ; cf. Dufter 2006). Ceci s'explique généralement par le fait que le français connaît de fortes restrictions syntaxiques et prosodiques, qui bloquent la possibilité de focaliser un constituant (notamment le sujet) en le déplaçant en fin de phrase ou en l'accentuant *in situ* (Lambrecht 2001, 491).

Ceci dit, la phrase clivée est considérée comme étant une construction en expansion aussi en italien, notamment journalistique (Bonomi 2002, 44), et est même appréhendée comme un trait syntaxique diagnostique de l'italien contemporain, en particulier de la variété appelée *italien moyen* ou *néo-standard*, caractérisée par l'absorption de structures appartenant à la langue orale (cf. Sabatini 1985 et Berruto 1987). Ce qui distingue l'italien contemporain des stades antérieurs de la langue, ce n'est toutefois pas le dispositif clivé en soi, attesté dans les textes datant d'avant 1375 (cf. D'Achille & Proietti & Viviani 2005 ; Roggia 2012), mais sa fréquence et ses variantes. Si les clivées (dites explicites) du type *è lei che mi ha scritto* ‹ c'est elle qui m'a écrit ›, avec subordonnée introduite par *che* et un verbe temporalisé, sont déjà attestées en italien ancien et se trouvent chez des auteurs classiques des 16ème et 17ème siècles (cf. Roggia 2012, notamment sur la base de Fornaciari 1881, qui cite entre autres Annibale Caro, Paolo Segneri et Daniello Bartoli), deux variantes de clivées peuvent aujourd'hui être considérées comme nouvelles par rapport à la langue ancienne : (i) les constructions dans lesquelles est clivé un SP (*è con molto piacere che ti scrivo* ‹ c'est avec grand plaisir que je t'écris ›) et (ii) les clivées infinitives (dites implicites), dont la subordonnée est ouverte par la préposition *a* suivie d'un verbe à l'infinitif, qui ne s'emploient que dans les cas où l'élément clivé coïncide avec le sujet du verbe de la phrase subordonnée (*è stata lei a scrivermi* ‹ c'est elle qui m'a écrit ›).

En ce qui concerne les clivées du type (i), il a été suggéré qu'il s'agit d'un emprunt cultivé du français. En témoigneraient par exemple les occurrences de la construction relevées dans les textes des livrets d'opéra des 18ème et 19ème siècles d'Umberto Giordano et de Giuseppe Verdi, dont la rédaction s'inspire de sources françaises (cf. Telve 2004) ; en témoigneraient également les occurrences que l'on trouve chez les philosophes, écrivains et linguistes italiens, comme Melchiorre Cesarotti (fervent défenseur de la philosophie des Lumières), eux aussi fortement influencés par des modèles français (les exemples (1) et (2)[4] sont tirés de l'article de D'Achille & Viviani & Proietti 2005, 273 et 268, N. 26) :

(1) « Non **è su lei**, nel suo / Fragile petto **che colpir degg'io**. » (Verdi, *Ballo in maschera*, Acte III, scène I; livret d'Antonio Somma)
(2) « ed **è a quest'eloquenza... che i Francesi debbono specialmente quella universale avidità con la quale in Europa si cercano i loro libri.** » (Cesarotti ; cit. in Schiaffini, 1937, 115)

L'origine des clivées implicites est en revanche moins claire (cf. Gil 2003 ainsi que D'Achille & Proietti & Viviani 2005). Les premiers exemples attestés (cités à nouveau par D'Achille & Proietti & Viviani 2005) remontent aux comédies du vénitien Carlo Goldoni (cf. (3) et (4)), c'est-à-dire à nouveau au 18ème siècle. On retient généralement que ce type de clivées n'est pas lié à un modèle français parce qu'il n'est pas attesté dans cette langue. Il faut aussi ajouter que ces clivées sont relativement fréquentes à l'écrit, mais rares à l'oral (Roggia 2009, 70-71) ; de plus, à l'oral, elles ne sont pas attestées dans toutes les variétés : elles semblent typiques des dialectes septentrionaux (comme le bergamasque, étudié par Valentini 2016).

(3) « Le ho vedute; ma poi **non sono stato io a esaminarle**. » (Goldoni, *L'impostore*, II, 4, 14)
(4) « Non ha da venire il signor Leonardo? **Non siete stato voi a chiamarlo per parte mia**? » (Goldoni, *Le donne di buon umore*, III, 4, 6)

Entre les textes du passé et les textes de la période moderne on constate donc une rupture en ce qui concerne la fréquence et la forme des phrases clivées (D'Achille & Proietti & Viviani 2005, 276). La rupture majeure semble se situer au niveau du 18ème siècle. Ceci n'est toutefois qu'une supposition car nous ne disposons actuellement d'aucun travail systématique sur les modes de diffusion de la phrase clivée en italien. Nous avons toutefois vu plus haut que l'on évoque bien souvent la traduction de textes rédigés en français et, plus généralement, le contact culturel notamment avec la France des Lumières.

---

[4] Dorénavant, nous relevons en gras la clivée qui fait partie d'un texte plus large et indiquerons, là où nous le jugeons nécessaire, si le texte reproduit fait partie d'un texte original (cf. ItO = italien original ; FrO = français original) ou d'un texte traduit (ItTra = italien traduit du français).

1.3 Partant de ce constat, dans ce travail nous nous proposons d'étudier la phrase clivée de l'italien en situation de contact avec le français.[5] L'objectif de notre étude ne consiste toutefois pas à identifier l'origine et à retracer la diffusion de la clivée italienne dans le temps : notre point de vue est en effet purement synchronique. Notre objectif consiste plutôt à cerner les propriétés de la phrase clivée française susceptibles d'être reproduites de manière littérale et relativement naturelle en italien contemporain écrit. Les propriétés sur lesquelles nous nous concentrons concernent la fréquence d'emploi des clivées et leur forme (nous laisserons donc de côté les questions relatives à leurs fonctions discursives). Ces propriétés seront examinées à partir d'un corpus de phrases clivées issu de la presse électronique helvétique.

Notre travail se poursuit de la manière suivante : on décrira le corpus de travail et les traits (fréquence et forme) de la clivée italienne sur lesquels nous avons observé une influence du français (§ 2).[6] La conclusion (§ 3) proposera un bilan des résultats obtenus à partir de notre étude empirique et posera un diagnostic sur une possible évolution de la phrase clivée en italien écrit.

2. Les phrases clivées de l'italien en situation de contact avec le français

2.1. Corpus de travail

2.1.1. Le présent travail s'appuie sur un corpus de textes journalistiques tirés du portail swissinfo.ch, un service international de la Société Suisse de radiodiffusion et télévision (ou SSR). Ce service, qui s'adresse en premier lieu à un public international intéressé à la Suisse ainsi qu'aux Suisses vivant à l'étranger, propose l'actualité liée à la Confédération helvétique en 10 langues (entre autres français, italien, allemand et anglais). Les textes de swissinfo.ch sont diffusés uniquement en ligne, ce qui ne veut pas dire pour autant que leur rédaction soit rapide. Contrairement aux informations diffusées notamment sur les principaux sites des quotidiens nationaux de langue italienne (repubblica.it, corriere.it, etc.

---

[5] Pour une étude qui discute l'hypothèse de l'influence de l'anglais dans la diffusion et l'emploi des phrases clivées de l'italien, cf. De Cesare 2012.
[6] Faute de place, nous ne sommes pas en mesure de proposer une analyse contrastive fine des clivées de l'italien et du français. Nous renvoyons donc le lecteur à la bibliographie (là aussi sélective), notamment aux travaux de Roggia 2008, Brianti 2014 (qui s'occupe également de questions liées à la traduction des clivées de l'italien vers le français et vice versa), De Cesare 2014 et De Cesare et al. 2016 (II, § 1.1.).

en Italie), les nouvelles que l'on trouve sur swissinfo.ch sont rédigées avec plus de soin (il n'y a par exemple ni coquilles ni erreurs grammaticales ; sur cet aspect, cf. notamment De Cesare & Garassino & Agar Marco & Baranzini 2014, 56-57).

Les textes diffusés sur le portail swissinfo.ch se caractérisent par une forte situation de contact culturel et linguistique : d'une part, parce que de nombreux textes sont traduits d'une langue à l'autre (ce qui, au moins dans la nouvelle configuration de swissinfo.ch, est déclaré explicitement à la fin de l'article)[7] ; d'autre part, parce que de nombreux textes présentés comme originaux contiennent des citations qui sont le produit d'une traduction non déclarée de langues qui diffèrent de celle du texte original. Dans notre analyse, il faudra donc prendre en considération les cas comme (5), dans lesquels il y a de fortes chances (étant donné que nous n'avons pas accès à l'interview originale, on ne peut faire que des suppositions) que la citation dans laquelle se trouve la phrase clivée a été traduite (du français, voire d'une autre langue, notamment de l'anglais).

(5) « ‹ In ogni caso gli anarchici sono talmente minoritari che se rifiutano di collaborare con altri non possono fare granché. E poi **non sono gli anarchici che faranno la rivoluzione**, ma la gente. [...] ›, dice Michel Némitz del centro culturale autogestito Espace Noir di St-Imier, uno degli organizzatori dell'incontro internazionale. » (swissinfo.ch, 29.8.2012, ItO)

A cela s'ajoute que les articles en langue italienne diffusés sur le site de swissinfo.ch sont aussi basés sur des dépêches d'agences, internationales et nationales (l'agence suisse ATS), et donc que les textes qui forment le canevas des articles finaux ont une forte chance d'être déjà le produit de traduction de l'anglais et/ou de l'allemand (ce deuxième cas de figure se vérifie notamment en ce qui concerne les nouvelles liées à la Confédération helvétique).

2.1.2. Dans le but de vérifier l'impact du français sur l'emploi (fréquence et forme) des phrases clivées de l'italien, nous avons construit un corpus de travail d'environ 150.000 mots provenant du portail swissinfo.ch. Le Tableau 1 présente les indications de base sur le corpus de travail, composé de trois modules (les textes rédigés en français sont ceux qui ont été traduits en italien), et fournit le nombre d'occurrences de clivées repérées au sein du corpus (les clivées con-

---

[7] A la fin des articles qui ne sont pas rédigés en langue originale, on trouve des indications sur la nature du texte (traduction ou adaptation du texte original), le nom du traducteur et la langue originale. Les textes décrits comme étant le produit d'une ‹ traduction › sont relativement fidèles à l'original tant au niveau macro- que micro-structurel et lexical.

tenues dans le corpus ont été identifiées de manière semi-automatique, à partir des formes qui introduisent la subordonnée des clivées italiennes, à savoir *che/a/ad*) :

Tableau 1. Base de données (swissinfo.ch)

	Italien original	Italien traduit	Français original	Total
N mots	63.000	44.000	44.000	± 150.000
N clivées	40	32	24[8]	96

Les trois modules du corpus sont absolument comparables : les nouvelles proviennent de la même source (elles sont par ailleurs souvent aussi rédigées par les mêmes journalistes) ; elles ont été recueillies pendant la même période (grosso modo entre 2009 et 2015), dans les mêmes rubriques (politique, économie, culture, société, sciences & tech, multimédia, dossiers).

Dans l'analyse qui suit, nous ne tenons compte que de deux formes de clivées, à savoir des clivées explicites (6) et des clivées implicites (7), construites respectivement avec une subordonnée temporalisée et non temporalisée :

(6) « non sono gli anarchici che faranno la rivoluzione » (swissinfo.ch, 29.8.2012)
(7) « Sarà l'elettorato a decidere l'8 marzo 2015 » (swissinfo.ch, 14.1.2015)

En revanche, nous avons exclu de notre analyse les clivées implicites inverses (8), les pseudo-clivées (9), les clivées inférentielles (10) et les structures temporelles du type (11), dont le statut de phrase clivée est discutable :

(8) « A farne le spese sono anche i dipendenti di alcune ambasciate » (swissinfo.ch, 1.9.2011)
(9) « Quello che so è che durante il servizio militare molti eritrei vengono utilizzati per altri lavori. » (swissinfo.ch, 11.12.2014)
(10) « Non è che attenda l'inverno con impazienza » (swissinfo.ch, 13.10.2010)
(11) « Ed è inoltre la prima volta che dei siti lacustri verrebbero inseriti nella lista dell'Unesco » (swissinfo.ch, 26.1.2010)

2.2. Fréquence d'emploi des phrases clivées dans les textes d'italien traduit

La fréquence d'emploi des phrases clivées dans les textes en italien traduits du français peut être évaluée à partir de l'emploi que l'on fait des mêmes structures

---

[8] Nous n'avons tenu compte ici que des cas dans lesquels à une clivée des textes italiens traduits correspond une clivée dans le texte original en français. Dans le corpus rédigé en français, il y a en réalité un nombre plus élevé de clivées que le chiffre donné dans le Tableau 1.

dans des textes originaux comparables. L'analyse des deux modules d'italien de notre corpus de textes tirés de swissinfo.ch donne les résultats proposés dans le Tableau 2.

Tableau 2. Fréquence des phrases clivées (par 10.000 mots)

Italien original	Italien traduit
6.4	7.3

Ces données permettent d'observer qu'il y a un léger décalage au niveau de la fréquence d'emploi des clivées dans les deux modules du corpus : les clivées sont plus fréquentes dans les textes d'italien traduits du français que dans les textes rédigés directement en italien. Ce résultat ne s'explique cependant pas seulement par le fait que les clivées du français (qui sont plus nombreuses qu'en italien ; cf. aussi De Cesare & Garassino & Agar Marco & Baranzini 2014, 78, 81) tendent à être traduites par les structures homologues de l'italien : des 32 clivées que compte le corpus d'italien traduit, 24 occurrences (soit 75%) traduisent une clivée du français et 6 occurrences (25%) traduisent une autre structure syntaxique (phrase canonique avec sujet préverbal et phrase avec un adverbial en position finale), comme dans l'exemple suivant :

(12) « Lo scetticismo nei confronti del nucleare è grande ed **è per questo che siamo qui.** » (swissinfo.ch, 17.12.2009; ItT)
« Le scepticisme face au nucléaire est grand dans le monde. **C'est pourquoi nous sommes ici.** » (swissinfo.ch, 16.12.2009; FrO)

2.3. Formes des phrases clivées dans les textes d'italien traduit

Etant donné que les différences formelles entre les phrases clivées de l'italien et du français concernent toutes les composantes de cette construction (copule, introducteur de la subordonnée, verbe de la phrase subordonnée), on pourrait s'attendre à trouver des interférences à différents niveaux. Dans ce qui suit, nous proposons une description des traits morpho-syntaxiques de la clivée italienne sur lesquels nous avons effectivement observé une interférence liée au contact avec le français. Ces traits concernent les deux composantes suivantes de la phrase clivée : (i) la forme de la copule et (ii) la forme de la subordonnée. Nous n'avons en revanche pas constaté d'écart significatif en ce qui concerne les catégories et les fonctions syntaxiques de l'élément clivé. L'élément clivé coïncide généralement avec un syntagme nominal qui occupe le rôle de sujet du verbe de la subordonnée.

2.3.1. Forme de la copule

La copule (basée sur le verbe *être*) des phrases clivées du français varie peu d'un point de vue morphologique ; elle est donc relativement figée (cf. Blanche-Benveniste 2002, 109 ; Dufter 2006, 34-36 ; Metzeltin 2010, 118). En ce qui concerne la variation en nombre (il n'y a pas d'accord en personne), il n'est pas rare de trouver des cas dans lesquels il manque l'accord entre la copule et un élément clivé qui exprime une entité plurielle. Le manque d'accord entre la copule, à la 3ème personne du singulier, et l'élément clivé au pluriel est considéré comme un phénomène typique de l'oralité. Ce phénomène se rencontre aussi dans les textes de swissinfo.ch. Dans notre corpus de travail, nous n'en n'avons toutefois relevé aucun cas (l'exemple (13) a été repéré hors corpus : la traduction italienne met en jeu une autre structure). En italien, en revanche, le manque d'accord en personne et en nombre entre la copule et l'élément clivé est beaucoup plus rare. Dans notre corpus de textes italiens (traduits et originaux), l'élément clivé s'accorde toujours en personne et nombre avec la copule (cf. (14), qui fait partie d'une citation, sans doute traduite du français, de l'historien franco-suisse Alain-Jacques Czouz Tornare).

(13) « La Suisse imaginaire, celle qui attire les touristes, c'est celle de Guillaume Tell. Mais dans la réalité, c'est les Lacustres qui ont gagné. » (swissinfo.ch, 1.8.2012 ; FrO)

(14) « [...] Sono le grandi potenze a frenare le velleità della Svizzera e a insegnarle a collaborare con i vicini. » (swissinfo.ch, 6.1.2015; ItT)

La copule des clivées du français varie peu aussi quant aux traits de temps et de mode : sa manifestation la plus fréquente est à l'indicatif présent (cf. déjà Müller-Hauser 1943, 213). Les cas dans lesquels la copule se trouve à l'imparfait ou au conditionnel sont considérés comme marginaux (Dufter 2006, 35). Dans notre module de textes rédigés en français, nous avons toutefois relevé un cas dans lequel la copule est employée au conditionnel (cf. (15) dont on notera aussi la concordance avec le verbe de la phrase subordonnée). Dans tous les autres cas, elle se trouve à l'indicatif présent (cf. (13)).

(15) « Actuellement, le procès de la Catillon serait ajourné en cinq minutes et ce serait plutôt son bourreau qui aurait des problèmes ! [...] » (swissinfo.ch, 6.7.2009 ; FrO)

En italien, la copule est au contraire plus variable. Dans les textes rédigés directement en italien, on observe tout d'abord une majorité de cas dans lesquels la copule est à l'indicatif présent (31/40 occurrences, soit 78%). On trouve ensuite 9 cas (12%) dans lesquels la copule est à un autre temps et/ou mode (4 cas au futur simple ; 3 cas au passé composé, un cas au subjonctif et un cas au plus-que-parfait). La clivée contenue dans le texte proposé ci-dessous s'ouvre par une copule au futur.

(16) « La proposta dei popolari democratici di esentare dalle imposte gli assegni per i figli e di formazione è osteggiata dagli altri grandi partiti. Sarà l'elettorato a decidere l'8 marzo 2015. » (swissinfo.ch, 14.1.2015; ItO)

Dans les textes italiens traduits du français, on trouve en revanche un plus grand nombre de phrases clivées dont la copule est à l'indicatif présent (28/32 occurrences, soit 88%). Dans le corpus de clivées traduites du français, on relève seulement 4 cas dans lesquels la copule est à un autre temps et/ou mode (2 cas sont au passé composé, un cas au plus-que-parfait et un cas au conditionnel, qui ne se trouve pas dans les textes originaux rédigés en italien et qui traduit la seule clivée du français dont la copule n'est pas à l'indicatif présent ; cf. (15)). On constate également qu'il n'y a aucun cas de clivée dont la copule se trouve au futur, le temps le plus répandu dans les clivées relevées dans les textes originaux en italien.

(17) « Attualmente il processo a Catillon – conclude sorridendo la storica – sarebbe aggiornato in cinque minuti e sarebbe piuttosto il boia ad avere dei problemi. [...]! » (swissinfo.ch, 26.8.2009; ItT)

Il faut finalement noter que toutes les clivées dans lesquelles la copule porte des traits de temps et de mode différents de l'indicatif présent sont implicites, à savoir contiennent un verbe à l'infinitif dans la subordonnée (ceci aussi bien dans les textes rédigés directement en italien que dans ceux qui sont traduits du français).

2.3.2. Forme de la subordonnée

La subordonnée des phrases clivées du français présente les propriétés morphosyntaxiques suivantes : (i) la subordonnée est ouverte par les formes – en distribution complémentaire – *qui* (dans les cas où l'élément clivé correspond au sujet du verbe de la subordonnée) et *que* (dans tous les autres cas) ; (ii) le verbe de la subordonnée est toujours conjugué ; (iii) généralement, c'est lui seul qui porte les traits de temps et de mode (autres que le présent de l'indicatif ; cf. les deux exemples ci-dessous).

Les phrases clivées de l'italien en contact avec le français   131

(18) « Au départ, **c'est l'Eglise la plus orthodoxe**, soutenue par le pouvoir laïc, qui s'est mise à poursuivre l'hérésie, puis la magie, au point de créer cette hérésie imaginaire » (swissinfo.ch, 6.7.2009 ; FrO)
(19) « En ouverture donc, sur la même Piazza Grande, *The Sweeney*, en première mondiale, polar musclé de facture britannique. Et avant, **c'est aux côtés de Charlotte Rampling** qu'Olivier Père, patron du Festival, a pu déclarer cette 65e édition ouverte » (swissinfo.ch, 2.8.2012 ; FrO)

En italien, la situation est un peu plus complexe : (i) la subordonnée de la clivée italienne est ouverte soit par la forme *che* (qui s'emploie quel que soit le rôle de l'élément clivé dans la phrase subordonnée : sujet, objet, adverbial) soit par *a* (qui s'emploie, comme on l'a dit, uniquement dans les cas où l'élément clivé coïncide avec le sujet de la phrase subordonnée). La différence entre les subordonnants *che* (20) et *a* (21) n'est pas distributionnelle (dans le sens que ces deux formes ne sont pas en distribution complémentaire) ; elle est plutôt de nature stylistique : seule la clivée implicite permet d'éviter la redondance de traits morpho-syntaxiques (cf. Roggia 2009, 71-72) ; (ii) la subordonnée des phrases clivées peut contenir un verbe conjugué (20), comme en français, ou à l'infinitif (21) ; (iii) quand le verbe de la subordonnée est conjugué, ses traits de temps et de mode devraient se retrouver sur la copule (ce qui engendre une redondance de traits morpho-syntaxiques dans certains cas relativement marquée, comme le montre l'exemple suivant de l'italien oral, tiré de Scarano 2003,187 : era la [/] le [/] le zie/che assomigliavano i' nonno //) ; quand ce verbe est à l'infinitif, c'est uniquement la copule qui présente les traits de temps et de mode (l'infinitif dit *analytique*, qui porte les marques du passé, est considéré comme agrammatical notamment par Frison 1988, 201 : *è Giorgio ad avermi telefonato*).

(20) « **È da 18 anni** che il Centro di corsi di Ballenberg contribuisce a trasmettere e a perfezionare il sapere e le tecniche artigianali tradizionali che sono a repentaglio in Svizzera […]. » (swissinfo.ch, 12.10.2014; ItO)
(21) « Anche in materia di politica interna, sottolinea Franco Cavalli, **è l'embargo** a fare stato. » (swissinfo.ch, 19.12.2014; ItO)

Dans les textes rédigés directement en italien, on trouve 21 cas de clivées explicites (soit 53%), dont seulement 3 portent sur le sujet (14%). On cite un exemple au point (22). Dans les textes italiens traduits du français, on trouve 17 cas de clivées explicites (53%), dont 5 sur le sujet (29%). On constate donc que les clivées sur le sujet traduites du français vers l'italien, comme celle citée au point (23), sont beaucoup plus souvent explicites que dans les textes rédigés directement en italien. Dans nos données, au sein des clivées explicites, il y a deux fois plus de clivées sur le sujet dans les textes traduits.[9] Deux remarques sont encore à faire : la première est le fait que sur les 5 cas de clivées explicites sur le sujet qui proviennent de textes traduits, quatre ont comme origine une clivée du français (cf. 23) ; la deuxième remarque est qu'une des trois clivées explicites sur le sujet repérée au sein de textes originaux rédigés en italien se trouve dans une citation d'un locuteur francophone (il s'agit de l'exemple cité au point (5), auquel nous renvoyons).

(22) « La genesi della LPLib riflette la diversità fra le regioni linguistiche. È infatti dalla Svizzera francese che si sono levate molte voci per reclamarla. **Ed è un'iniziativa parlamentare depositata nel 2004 dall'allora deputato nazionale ginevrino Jean-Philippe Maitre** che ha portato alla LPLib. » (swissinfo.ch, 9.1.2012; ItO)

(23) « Domenica il popolo svizzero ha anche rifiutato con una proporzione del 59% l'iniziativa per l'abolizione dei forfait fiscali. Oltre a un ‹ no › quasi unanime dei cantoni, si può osservare che **sono quelli che guadagnano maggiormente grazie a questo sistema d'imposizione** che hanno rifiutato l'abolizione in modo più chiaro. » (swissinfo.ch, 30.11.2014; ItT)
« Le peuple suisse a refusé dimanche à 59% des voix l'initiative populaire pour l'abolition des forfaits fiscaux. Au-delà d'un refus quasi général des cantons, on observe que **ce sont ceux qui retirent le plus d'avantages financiers de ce système d'imposition** qui ont le plus clairement refusé son abolition. » (swissinfo.ch, 1.12.2014 ; FrO)

La traduction d'une clivée sur le sujet du français vers l'italien laisse des traces également dans les cas où le traducteur opte pour une clivée implicite. Dans trois cas de clivées implicites sur les 14 que compte le corpus de textes italiens traduits du français, on relève la présence d'un infinitif analytique, jugé difficilement acceptable en italien (il n'y a en revanche aucun cas de ce type dans les textes originaux en italien ; à noter aussi qu'il n'y a aucun cas d'infinitif passif, le seul cas de figure admis par Frison 1988, 203). Dans deux cas, dont on cite un exemple ci-dessous, le texte original français contient aussi une phrase clivée avec un temps composé dans la subordonnée :

---

[9] On arrive au même résultat que Brianti (2014, 294) quand on compare la proportion de clivées implicites et explicites sur le sujet : dans le corpus d'italien original, il y a 19 occurrences de clivées implicites (soit 86%) et 3 occurrences de clivées explicites (14%) ; dans le corpus d'italien traduit du français, il y a en revanche 14 occurrences de clivées implicites (74%) et 5 occurrences de clivées explicites (26%).

(24) « ‹ In realtà, la Svizzera ha preso molto poco da Rousseau. Per molto tempo lo ha addirittura ignorato. È piuttosto Rousseau ad aver preso molto dalla Svizzera, considerata da lui come un modello ›, sottolinea Guillaume Chenevière. » (swissinfo.ch, 27.6.2012; ItT)
« En réalité, la Suisse a très peu pris à Rousseau. Elle l'a même beaucoup et longtemps ignoré. C'est plutôt Rousseau qui a beaucoup pris à la Suisse et qui la considère comme un modèle » (swissinfo.ch, 28.6.2012 ; FrO)

A partir des clivées traduites du français citées aux points (23) et (24), on constate donc que les traits morpho-syntaxiques de temps et de mode sont uniquement à charge du verbe de la subordonnée.

3. Conclusion

Une analyse empirique portant sur l'emploi de la phrase clivée dans des textes de la presse électronique helvétique rédigés en italien, français et traduits du français en italien permet d'observer des interférences relativement fines : (i) la fréquence d'emploi de la clivée dans les textes traduits est légèrement plus élevée que celle des textes originaux ; dans les textes traduits du français, on constate également (ii) une fréquence d'emploi plus élevée des clivées explicites sur le sujet ; (iii) une fréquence d'emploi plus élevée de clivées dont la copule porte les traits de l'indicatif présent et pour le reste des clivées une variation moins grande des traits morpho-syntaxiques de temps et de mode sur la copule, ainsi que (iv) l'absence de concordance temporelle entre le verbe copule et celui de la subordonnée (les traits morpho-syntaxiques de temps et de mode sont réalisés uniquement sur le verbe de la phrase subordonnée) ; finalement (v) la présence de l'infinitif analytique, jugé difficilement acceptable.

Ces interférences, qui ont une origine commune, permettent d'observer que les textes traduits en italien contiennent une construction clivée plus rigide. Cette rigidité concerne en particulier la copule, morphologiquement moins variable qu'en langue originale (elle ne varie qu'en nombre et en personne). Ces déviances sont clairement le produit d'interférences liées à la situation de contact qui définit les textes analysés. En français, la rigidité de la copule de la phrase clivée est un trait caractérisant observé depuis longtemps (Müller-Hauser 1943, 213). En ce qui concerne la copule du français, on en vient d'ailleurs à parler de *verbe de dispositif* (cf. notamment Blanche-Benveniste 2002, 108), dont la fonction est éminemment pragmatique et consiste à focaliser l'élément dit ‹ clivé › (cf. Wehr 2011, 198).

Plus généralement, notre étude montre aussi que les médias électroniques jouent un rôle de premier plan dans la transmission de schémas morphosyntaxiques qui proviennent de modèles exogènes. Si dans le cas analysé il n'y a bien entendu pas d'emprunt syntaxique *stricto sensu* (à savoir d'une unité de la langue), il y a néanmoins interférence au niveau de la fréquence d'emploi et de certaines règles grammaticales, notamment de celles qui régissent l'emploi de cette structure (cf. la concordance des temps entre la copule et le verbe de la phrase subordonnée). On se trouve donc en présence d'une interférence de nature sélective (McLaughlin 2011, 24). Ceci dit, si la clivée de l'italien suit le chemin déjà parcouru par la structure homologue du français, ces interférences pourraient un jour devenir la norme et se retrouver dans les variétés standards de textes non traduits.

Corpus

SWISSINFO.CH. Schweizer Nachrichten in 10 Sprachen, www.swissinfo.ch (31.03.2016).

Bibliographie

BENINCÀ, Paola. 1993. « Sintassi », in: Sobrero, Alberto A. ed. *Introduzione all'italiano contemporaneo. Le strutture*. Bari: Laterza, 247-290.
BERRUTO, Gaetano. 1987. *Sociolinguistica dell'italiano contemporaneo*. Roma: Carocci.
BLANCHE-BENVENISTE, Claire. 2002. « Macro-syntaxe et micro-syntaxe: les *dispositifs* de la rection verbale », in: Leth Andersen, Hanne & Nølke, Henning. edd. *Macro-syntaxe et macro-sémantique*. Bern: Lang, 95-115.
BONOMI, Ilaria. 2002. *L'italiano giornalistico. Dall'inizio del '900 ai quotidiani on line*. Firenze: Cesati.
BRIANTI, Giovanna. 2014. « Cleft sentences. A translation perspective on Italian and French », in: De Cesare, Anna-Maria. ed. *Frequency, Forms and Functions of Cleft Constructions in Romance and Germanic. Contrastive, Corpus-based Studies*. Berlin/New York: de Gruyter Mouton, 277-321.
D'ACHILLE, Paolo & PROIETTI, Domenico & VIVIANI, Andrea. 2005. « La frase scissa in italiano: aspetti e problemi », in: D'Achille, Paolo & Korzen, Iørn. edd. *Tipologia linguistica e società. Due giornate italo-danesi di studi linguistici*. Firenze: Cesati, 249-279.
DE CESARE, Anna-Maria. 2012. « Riflessioni sulla diffusione delle costruzioni scisse nell'italiano giornalistico odierno a partire dalla loro manifestazione nei lanci di agenzia in italiano e in inglese », in: *Cuadernos de filología italiana* 19, 11-39.
DE CESARE, Anna-Maria. 2014. « Sui lanci di agenzia *online* in italiano e in francese. Costruzioni scisse a confronto », in: Garavelli, Enrico & Suomela-Härmä, Elina. edd. *Dal mano-*

scritto al web: canali e modalità di trasmissione dell'italiano. Tecniche, materiali e usi nella storia della lingua. Firenze: Cesati, 619-629.

DE CESARE, Anna-Maria & GARASSINO, Davide & AGAR MARCO, Rocío & BARANZINI, Laura. 2014. « Form and frequency of Italian Cleft constructions in a corpus of electronic news. A comparative perspective with French, Spanish, German and English », in: De Cesare, Anna-Maria. ed. *Frequency, Forms and Functions of Cleft Constructions in Romance and Germanic. Contrastive, corpus-based Studies.* Berlin/New York: de Gruyter Mouton, 49-99.

DE CESARE, Anna-Maria & GARASSINO, Davide, AGAR MARCO, Rocío, ALBOM, Ana, CIMMINO, Doriana. 2016. *Sintassi marcata dell'italiano dell'uso medio in prospettiva contrastiva con il francese, lo spagnolo, il tedesco e l'inglese. Uno studio basato sulla scrittura dei quotidiani online.* Frankfurt am Main: Lang.

DUFTER, Andreas. 2006. « Zwischen Kompositionalität und Konventionalisierung: Satzspaltung mit *c'est* im Französischen der Gegenwart », in: *Romanistisches Jahrbuch* 57, 31-59.

FORNACIARI, Raffaello. 1881. *Sintassi italiana dell'uso moderno.* Firenze: Sansoni.

FRISON, Lorenza. 1988. « Le frasi scisse », in: Renzi, Lorenzo. ed. *Grande grammatica italiana di consultazione.* Vol. I. Bologna: il Mulino, 194-225.

GIL, Alberto. 2003. « Zur Geschichte des Spaltsatzes und seiner strukturellen Varianten im Romanischen », in: Gil, Alberto & Schmitt, Christian. edd. *Aufgaben und Perspektiven der romanischen Sprachgeschichte im dritten Jahrtausend.* Bonn: Romanistischer Verlag, 195-217.

LAMBRECHT, Knud. 2001. « A framework for the analysis of cleft constructions », in: *Linguistics* 39, 463-561.

MCLAUGHLIN, Mairi. 2011. *Syntactic Borrowing in Contemporary French: A Linguistic Analysis of News Translation.* Oxford: Legenda.

METZELTIN, Michael. 2010. *Erklärende Grammatik der romanischen Sprachen.* Wien: Praesens.

MÜLLER-HAUSER, Marie-Louise. 1943. *La mise en relief d'une idée en français moderne.* Genève: Droz.

RENZI, Lorenzo. 2012. *Come cambia la lingua. L'italiano in movimento.* Bologna: il Mulino.

ROGGIA, Carlo Enrico. 2008. « Frasi scisse in italiano e francese orale: evidenze dal C-ORAL-ROM », in: *Cuadernos de filología italiana* 15, 9-29.

ROGGIA, Carlo Enrico. 2009. *Le frasi scisse in italiano. Struttura informativa e funzioni discorsive.* Genève: Slatkine.

ROGGIA, Carlo Enrico. 2012. « Frasi scisse in italiano antico: alcune proposte », in: Wehr, Barbara & Nicolosi, Frédéric. edd. *Historische Pragmatik und Syntax/Pragmatique historique et syntaxe.* Frankfurt am Main [u.a.]: Lang, 194-221.

SABATINI, Francesco. 1985. « *L'italiano dell'uso medio*: una realtà tra le varietà linguistiche italiane », in: Holtus, Günter & Radtke, Edgar. edd. *Gesprochenes Italienisch in Geschichte und Gegenwart.* Tübingen: Narr, 154-184.

SCARANO, Antonietta. 2003. « Les constructions de syntaxe segmentée : syntaxe, macro-syntaxe et articulation de l'information », in: Scarano, Antonietta. ed. *Macro-syntaxe et pragmatique. L'analyse linguistique de l'oral.* Roma: Bulzoni, 183-201.

SCHIAFFINI, Alfredo. 1937 [²1953]. « Aspetti della crisi linguistica italiana del Settecento », in: Schiaffini, Alfredo. ed. *Momenti di storia della lingua italiana.* Roma: Studium, 91-132.

TAGLIAVINI, Carlo. 1963. *Introduzione alla glottologia*. Pàtron: Bologna.
TELVE, Stefano. 2004. « La lingua dei libretti di Arrigo Boito fra tradizione e innovazione », in: *Lingua Nostra* 55, 16-30, 102-114.
VALENTINI, Ada. 2016. « L'apporto dei dati dialettali a una tipologia della struttura informativa: il caso delle frasi scisse in un dialetto italo-romanzo », in: Ledgeway, Adam & Cennamo, Michela & Mensching, Guido. edd. *Actes du XXVIIe Congrès international de linguistique et de philologie romanes*. Nancy: ATILF, 501-512.
WEHR, Barbara. 2011. « La phrase clivée en français : problèmes de description », in: Dufter, Andreas & Jacob, Daniel. edd. *Syntaxe, structure informationnelle et organisation du discours dans les langues romanes*. Frankfurt am Main [u.a.]: Lang, 189-214.

Operndeutsch und Opernfranzösisch. Zwei Sprachvarietäten im Spiegel normativ-präskriptiver Übersetzungskritik

Marco Agnetta (Saarbrücken)

En règle générale, la critique allemande de la première moitié du XXème siècle condamne toujours les traductions des livrets existantes. C'est seulement depuis quelques décennies que la traductologie descriptive s'est consacrée à l'objet en renonçant aux jugements destructifs si caractéristiques pour la théorie prescriptive. Établie par des auteurs qui se jugeaient être une nouvelle génération de traducteurs sur les traces de Richard Wagner, cette critique visait à détecter, dans les traductions désormais devenues obsolètes, toutes les erreurs de traduction et à promouvoir les propres traductions. Tout mépris se condense en un mot-clé omniprésent, celui de l'*Operndeutsch* qui, à partir de 1908, commençait à désigner une variété de langue dédaignable créée et employée par les traducteurs des livrets précédents. L'étude suivante se considère comme un premier essai de faire la lumière sur un terme certes souvent employé par la critique prescriptive, mais peu défini même par la recherche descriptive. En outre, nous nous poserons la question de savoir s'il y avait, dans l'imagination des critiques français contemporains, un équivalent de l'*Operndeutsch*, un *français opératique* juste autant stigmatisé par la critique inspirée des œuvres théoriques de Wagner.

1. Einleitung

Dem Ensemble der Wissenschaften, welche auf die Oper als gemeinsamen Untersuchungsgegenstand blicken, gesellt sich seit Ende des 20. Jahrhunderts auch die moderne Translations*wissenschaft* hinzu, die in der *theoretischen* Reflexion über interlinguale Librettoübersetzungen auf eine ungebrochene Traditionslinie zurückblicken kann.[1] Praxis wie Theorie des Librettoübersetzens sind, wie nämlich Schmusch (2009, 13) erinnert, „fester Bestandteil der Operngeschichte". Als solcher können sie von allen Disziplinen anerkannt werden, die sich der Oper in ihrer dia- und synchronischen Realität annehmen. Wenn Rudolph (2015, 431) also die

---

[1] Die vorliegende Studie unterscheidet mit Koller (1972, 42) in konsequenter Weise übersetzungs*wissenschaftliche* Ausführungen, die deskriptiven Interesses sind und sich des Instrumentariums der sich ab der Mitte des 20. Jahrhunderts bildenden Disziplin *Übersetzungswissenschaft* bedienen, von übersetzungs*theoretischen* Quellen, die über den Übersetzungsprozess reflektieren, den (wissenschaftlichen) Anspruch der modernen Translatologie jedoch womöglich sogar entbehren. Bei letztgenannten Texten ist es dabei oft nicht einmal von Relevanz, welcher Disziplin (Literatur-, Sprach-, Musikwissenschaft etc.) deren Urheber angehört.

interdisziplinären (oder zumindest gemeinsamen) Bemühungen zur Erforschung von Libretti zur *Librettowissenschaft* zusammenfasst, so können sich die Studien zur Librettoübersetzung selbstbewusst als einen wesentlichen Teilbereich derselben verstehen.

Grundlegend für jede philologische Beschäftigung[2] mit dem Libretto ist die Charakterisierung der spezifischen und komplexen Sprachvarietät ‚Opernsprache', die im Deutschen womöglich nicht im engen Sinne als ‚Fachsprache', aber aufgrund ihrer spezifischen sprachlichen Merkmale wohl mit dem m.E. etwas weiter gefassten englischen Pendant 'Language for Specific Purposes' bezeichnet werden kann. Vor allem die italienische und deutsche Sprachwissenschaft haben sich in den letzten Jahrzehnten daran gemacht, die Textsorte ‚Libretto' sowie das ‚Librettoidiom' des jeweiligen Ursprungslandes genauer zu charakterisieren und finden in der Studie Anja Overbecks (2011) einen wertvollen und auch für die translatologische Forschung auf diesem Feld richtungsweisenden Beitrag. Overbecks Abriss des Forschungsstandes stützt sich unterdessen auf die Beobachtung, gemäß der es sich als sehr schwierig gestaltet, über einige wenige „italophone[...] Veröffentlichungen [sc. aus den Jahren 1982–2005] hinaus [...] differenzierte Bewertungen des Librettoidioms zu finden" (ibid., 37). Uneingeschränkt mag dies allerdings nur für den genuin linguistischen und übersetzungs*wissenschaftlichen* Diskurs gelten.

Angefangen bei den kunsttheoretischen Schriften Richard Wagners finden sich seit der Mitte des 19. Jahrhunderts in einschlägigen übersetzungs*theoretischen* Texten (bzw. Textabschnitten) erstaunlich facettenreiche Charakterisierungen und Bewertungen des Librettoidioms. Auch sie zeichnen einige Umrisse und Schattierungen der hier interessierenden Sprachvarietät nach – meist aber, und das ist das unterscheidende Kriterium zu den seit den 1990er Jahren vorangetriebenen translatologisch-deskriptiven Studien zum Thema, mit einem präskriptiven Hintergedanken. Es ist vielleicht dieser stets wertende, als vor- oder „populärwissenschaftlich" (Overbeck 2011, 12, FN 17) angesehene Charakter der genannten Untersuchungen, der ihrer eigenen wissenschaftlichen Ausbeute auch heute noch

---

[2] Sprachwissenschaftliche Ansätze werden in der Diskussion darüber, welche Methoden eine zukünftige *Librettowissenschaft* anzuwenden hat, auffällig oft ausgeklammert (vgl. Rudolph 2015).

im Wege steht. Und diese würde die im genannten Zeitraum geäußerten Hypothesen zur zunächst globalen, dann linguistischen Charakterisierung des Librettoidioms zusammentragen und sie in einem weiteren Schritt anhand des exakten Werkzeugs der quantitativen und auf ihr aufbauenden qualitativen Analyse an rein vergleichend deskriptiven Ansprüchen messen.

Der vorliegende Beitrag will vor allem dem ersten dieser Schritte nachkommen[3] und einige sich in den Theorietexten aus dem Zeitraum zwischen 1850 und 1978 haltenden Topoi zur Librettosprachvarietät zusammentragen. Wie ersichtlich werden wird, treten ihre Verfasser meistens eher intuitiv und nicht selten auch voreingenommen an ihren Untersuchungsgegenstand heran. Im Vordergrund soll dabei die Charakterisierung des Operndeutschs und -französischs stehen.

2. Das Operndeutsch als defizitäre Sprachvarietät

2.1. Genese eines Topos

In den etwa zwischen 1900 und 1980 entstandenen normativ-präskriptiven Studien zum Librettoübersetzen wird das Librettoidiom noch nicht als konstant sich verändernde, dynamische Sprachvarietät beschrieben, derer sich Librettisten und Übersetzer der vergangenen Jahrhunderte bedient, die sie aber auch immer bereichert haben, sondern es werden vielmehr zwei subjektiv gefärbte Einschätzungen derselben gegeben: (1) Das sind zum einen Urteile über den stets kritisch beäugten, wenn nicht gar als Unsinn verworfenen Ist-Zustand der ‚Opernsprache' in ihrer jeweiligen Ausformung als ‚Operndeutsch', ‚Opernfranzösisch' oder ‚Opernitalienisch' und (2) zum anderen Urteile über die ideale (oder utopische?) Sprachvarietät, die den – wenn überhaupt – erst mit einer künftigen, höchst aufwendigen und gewissenhaften translatorischen (und u.U. literarischen) Tätigkeit erreichbaren Soll-Zustand darstellt. Angesichts der Subjektivität, mit der die Autoren die sprachlichen Merkmale herausgreifen, die dann als repräsentativ für den defizitären Ist- oder verfochtenen Soll-Zustand inszeniert werden, können die beiden meist im deutlichen Antagonismus zueinander tretenden Sprachvarietäten gewissermaßen als fiktive gelten.

---

[3] Eine umfangreichere Studie, die auch die anderen Schritte beinhaltet, befindet sich derzeit in Vorbereitung.

Die Opernsprache als minderwertige Sprachvarietät einerseits und als fast unerreichbares Ideal andererseits scheint es vor allem im Rahmen übersetzungstheoretischer Reflexion und genauer in den mitunter vernichtenden Urteilen der Übersetzungskritiker der ersten Hälfte des 20. Jahrhunderts zu geben. Opernsprache, namentlich im Falle des ‚Operndeutschs', wird zum Begriff für sämtliche zielsprachliche Texteigenschaften, die in den Augen des jeweiligen Kritikers aus einer nicht gelungenen Übersetzungsleistung hervorgehen. Mit anderen Worten: Operndeutsch ist das, was bei der Übersetzung von fremdsprachigen Libretti ins Deutsche ‚schief gelaufen' ist.

Einander entgegengesetzt werden ein als mangelhaft angesehenes Ist und ein anzuvisierendes Soll bereits im programmatischen Titel der vielzitierten kunsttheoretischen Schrift Richard Wagners, *Oper und Drama* (1852), mit der dieser bekanntermaßen eine Reform zunächst des deutschen Opernwesens anstrebte. In ihr finden sich zahlreiche Passus zur Charakterisierung jenes Gebildes, das Wagner so verhasst war und dem er das *Drama* als Zukunftsvision gegenüberstellte: die *Oper*, geschaffen nach traditionellem italienischen oder französischen Muster, in welcher der ruhmsüchtige Komponist klare Oberhand hatte und dem Librettisten „diese banalen, nichtssagenden Phrasen" (1852, 33) diktierte, die für die Oper so konstitutiv zu sein scheinen:

> Das bloß Rhetorische, phrasenhaft Stereotype in seinem Ausdrucke war für den Dichter eine Pflicht, denn auf diesem Boden allein konnte der Musiker Raum zu der ihm nötigen, in Wahrheit aber gänzlich undramatischen, Ausbreitung erhalten. [...] Er *übersetzte* daher, strenggenommen, eigentlich auch nur das Drama in die *Opernsprache*, so daß er meistens sogar nur längst bekannte und auf der Bühne des gesprochenen Schauspieles bis zum Überdruß bereits dargestellte Dramen für die Oper bearbeitete [...]. (Wagner 1852, 33f.; Hervorhebungen M.A.)

Die pejorative Bedeutung des Terminus ‚Opernsprache' und die Entstehung dieser Sprachvarietät als Ergebnis einer ästhetisch nicht haltbaren (wenn auch zunächst nicht interlingualen) Übersetzungsleistung[4] ist daher mit hoher Wahrscheinlichkeit auf Wagner zurückzuführen. ‚Opernsprache' im negativen Sinne ist bei ihm aber zunächst jede Sprache bzw. Sprachvarietät, die dem Drama der Zukunft nicht angemessen ist. Darunter fallen Wagner zufolge auch das Italienische und Französische:

---

[4] Schreiber (1993) würde eher von intra- oder interlingualer Bearbeitung sprechen. Punktuell findet sich der Terminus „Veroperung" (Zander 1985, 188) eines gegebenen Stoffes.

> Überblicken wir nun die Sprachen der europäischen Nationen, die bisher einen selbsttätigen Anteil an der Entwickelung des musikalischen Dramas, der Oper, genommen haben – und diese sind nur Italiener, Franzosen und Deutsche –, so finden wir, daß von diesen drei Nationen nur die deutsche eine Sprache besitzt, die im gewöhnlichen Gebrauche noch unmittelbar und kenntlich mit ihren Wurzeln zusammenhängt. [...] von allen modernen Opernsprachen ist nur die deutsche befähigt, in der Weise, wie wir es als erforderlich erkannten, zur Belebung des künstlerischen Ausdruckes verwandt zu werden, schon weil sie die einzige ist, die auch im gewöhnlichen Leben den Akzent auf den Wurzelsilben erhalten hat, während in jenen der Akzent nach unwillkürlicher naturwidriger Konvention auf – an sich bedeutungslose – Beugungssilben gelegt wird. (ibid.)

In konsequenter Weise wirft Wagner auch in der späteren Korrespondenz mit Judith Gautier, die wohl aus eigenem Antrieb die Übersetzung von dessen *Parsifal*s in Angriff nahm, die Frage auf, ob das Französische überhaupt den Sinn seiner Dichtung zu übermitteln in der Lage sei. Gautier erinnert sich im Epilog (« Histoire d'une collaboration ») zu ihrer 1914 gedruckten *Parsifal*-Übersetzung: « Oh ! Si vous saviez, m'écrivait-il, combien cela est impossible de rendre le moindre sens de cette poésie dans votre langue si conventionnelle ! » (Gautier 1914, 84) Auch das Urteil über Gautiers fertiggestellte Übersetzung hält sich im gleichen Ton: « Le Bon Dieu donne, s'écria-t-il, qu'enfin les querelles traductionnelles, à cause du pauvre *Parsifal,* se passent. Croyez-moi, tout cela ne vaut pas de tant de peine. » (ibid., 88)

Erst in Folge weiterer, meistens ex negativo geschehender Charakterisierung der Soll-Sprachvarietät kommt Wagner wiederum in *Oper und Drama* auf die Ergebnisse misslungener, diesmal explizit interlingualer Übersetzungsleistungen zu sprechen, die das Bild eines Soll-Operndeutschs nachhaltig trübten. Zu der gängigen Opernpraxis merkt er an:

> Bei diesen Übersetzungen [sc. aus dem Italienischen und Französischen] ist nie weder ein dichterischer noch musikalischer Verstand tätig gewesen, sondern sie wurden von Leuten, die weder Dichtkunst noch Musik verstanden, im geschäftlichen Auftrage ungefähr so übersetzt, wie man Zeitungsartikel oder Kommerznotizen überträgt. (Wagner 1852, 374)

Durch solche Produkte schufen Übersetzer über Jahrzehnte einen eigenen Zeichenfundus, eine Sub-*Norm*, wenn man so will, aus der – so Wagner – zum Leidwesen des deutschen Kunstbetriebs deutschsprachige Opernkomponisten sich bei Neukompositionen zu schöpfen veranlasst sahen. Wagner schreibt:

> Von jeher ist die deutsche Sprache von deutschen Komponisten nach einer willkürlichen *Norm* behandelt worden, die sie von der Sprachbehandlung entnahmen, wie sie sie in den

Opern der Nation vorfanden, von der die Oper als fremdes Produkt zu uns übergesiedelt worden ist. [...] In neuesten Zeiten ist von deutschen Opernkomponisten geradesweges der *aus den Übersetzungen herrührende*, sprachbeleidigende Tonakzent *nachgeahmt* und als eine *Erweiterung des Opernsprachvermögens* beibehalten worden [...]. (Wagner 1852, 377f.; Hervorhebungen M.A.)

Mitte des 19. Jahrhunderts ist das Operndeutsch also schon als defizitärer Zeichenfundus beschrieben, der durch mangelhafte Übersetzertätigkeit konstituiert und tradiert wird. Der ‚Operndeutsch'-Stempel, den spätere Übersetzungskritiker ihnen missfallenden Formulierungen aufdrückten, findet hier seinen ersten Einsatz. Noch Honolka bezieht sich auf diesen Fundus sanktionswürdiger Verdeutschungskonventionen, wenn er sie als „opernnormal" (1978, 82) oder „operndeutsche Tradition" (ibid., 100) bezeichnet und in bestimmten Translaten des 20. Jahrhunderts eine korrigierende „Anti-Tradition" erkennt (ibid., 58).

Auf solch eine Antitradition spielt die zweite Bedeutung des Terminus ‚Opernsprache' an, der in Wagners Ausführungen manchmal doch positiv konnotiert auftritt und mit dem er jene ideale Sprachvarietät in Aussicht stellt, die als „allgemeine" (Wagner 1852, 68) oder „moderne Opernsprache" (ibid., 373) gänzlich anderen Ansprüchen genügt als die traditioneller *Opern*texte. Indem der Ist- und der Sollzustand gleichermaßen durch das eine Kompositum ausgedrückt werden, wird die Haltung Wagners offenbar, der den erstgenannten durch den zweiten restlos ersetzt wissen wollte. Oft spricht Wagner aber auch von „Dichtungen", wenn er auf das textliche Element des idealen Kunstwerks Bezug nimmt, das ihm so lange vorschwebte und dem er sich nach eigener Auskunft erst allmählich und endlich mit *Der Ring des Nibelungen* und *Parsifal* genähert hat.

Einen Beitrag zur Charakterisierung der Opernsprache liefert nach Wagner auch Richard Batka, der im ersten Jahrgang der 1909 gegründeten Österreichischen Zeitschrift für Musik und Theater *Der Merker* eine wenige Seiten umfassende Reflexion mit dem Titel „Opernitalienisch und Operndeutsch" verfasste. Als Urheber des in der Folgezeit beliebten Kompositums darf er indes kaum gelten, stellt doch das „skandalöse [...] Operndeutsch" schon zu seiner Zeit eine „berüchtigte" Sprachvarietät dar (Batka 1909, 103). Diese ist bei ihm aber mit einem Vergleich aussagekräftig umrissen, wenn er bemerkt, dass „die Verdeutschungen der fremden Operntexte, wie leider zugegeben werden muß, so schlecht sind, daß jede Aufführung einer Prügelstrafe für das Sprachgefühl des Publikums gleichkommt" (ibid., 102), und daher unbedingt einer Textrevision bedürfen. Bei Batka bleibt der Verweis auf Wagner nicht aus, wenn er über die Güte der zeitgenössischen Übersetzungen urteilt: „Durch die ganze Breite des ausländischen Repertoires stehen bei uns, durch Wagner Geschulten, leider Übersetzungen in Gebrauch, die ungeratene Kinder einer sorgloseren, minder empfindlichen Zeit sind." (ibid., 102) Tatsächlich ist der Wagnerbezug in nahezu allen Studien enthalten, die man dem normativ-präskriptiven Theorieparadigma zurechnen würde.

Auch Gustav Brecher ist ausgewiesener Wagnerianer (Brecher 1911, 4 et passim). Der Autor der ersten umfangreichen Studie zur Librettoübersetzung verwendet den Terminus ‚Operndeutsch' zwar nicht, umreißt aber schon jene Phänomene, die in seiner Nachfolge dieses Etikett verliehen bekommen. Er macht dabei nicht nur die „rein sprachlichen Ungeschicklichkeiten und Geschmacksverirrungen der Übersetzungen" (ibid., 3) aus, sondern führt diese auf einen regelrechten Bearbeitungswillen ihrer Urheber zurück. Seine Charakterisierung Ernst Heinemanns als kühnen „Übersetzer-Poeten" (ibid., 17, 43) beispielsweise ist eine eindeutig abschätzige, denn „Poeten" führen ihm zufolge in diesem Kontext nichts anderes als „entstellende Übersetzungen" (ibid., 4, Anm. 1), „willkürliche Abänderung des Originaltextes" (ibid., 40) und wagemutige „Neuschöpfungen" (ibid., 43) herbei. Honolka (1978, 48) spricht in ähnlichem Kontext von „pseudopoetischen" Anwandlungen. Der Übersetzer, so die Meinung dieser Autoren, hat keineswegs Literat zu sein.

2.2. Sprachliche Merkmale des Operndeutschs

In den normativ-präskriptiven Ausführungen der Kritiker deutscher Librettoübersetzungen, die selbst oft zu legitimierende Übersetzungen liefern, wird das ‚Operndeutsch' zu einer Sprachvarietät, die den jeweils selbst priorisierten translatorischen Forderungen zuwiderläuft. Würde man anhand dieser theoretischen Schriften und Translate die dem Übersetzungsprozess jeweilig zugrunde liegende Invarianzhierarchie (vgl. Schreiber 1993) herausarbeiten, so würde alles das als Operndeutsch klassifiziert erscheinen, was von dieser abweicht. Anheisser (1938, 3) spricht in seinen Ausführungen in diesem Sinne von „Gegenbeispielen", Honolka (1978, 98) von „Antiexempeln". Der Begriff ‚Operndeutsch' scheint also, wie bereits Kaindl (1992, 59) bemerkt, zum „Schlagwort" für alle zieltextlichen Merkmale einstehen zu müssen, welche die Kritiker als translatorische Negativbeispiele klassifizieren. Diese stellvertretende Funktion, dieses Einstehen eines eindeutig negativ konnotierten Begriffes für den dadurch mehr oder weniger verschleierten ‚eigentlichen' Sachverhalt teilt das Wort ‚Operndeutsch' mit dem großen Metapherninventar, welches ebensolche Theorien zum Librettoübersetzen bemühen (vgl. Agnetta 2015). Die Produkte der Übersetzungsleistung als willkürliche Bearbeitungen anzusehen und die Stützung (oder Ersetzung) der Argumentation durch manipulierende Metaphern und Schlagworte sind konstitutive Merkmale eines nicht rein deskriptiv ambitionierten Theorieparadigmas.

Wenn also Übersetzungen, so die globalen Forderungen der Kritiker, verständlich, natürlich bzw. zielkulturell angemessen, sangbar usf. sein sollen, so entspricht die Opernsprache, wie sie angeprangert wird, diesen Forderungen eben nicht. Nach diesem Muster ließen sich die Merkmale des Operndeutschs leicht in zunächst folgenden grundlegenden Antithesen zusammenfassen:

2.2.1. Das Operndeutsch ist nicht verständlich

Wenn Batka die sanktionswürdige Sprachvarietät ‚Opernitalienisch' als unverständlich kritisiert, so nicht deswegen, weil sich eine italienische Originaloper dem Großteil des deutschen Publikums aufgrund deren mangelnder Fremdsprachenkompetenz verschließt. Angeprangert wird vielmehr die Unverständlichkeit, die dort entsteht, wo die Korrespondenz zwischen der Sprache und den textlich motivierten Gebärden während der Aufführung einer Oper durch fremdsprachig nicht geschulte Sänger getrübt oder nicht mehr gegeben ist:

> Im ‚Othello' war es beinahe komisch zu beobachten, wie unseren Sängern trotz des fremden Textes, den sie pflichtgemäß papageiten, doch immer die gewohnte, deutsche Version als geistiger Leitfaden diente, so daß ihre Mimik und Gebärdensprache oft auf ganz andere Worte einsetzte als auf die entsprechenden italienischen. (Batka 1909, 101f.)

Die Unverständlichkeit basiert hier auf einer vom aufgeführten Text verschuldeten Möglichkeit zur Fehlinterpretation der anderen, im Übersetzungsprozess in der Regel unberührt zu belassenden Zeichenstrukturen der Oper, sei es wie im obigen Beispiel das szenische, sei es wie im folgenden das musikalische Element. In solchen Fällen sieht sich, um einen neuen Terminus einzuführen, die ursprünglich gegebene *synsemiotische Korrespondenz* zwischen sprachlichen und nichtsprachlichen Strukturen in der – ob nun in einer Fremdsprache oder von fremdsprachlich nicht geschulten Akteuren – aufgeführten Oper aufgehoben. Bei der Besprechung eines Beispiels aus der gängigen Übersetzung von Mayerbeers *Les*

Huguenots und der Vorstellung einer eigenen, provisorischen Übersetzungslösung weist Batka (1909, 103f.) polemisch darauf hin,

> wie die Gliederung der Melodie mit jener der Wortsprache gar nicht zusammenstimmt! Welche irrsinnige Interpunktion müßte man der Rede geben, wenn man sie der musikalischen Phrasierung gemäß bezeichnen wollte! Die neue, rasch entworfene Version ist gewiß kein Meisterstück. [...] Aber sie schildert doch in einfacher, *verständlicher* Weise den Hergang an Stelle des gespreizten *Kauderwälsch*, das Raoul gewöhnlich zum Besten gibt. (Hervorhebungen M.A.)

Auch Honolka (1978, 33) verficht aus Gründen des synsemiotischen Nachvollzugs und der Verständlichkeit die kompromisslose Platzierung von zielsprachlichen Schlüsselwörtern unter die Noten des Originalausdrucks. Brecher (vgl. 1911, 12) kürt die Forderung nach Wörtlichkeit sogar zur wichtigsten Invariante des ‚Opernübersetzens'. Die mangelnde Übereinstimmung von sprachlicher und musikalischer Linie, die der Übersetzer durch Phrasierungsfehler hervorruft, hat auch ihm zufolge die „Unverständlichkeit der Melodie, Verzerrung des textlich-musikalischen Gefüges, Störung der künstlerischen Logik und inneren Notwendigkeit" (ibid., 27) zur Folge. Mehr noch: Die durch eine translatorische Fehlleistung verschobene Ton-Wort-Beziehung zieht, so führt Brecher provokant aus, eine solche Unverständlichkeit nach sich, dass man „ja ebenso gut plötzlich setschuanisch oder patagonisch" (ibid.) singen könnte. Auf diese Weise teilt die ‚operndeutsche Oper', obwohl sie dem Publikum rein von der Sprache her verständlich sein müsste, ihr Schicksal mit der fremdsprachig aufgeführten Oper. Stellenweise wird dem Operndeutsch also sogar der Status als Sprache abgesprochen, handelt es sich doch in den Augen Batkas hierbei lediglich um ein „lächerliches, sprachwidriges Gestammel" (Batka 1909, 104).

2.2.2. Das Operndeutsch ist nicht natürlich

Wie die ‚Verständlichkeit' ist auch die ‚Natürlichkeit' eine jener auffälligen Instanzen, an die Wagner (1852, passim) und die sich auf ihn berufende präskriptive Theorie zur Librettoübersetzung stets appellieren, wenn deutsche Opernproduktionen bzw. -adaptionen auf dem Spiel stehen. Gerade bei den letztgenannten wird aber klar, dass sich die Forderung nach Natürlichkeit umso problematischer herausstellt, je vager diese begriffen und je resoluter sie gleichzeitig den Übersetzern als Leitlinie für den Übersetzungsprozess aufgezwungen wird. Oft verschweigen nämlich die Autoren, wie genau sich die Natürlichkeit im Text niederzuschlagen hat. Ist damit die Idiomatizität im Sinne der Alltagssprache gemeint? Hier müsste man fragen, ob das Original sich überhaupt nach ebendieser Forderung richtet, denn wie Pfister (1977/¹¹2001, 171f.) bereits nahelegt, ist eine gekünstelte und den Regeln der Idiomatizität womöglich widersprechende Theatersprache eine legitime (weil historisch relevante) gestalterische Konzession auf der Ebene des äußeren Kommunikationssystems zwischen Autor und anvisiertem Publikum. Diese Problematik klingt immer dort an, wo die Kritik dem Übersetzer eine übertrieben geschwollene, pseudopoetische Ausdrucksweise bescheinigt (s.o.). Dies drückt sich auch in manchem Synonym für das Operndeutsch aus, wie „Buchdeutsch" (Anheisser 1938, 143), „Literatendeutsch" (Honolka 1978, 52) und „Papierdeutsch" (Anheisser 1938, 221; Honolka 1978, 128). Geschwollenen und pseudopoetischen Formulierungen fungiert die „Blässe des Ausdrucks" als gegensätzliches Extrem, die den Charakteren und der Handlung zu wenig Profil verleiht (vgl. Anheisser 1938, 141; Wodnansky 1949, 151; Honolka 1978, 31).

Operndeutsch entsteht außerdem auch dort, wo die Übersetzung in den Augen der Kritiker eine unpassende diatopische, diastratische oder diaphasische Sprachvarietät bemüht und damit Einbußen in dem verbucht, was von den jeweiligen Kritikern als ‚natürliche' (im Sinne von ‚angemessene') Ausdrucksweise der handelnden Charaktere akzeptiert werden würde. Damit sind auch Wendungen gemeint, die in der Ausgangskultur, nicht aber ‚zielkulturell' als angemessen und deswegen gewissermaßen als Interferenz gewertet werden müssen.

Die Unangemessenheit der von Übersetzern gewählten diastratischen und diaphasischen Variation prangert Brecher folgendermaßen an:

> Ohne Not werden ganz neue Inhalte eingeführt, die in gar keiner Beziehung zur Musik stehen, ja, ihr geradezu widersprechen und, was ebenso schlimm ist, schon an und für sich betrachtet, meist eine fade Abschwächung ins Papierne oder eine Vergröberung ins Plump-Derbe bedeuten, Einfachstes möglichst geschwollen ausdrücken, manchmal gar dem Sinn und der Situation ins Gesicht schlagen. (Brecher 1911, 12f.)

Überhaupt postuliert Brecher „eine schlichte Natürlichkeit und Sachlichkeit" (ibid., 69) als ein Grundideal der Librettoübersetzung. Batka endlich wird es „ewig rätselhaft erscheinen, wie es möglich ist, solche Standwerke in größeren Städten jährlich so und so oftmal auf einen von teils albernen, teils undeutschen Wendungen geradezu wimmelnden Text vorzuführen" (1909, 102f.). Welche Ironie, eine Sprachvarietät „Operndeutsch" zu nennen, die aus vielen „undeutschen Wendungen" besteht.

Konsequenz solcher Übersetzungsverfahren ist letztlich wieder die Unverständlichkeit des Ausdruckes. Dies unterschreibt auch Wagner im dritten Teil von *Oper und Drama*, indem er beobachtet, dass in vielen Translaten z.B. der Einfügung von Endreimen „zuliebe auch die *natürliche* Stellung der Worte bis zur vollsten *Unverständlichkeit* verdreht worden" sei (Wagner 1852, 374; Hervorhebungen M.A.). Damit ist das konkrete sprachliche Phänomen der syntaktischen Inversion angesprochen, das nach Honolka (1978, 34) „das vielzitierte ‚Operndeutsch' so üppig sprießen ließ".

2.2.3. Das Operndeutsch ist nicht singbar

Als Diener zweier Herren, das sind der Librettist zum einen und der Komponist zum anderen, schafft der Übersetzer Translate zwangsläufigen Kompromisscharakters. Honolka (1978, 31) schreibt unter Verwendung aussagekräftiger Bilder: „Immer muss sich der Opernübersetzer zwischen der Scylla der Verfälschung und der Charybdis hölzernen, unsangbaren, blassen oder schwülstigen Operndeutschs hindurchlavieren [...]." Auch der Maxime des singbaren, also mit dem Stimmapparat gesanglich überhaupt reproduzierbaren und dann auch noch sanglichen Textes geht also das Operndeutsch entgegen.

2.3. Das ‚Opernfranzösisch'

Während die übersetzungstheoretischen Reflexionen deutschsprachiger Autoren bis weit in das 20. Jahrhundert hinein durchweg Ergebnis einer Sanktionen verhängenden, normativ-präskriptiven Tendenz sind, findet man in Frankreich bereits zum Ausgang des 19. Jahrhunderts (zumindest in der Theorie) erstaunlich differenziertere Einschätzungen über die Möglichkeit und Unmöglichkeit des Librettoübersetzens. Sie lassen sich mit der Vorgehensweise und dem Anspruch einer deskriptiven Übersetzungswissenschaft, wie sie seit etwa der Hälfte des 20. Jahrhunderts verbindlich geworden sind, weitgehend in Einklang bringen.

Édouard Dujardin beispielsweise gewährt im Gegensatz zu den deutschen Theoretikern eine differenziertere Herangehensweise, wenn es darum geht, die sprachlichen Wesensmerkmale diesmal der Wagnerischen *Dramen* in den französischen Übertragungen zu bestimmen. Mit der Charakterisierung zweier möglicher „systèmes de traduire", nämlich der „traduction vulgarisatrice" einerseits und der „traduction littérale" andererseits, greift er in den Vorbemerkungen zu seiner Übersetzung der ersten Szene des *Rheingold* (1885, 257) eine Unterscheidung auf, die in der Übersetzungswissenschaft für gewöhnlich mit der Dichotomie „einbürgerndes" vs. „verfremdendes" Übersetzen bezeichnet wird (vgl. z.B. Schreiber 1993, 73ff.) und die auf Schleiermachers berühmter Vorlesung „Ueber die verschiedenen Methoden des Uebersetzens" zurückführbar ist (vgl. Schleiermacher 1813/1963). Die „traduction vulgarisatrice" entspricht dabei der einbürgernden Übersetzungsmethode, bei der ein Übersetzer Folgendem nachzukommen hat: « Assimiler une œuvre étrangère au génie de ses compatriotes ; la montrer claire ; l'expliquer en même temps que la traduire ; la rendre aisément intelligible ; de spécialement allemande la faire française. » (Dujardin 1885, 257) Die zweite Übersetzungsmethode, die „traduction littérale", stimmt mit der verfremdenden, weil ausgangskulturelle Eigenarten des Originallibrettos wahrenden Alternative überein. Die Ansprüche bemessen sich bei dieser Methode nach folgenden Maximen:

> Conserver à l'œuvre son caractère national, historique et idiomatique ; lui laisser ses qualités étranges ou répulsives ; négliger le souci de tout éclaircissement, – toute amélioration ; traduire simplement le mot par le mot ; rester allemand avec des mots français, garder en les phrases françaises l'œuvre allemande [...]. (ibid.)

Trotz oder gerade wegen des zwischen den beiden Übersetzungsmethoden bestehenden „Antagonismus" (Dujardin 1886, 142) sind diese nicht nur gleichermaßen legitim, sondern entsprechen jeweils einer eigenen Notwendigkeit: Die einbürgernde Übersetzung fungiert als effizientes Verbreitungsmittel und strebt eine breite Akzeptanz in der Zielkultur an (« cela servira pour une très grande expansion de l'œuvre » (Dujardin 1885, 257)), während die verfremdende Übersetzung dem kunstbeflissenen Opernkenner dazu dient, das Werk vollkommen zu durchdringen (« cela à quelques uns servira pour pénétrer en l'œuvre » (ibid.)).

Nun entscheidet die gewählte Übersetzungsmethode letztlich über den dem Übersetzer zur Verfügung stehenden Zeichenfundus und bestimmt damit auch die (sprachlichen) Merkmale des Translats. Die einbürgernde Methode strebt keine Übernahme der sprachlichen Eigenarten der deutschen Originaldichtung an, wie Dujardin an der beispielhaften „traduction vulgarisatrice" von M. Wilder anmerkt:

> [S]a traduction est exacte de sens ; elle est écrite littérairement ; elle est claire, tellement que les Allemands qui ne comprendront point des vers de LA WALKURE en chercheront l'intelligence en LA VALKYRIE ; au lieu des mots inusités, inventés ou renouvelés, du texte allemand, les mots sont ordinaires ; la grammaire, traditionnellement correcte, n'a rien des insolites complications de la grammaire Wagnérienne ; la métrique Wagnérienne est

abandonnée pour l'usuelle versification des poèmes dramatiques français, – le vers rimé (nécessaire à une œuvre populaire), non allitéré, coupé selon le goût français non correspondamment au vers allemand ; c'est une francisation de ces œuvres formidablement différentes, une simplification d'elles qui les popularisera, et, éminemment, une vulgarisation. (ibid., 257f.)

Dem französischen (und womöglich sogar einem deutschen) Zuhörer oder Leser einer „traduction vulgarisatrice" soll der Inhalt der Wagnerischen Dichtung unmittelbar zugänglich und mühelos verständlich sein; fast erschließt sie sich ihm intuitiv. In allen möglichen Punkten passt sie sich den zielkulturellen Konventionen an, sodass sie den Franzosen letztlich ein französisches Kunstwerk ist. Darüber hinaus ist es die hier beschriebene Methode, die dem Übersetzer jene Lizenzen zu erteilen in der Lage ist, die für eine singbare, d.h. simultan mit der Musik vortragbare Übersetzung so unabdingbar sind (vgl. ibid., 257). Erst in einer späteren Anmerkung beschreibt Dujardin die Möglichkeit, auch über den ‚Umweg' einer vorhergehenden verfremdenden Übersetzung zu einer „traduction rhythmique musicale" zu kommen, die aber wiederum Opfer in der mit dieser Methode eigentlich angestrebten Genauigkeit („sacrifices de l'exactitude") voraussetzt (vgl. ibid., 258, Anm. 1).

Im Gegensatz zur einbürgernden Übersetzungsmethode hat die „traduction littérale", wie sie Dujardin propagiert, wo immer dies denn möglich sei, die unbedingte Übernahme auch sämtlicher sprachlicher Merkmale der deutschen Dichtungen Wagners ins Französische zu verfolgen:

[I]l faut la traduction littérale. [...] l'entière concordance du mot sous le mot, de l'archaïsme sous l'archaïsme, du néologisme sous le néologisme, de l'expression contournée, obscure, bizarre, sous l'expression contournée, obscure et bizarre, d'une phraséologie françaisement allemande sous la phraséologie du langage allemand : chaque mot allemand scruté dans ces primitives racines et rendu par l'équivalent français également scruté, – oui, la traduction des mots suivant leur originelle et étymologique signification, rigoureuse ; et, nettement délimité, amené à son ordre, chaque vers, portant son accent propre, une vie et une puissance spéciales, spéciales à lui ; et, encore, – si cela est possible, – l'allitération et le rhythme [sic] des syllabes reproduits, l'aspect sonore du vers [...] ; le décalque, en mots français, des mots Wagnériens... (ibid., 258)

Nicht unwichtig resultiert bei Dujardin die zeitliche Komponente. Denn während er 1885 die einbürgernden französischen Übersetzungen der musiktheatralischen Werke Richard Wagners zeitnah vollendet sieht, sei die „traduction littérale" derselbigen längerfristige Zielsetzung der Wagnertranslatoren (vgl. ibid.). Angesichts der erklärten Legitimität beider Übersetzungsmethoden zeugen Dujardins

Bemerkungen von einem ausgeprägten kulturpolitischen Einfühlungsvermögen, wo doch der Erfolg des angestrebten Kulturtransfers an der chronologischen Abfolge von zunächst einbürgernden, Akzeptanz anstrebenden und (schon alleine aufwandbedingt) erst dann verfremdenden Übersetzungen mit ihren „qualités étranges ou répulsives" (ibid., 257) liegt. Den Franzosen, ja sogar so manchem Deutschen, könne die „gloire Wagnérienne" überhaupt erst durch einbürgernde französische Übersetzungen zugänglich gemacht werden. Und dennoch stellen solche Translate „œuvres formidablement différentes" dar, die aus einer Simplifikation und Vulgarisation des Originals resultieren. Eine wirklich tief gehende Kenntnis („une intime connaissance" (ibid., 258)) sei nur mit der unpopulären verfremdenden Übersetzung zu erlangen.

Diese grundlegende Unterscheidung der von Grund auf verschieden motivierten Übersetzungsmethoden will Dujardin den Lesern der *Revue Wagnérienne* einleuchtend erklärt wissen, bevor er ihnen gleichsam als Geschmacksprobe („épreuve" (ibid., 258)) die „traduction littérale" der ersten Szene von Wagners *Rheingold* darlegt. Endlich bewähren sollte sich die verfremdende Übersetzungsmethode – so lassen es die prägnanten und um Gunst werbenden letzten Sätze der Vorbemerkungen zur eigenen „traduction rhythmée" verlauten – mit dem ambitionierten Unterfangen („énorme travail" (ibid.)) einer verfremdenden und singbaren französischen Übersetzung der Wagnerischen Tetralogie. Ambitioniert ist dieses Unterfangen dabei nicht nur gemessen am Aufwand, sondern überhaupt auch an dessen Realisierbarkeit. Erst einmal als notwendig erklärt, erlangt die „traduction littérale" mit ihren Maximen der unveränderten Übernahme aller möglichen sprachlichen Merkmale den Charakter einer Utopie: « Hélas ! de cette condition, presque constamment, est une impossibilité ! » (ibid., 258, Anm. 1). Und auch später spricht Dujardin (1886, 141) von einer « traduction rêvée, celle de l'exacte et totale équivalence ». Wieso sich also dieser „terrible tâche" (ibid., 139) widmen, so könnte man fragen, wenn die Utopie per definitionem unerreichbar bleiben muss? Dujardin (ibid., 142) stellt bei der Beantwortung dieser Frage einen Mehrwert („l'objet précieux") in Aussicht, nämlich die bereits oben erwähnte vollständige Durchdringung der Wagnerischen Werke (ibid., 143). Der Utopie einer singbaren verfremdenden französischen Übersetzung gilt es sich deshalb, so seine Überzeugung, soweit als möglich zu nähern, wenn jene auch nicht – wie dies bei den einbürgernden Übersetzungen der Fall ist – mit übermäßiger Akzeptanz und großem Erfolg bei der breiten Zuhörerschaft rechnen kann (« le succès, que jamais arrivera » (ibid., 142)).

Bei Dujardin finden sich also auch zwei Ausformungen der Opernsprache, die sich allerdings der eindeutigen Wertung entziehen. Es gibt keine sanktionswürdige Opernsprache, kein negativ konnotiertes ‚Opernfranzösisch'. Was Dujardin 1886 an der Übersetzung des ersten Aktes der *Walküre* von M. La Fontaine kritisiert, ist nicht so sehr die sprachliche Ausgestaltung, sondern vielmehr die Tatsache, dass dieser mit seiner einbürgernden Übersetzung dem bereits existierenden Translat von M. Wilder eine weitere Version dieses Typus dazugesellte, anstatt die offensichtlichen Mühen („années assidues"; „consciencieux ouvrier" (ibid., 139)) auf eine noch nicht existente singbare „traduction littérale" zu verwenden. Mit einer für diese Zeit ungewöhnlichen kulturpolitischen Weitsicht gesteht Dujardin beiden Übersetzungsmethoden ihre Legitimität zu, wenn er auch das verfremdende Übersetzen als edlere, ungleich aufwendigere Leistung sowohl des Translators als auch des um vollständigen Nachvollzug bemühten Rezipienten ansieht.

Der Reflexionsgrad einer solch fundierten und zumindest in der Theorie toleranten Studie bleibt bei Judith Gautier zwar unerreicht. Dennoch zeugen die translationspoetologischen Notizen der Autorin der mehrfachen Textbuchübersetzungen von Wagners *Parsifal* ebenso vom entschlossenen Vorhaben, Wagners musiktheatralische Werke in Frankreich in der Qualität verbreitet zu sehen, wie sie dem Dichter gebührt (vgl. Gautier 1914, 84). Von der generellen Übersetzbarkeit der Wagnerischen Dramen überzeugt (vgl. ibid., 84f.), unterscheidet Gautier notwendigerweise hinzunehmende singbare Übersetzungen, deren Qualität aufgrund der Übereinstimmung mit den musikalischen Strukturen große Einbußen verbucht, und treue, gänzlich von der Musik losgelöste, dafür stilistisch aber einwandfreie Übersetzungen:

> Je voulais ne pas traduire tout d'abord le poème sur la musique comme on le fait d'ordinaire, et c'est là pour le poète une insigne trahison. Les auteurs de cette félonie sont, il est vrai, excusables, ou du moins ils s'excusent, leur forfait commis, en des préfaces larmoyantes où ils cherchent à se faire pardonner l'obscur charabia dans lequel les a entraînés le respect de l'accent musical. // Ah ! l'accent musical ! Ses exigences sont vraiment terribles ! Qu'importent la pensée poétique, l'élégance du style, l'expression choisie ? Tout cela ne signifie rien pourvu que l'accent tombe bien, en musique, sur les temps fort et les temps faibles ! La difficulté est grande certainement d'accorder la traduction exacte

avec la musique ; invincible, je ne le crois pas. Mais admettons qu'elle le soit. Eh bien, résignons-nous, chantons le charabia puisqu'il le faut ; mais par grâce ne le livrons pas en brochure au public, donnons-lui au contraire une traduction parfaite, indépendante de la musique, et qui rende au poète ce qui lui est dû. (ibid., 83f.).

Die Gleichzeitigkeit von dem hier wieder negativ charakterisierten ‚Opernfranzösisch' und einer Dichtersprache, die der Wagners gerecht werden soll, wird zwar notwendigerweise toleriert; letztgenannte soll allerdings zu Ungunsten der zum gesanglichen Vortrag adäquaten, sonst aber defizitären Sprachvarietät bei der Verbreitung des Werkes in französischer Sprache begünstigt werden.

3. Fazit

Die Frage nach den (tatsächlichen und erwünschten) Charakteristika des Librettoidioms ist stärker mit translatorischen Fragen verknüpft, als gemeinhin angenommen wird – eine Erkenntnis, die allerdings nicht immer schmeichelhaft für die Translationstheorie ausfällt. Seit Wagner und Anheisser (1938, XIII), aber auch noch in jüngerer Zeit, hält sich beispielsweise der Topos, wonach die oft angeprangerte Banalität bzw. Lächerlichkeit der Opernsprache stets Produkt fehlgeschlagener (interlingualer) Übersetzungsleistungen ist (Gier 1998, 4, zit. nach Overbeck 2011, 9), hartnäckig im wissenschaftlichen Diskurs.

Gerade übersetzungstheoretische Schriften reflektieren die genannte Dichotomie von mangelhaftem Ist und utopischem Soll in der sprachlichen Gestaltung von Originaloper und Übersetzung. Quantitative Analysen, wie sie Overbeck in der o.e. Studie angestellt hat, könnten exakte Auskunft darüber geben, inwieweit bestimmte sprachliche Merkmale der Librettotranslate, die in der Theorie zwischen 1900 und 1978 als unverständlich und inadäquat angeprangert werden, schon im Original existent sind und daher zwangsläufig auch in der Zielsprache zumindest im Rahmen verfremdender Übersetzungen ihre Legitimität erhalten. Derartige Argumente übersieht Honolka (1978, 34), wenn er z.B. auf syntaktischer Ebene die Inversion als „so traditionell wuchernde[s] Sprachunkraut, das in jahrhundertelangem Wildwuchs das vielzitierte ‚Operndeutsch' so üppig sprießen ließ" bezeichnet, welche aber die quantitativen und qualitativen Studien Overbecks als ein „allgemeines Charakteristikum" (2011, 293) selbst der italienischen Librettosprache ansehen. Auch seiner wiederum eher impressionistischen These, wonach das Original „nur halb so kitschig" (Honolka 1978, 83) wie die

Übersetzung ist, kann erst mit weiteren quantitativen und qualitativen Analysen begegnet werden. Auch in Bezug auf die Librettoforschung können und müssen sich die beteiligten Philologien die Hand reichen. Die genaue Charakterisierung des Librettoidioms bleibt – so kann abschließend also angemerkt werden – für die (kontrastive) Linguistik und die Translatologie ein noch zu bestellendes Forschungsfeld.

4. Bibliographie

AGNETTA, Marco. 2015. „Kriegs- und Gewaltszenarien als Metapher in der theoretischen Auseinandersetzung mit dem Librettoübersetzen", in: Gil, Alberto & Kirstein, Robert. edd. *Wissenstransfer und Translation. Zur Breite und Tiefe des Übersetzungsbegriffes (= Hermeneutik und Kreativität, Bd. 3)*. St. Ingbert: Röhrig Universitätsverlag, 193-218.

ANHEISSER, Siegfried. 1938. *Für den deutschen Mozart. Das Ringen um gültige deutsche Sprachform der italienischen Opern Mozarts. Ein Vermächtnis an das deutsche Volk (= Die Schaubühne, Bd. 26)*. Emsdetten i. Westf.: Verlagsanstalt Heinrich und J. Lechte.

BATKA, Richard. 1909. „Opernitalienisch und Operndeutsch", in: *Der Merker* 1/1, 101-105.

BRECHER, Gustav. 1911. *Opern-Uebersetzungen*. Leipzig: Junne.

DUJARDIN, Édouard. 1885. „L'Or du Rhein. Das Rheingold. Traduction française littérale de la première scène", in: *Revue Wagnérienne* 1/8-9, 257-268.

DUJARDIN, Édouard. 1886. „Une nouvelle traduction de la Walkure", in: *Revue Wagnérienne* 2/5, 139-143.

GAUTIER, Judith. 1914. „Histoire d'une collaboration", in: dies. *Parsifal. Poème de Richard Wagner. Traduction de Judith Gautier*. Paris: Libraire Armand Colin, 83-88.

GIER, Albert. 1998. *Das Libretto. Theorie und Geschichte einer musikoliterarischen Gattung*. Darmstadt: Wissenschaftliche Buchgesellschaft.

HONOLKA, Kurt. 1978. *Opernübersetzungen. Zur Geschichte und Kritik der Verdeutschung musiktheatralischer Texte*. Wilhelmshaven: Heinrichshofen.

KAINDL, Klaus. 1992. „,... weil ich innig liebe'. Stimme und Gestalt in der Oper ‚Carmen' von Bizet", in: Snell-Hornby, Mary. ed. *Translation in Mitteleuropa. Beiträge aus dem mitteleuropäischen Symposium am Institut für Übersetzer- und Dolmetscherausbildung der Universität Wien, 11.–13. November 1991 (= Folia Translatologica, Bd. 1)*. Prag: Charles University, 59-70.

KOLLER, Werner. 1972. *Grundprobleme der Übersetzungstheorie unter besonderer Berücksichtigung schwedisch-deutscher Übersetzungsfälle*. Bern/München: Francke.

OVERBECK, Anja. 2011. *Italienisch im Opernlibretto. Quantitative und qualitative Studien zu Lexik, Syntax und Stil*. Berlin [u.a.]: de Gruyter.

PFISTER, Manfred. 1977/[11]2001. *Das Drama. Theorie und Analyse*. München: Fink.

RUDOLPH, Alexander. 2015. *Für und Wider die Librettologie. Zu Geschichte und Kritik einer Librettoforschung des Gesangstheaters*. Univ.-Diss. Bayreuth, https://epub.uni-bayreuth.de/1901/1/DISS_Libretto.pdf (August 2015).

SCHLEIERMACHER, Friedrich. 1813/1963. „Ueber die verschiedenen Methoden des Uebersezens", in: Störig, Hans Joachim. ed. *Das Problem des Übersetzens*. Darmstadt: Wissenschaftliche Buchgesellschaft, 38-69.

SCHMUSCH, Reiner. 2009. „Zur Einführung: Libretto und Kulturtransfer – Genese einer Forschungsperspektive", in: ders. & Schneider, Herbert. edd. *Librettoübersetzung: Interkulturalität im europäischen Musiktheater*. Hildesheim: Olms, 13-34.
SCHREIBER, Michael. 1993. *Übersetzung und Bearbeitung. Zur Differenzierung und Abgrenzung des Übersetzungsbegriffs.* Tübingen: Narr.
WAGNER, Richard. 1852/2008. *Oper und Drama*. Stuttgart: Reclam.
WODNANSKY, Wilhelm. 1949. *Die deutschen Übersetzungen der Mozart-Da-Ponte-Opern*. Diss. Wien.
ZANDER, Horst. 1985. „Intertextualität und Medienwechsel", in: Broich, Ulrich & Pfister, Manfred. edd. *Intertextualität. Formen, Funktionen, anglistische Fallstudien (= Konzepte der Sprach- und Literaturwissenschaft*, Bd. 35). Tübingen: Niemeyer, 178-196.

Warum wir mittelalterliche Fachtexte nicht ‚lesen' können – der moderne Leser und das mittelalterliche Fachwort

Yela Schauwecker (Stuttgart)

Si certains textes scientifiques du Moyen Âge peuvent parfois nous paraître bien obscurs, cela ne tient pas, *a priori*, à une quelconque opacité confuse et nébuleuse de la science médiévale, mais bien plutôt à nous-mêmes, contemporains, qui les lisons. La raison des quiproquos et des incompréhensions pouvant naître à la lecture de tels textes résulte essentiellement de l'évolution épistémologique de grande envergure qui a eu lieu entre le temps de leur rédaction et le moment de leur réception. Dans certains cas, cette évolution est allée si loin qu'elle a même provoqué une rupture nous empêchant de lire correctement les anciens textes, et nous obligeant, pour les comprendre, à les traduire. Dans ces conditions, l'exercice de la lecture prend alors, sans que l'on s'en rende vraiment compte, les allures d'une véritable communication interculturelle.

Pour lever le voile de l'obscurité de la science médiévale, deux concepts peuvent se révéler d'une grande utilité : le premier est celui de l'*altérité* tel qu'il avait été formulé dans les années soixante-dix par Hans Robert Jauss, tandis que le second consiste en une approche issue de la théorie de la communication interculturelle, et se fondant sur la *Méthode des incidents critiques*, décrite pour la première fois dans les années cinquante par le psychologue américain John C. Flaganan.

0. Einleitung

Der Titel meines Beitrags ist zwar bewusst provokativ formuliert, doch soll hier in keiner Weise irgendjemandes Sprach- oder Lesekompetenz angezweifelt werden. Vielmehr möchte ich auf ein meines Erachtens grundlegendes Problem im Umgang mit Fachtexten vergangener Wissenschaftsepochen aufmerksam machen und Ansätze zu dessen Lösung aufzeigen.

Wichtig ist noch, darauf hinzuweisen, dass der Umstand, dass sämtliche Belege und Beispiele französischen Texten entnommen sind, lediglich dem Sprechanlass beim Frankoromanistentag geschuldet ist: Die hier aufgeführten Beobachtungen und Überlegungen wurden stets – soweit möglich – anhand mittellateinischer und mittelenglischer Fachtexte verifiziert und scheinen im Wissenschaftsraum des lateinischen Mittelalters Bestand zu haben. Dass sich hierbei ein insgesamt einheitliches Bild ergibt, ist nicht nur von der Sache her wenig verwunderlich, sondern auch a priori wahrscheinlich in Anbetracht der kulturellen Einheit Europas im Mittelalter, die ja bekanntlich wesentlich ausgeprägter war, als das vielleicht heute bedauerlicherweise der Fall ist.

Doch zurück zur eingangs gestellten Frage, warum wir mittelalterliche Fachtexte nicht lesen können. Hierfür muss man sich zunächst noch einmal vergegenwärtigen, worin eigentlich genau die Leseleistung besteht.

1. Das Lesen als optische Erfassung und inhaltliche Interpretation

Was genau geschieht, wenn wir einen geschriebenen Text erfassen, geht klar aus den Definitionen gängiger Wörterbücher hervor. Zumeist finden sich unter dem Stichwort *Lesen* oder *read* – neben anderen, in diesem Kontext irrelevanten Definitionen, beispielsweise im Zusammenhang mit der *Weinlese* – Definitionen wie die folgende: „etwas Geschriebenes, einen Text mit den Augen und dem Verstand erfassen" (Duden-online s.v. *lesen*; 11.09.2014) oder "to look at words or symbols and understand what they mean" (Cambridge Advanced Learners Dictionary, s.v. *read*; 11.09.2014).

Lesen ist also ein zweistufiger Prozess, bei dem, und das ist in unserem Zusammenhang wichtig, die Verstehensphase *nach* der optischen Erfassung und ‚mechanischen' Verarbeitung der Zeichen erfolgt. Man denke hier etwa an funktionale Analphabeten, die zwar Buchstaben erkennen und einfache Wörter schreiben können, die jedoch außer Stande sind, den Sinn eines längeren Textes zu erfassen. Und auch die ganzen Materialien zum sinnerfassenden Lesen im Bereich der Grundschule, welche sich an Schüler richten, die zwar bereits lesen, nicht aber den Sinn des Gelesenen erfassen können, machen deutlich, wie unabhängig die eine von der anderen Phase des Lesens sein kann.

Deutlicher noch tritt diese Überlegung zur Zweischrittigkeit des Lesens im *Petit Robert* zutage, in dem den einzelnen Schritten separate Abschnitte des Artikels gewidmet sind:

A. 1. Suivre des yeux en identifiant (des caractères, une écriture).
A. 2. Prendre connaissance du contenu de (un texte), par la lecture. (Petit Robert 2012, s.v. *lire*)

Dieselbe Einteilung finden wir im *Trésor de la langue française* :

A. 1. Établir la relation entre les séquences de signes graphiques (alphabétiques, idéographiques) d'un texte et les signes linguistiques propres à une langue naturelle (phonèmes, mots, marques grammaticales).
B. 1. Prendre connaissance du contenu d'un texte écrit. (TLFi, s.v. *lire*; 11.09.2014)

Diese Auffassung von Lesen als zweistufigem Prozess erweist sich insbesondere dann als von praktischer Relevanz, wenn wir mittelalterliche Fachtexte lesen.

Wenn man uns nämlich heute ein Bild zeigen würde, auf dem links ein Nilpferd und rechts eine Forelle zu sehen ist, und uns fragen würde, auf welcher Seite ein *Fisch* zu sehen sei, würden wir lachen. Fest in der gegenwärtigen zoologischen Klassifizierung verhaftet, wissen wir, ohne jeden Zweifel, dass ein Nilpferd ein Säugetier ist, und auch, was die entscheidenden Kriterien sind, die eine solche Einordnung erlauben. Wenn wir uns aber bereits mit der zoologischen Welt des Mittelalters befasst haben, lachen wir ebenfalls, denn unsere Antwort kann dann nur lauten: auf beiden Seiten! – Die alten Texte lassen keinen Zweifel daran, dass das Konzept „Fisch" im Mittelalter ein vollkommen anderes war:

- Apotaine [= l'hippopotame] est un poison qui est apellez cheval fluviel. (Brunetto Latini 1267, 189)
- les uns [poisons] ont une pias sens escales, cum sunt ballaines et porpos et enguilhes et lamproes[1] et autretez poisons.[2]

Während der erste ‚mechanische' Leseschritt dank der modernen Editionen hier bequem zu bewerkstelligen ist, stellen wir in Phase 2, beim Textverstehen, fest, dass uns der Textinhalt einigermaßen obskur erscheint. Doch wenn der alte Text hier nicht mehr verständlich scheint, so liegt das – mit Verlaub – nicht am Text.

Solche Beispiele lassen sich zu hunderten in allen Bereichen der mittelalterlichen Wissenschaften finden.

Medizin: Et si li face l'en l'air et la meson la ou il [le malade] gist froiz par art de la decorse d'ewe et de roses et de foilles de sauz.[3]
Architektur: Il faudroit aussi cognoistre [...] si le foye des moutons & brebis est sain, car veritablement de telles choses [...] on vient à la cognoissance de la temperature [...] de la region [...] ou l'on vuelt edefier.[4]

2. Lesen als historisch gebundene Interpretation

Wenn es uns in diesen Fällen nicht gelingt, dem Gelesenen Sinn zu entnehmen, so trägt die Schuld daran nicht etwa die ‚Dunkelheit' des mittelalterlichen Fachtextes. Die Stellen, an denen uns der alte Text mit einem Mal unverständlich erscheint, sind vielmehr Stellen, an denen unsere alltäglichen, modernen Deutungs-

---

[1] Eine *lamproie* ist ein aalähnlicher Fisch, eine ‚Lamprete' oder ‚Neunauge'.
[2] Jofroi de Waterford, *Secré des segrez*, ca. 1300, ed. Y. Schauwecker Z. 1867.
[3] *Practica brevis*, übersetzt von Johannes Platearius, 2. Viertel 13. Jh., ed. T. Hunt p. 168.
[4] Ph. Delorme, *Architecture*, 1567, I, 2, f°9v°.

muster im Umgang mit dem alten Text scheitern. Ganz im Sinne konstruktivistischer Lerntheorien[5] durchkreuzen sie unsere vermeintlich reibungslose Kommunikation mit dem alten Text und weisen uns so darauf hin, dass die alten Texte von grundlegend anderen Voraussetzungen ausgehen[6]. Es ist lohnend, sich auf diese ‚Kommunikationsstörungen' einzulassen und dieses Scheitern als Schlüssel zu einer vergangenen Epoche zu begreifen, denn erst durch dieses erkennen wir unsere eigenen Normen und deren begrenzte Gültigkeit (Riksu 2004, 31). Sie zeigen uns, an welchen Stellen wir zusätzliche Informationen bezüglich des konnotativen Kontextes der im Text behandelten Wörter und Begriffe benötigen (Piotrowski 1988, 60). Das Scheitern lässt uns hier also eine Differenz erfahren, welche innerhalb eines einzelnen kulturellen Rahmens nicht nötig und nicht möglich wäre: Uns wird somit eindrücklich die Andersartigkeit oder, um es mit H.R. Jauss zu sagen, die ‚Alterität' der alten Wissenswelt vor Augen geführt (Jauss 1977).

3. Die verborgene Alterität der mittelalterlichen Termini

Das Konzept der ‚Alterität' wurde ursprünglich von germanistischen Mediävisten anhand deutschsprachiger literarischer Texte des Mittelalters entwickelt. Mittlerweile ist es nicht mehr unumstritten und wird von manchen Germanisten als eine abgeschlossene Episode der Literaturwissenschaft rundweg abgelehnt (Braun 2013). Dennoch scheint es mir, namentlich im Bereich der Wissenschaftsgeschichte, vorzüglich geeignet, um einen Zugang zu den Fachtexten vergangener Epochen zu eröffnen. Worin genau besteht nun dieser Ansatz?

H.R. Jauss hat einst hervorgehoben, dass der moderne Leser, wenn er sich „in die kultische Partizipation versetzen wolle, die das liturgische Drama voraussetzt", zunächst die dem Mittelalter eigene, „besondere Sensibilität für das Zeichenhafte, Unsichtbare und Übernatürliche" wiedererlangen müsse (Jauss 1977, 12).

---

[5] Zum Konstruktivismus in der Lerntheorie siehe beispielsweise das Buch von Kersten Reich (2006).
[6] Man denke hier etwa an die Aufrufe zur Fehlerermutigung und zur Schaffung einer Fehlerkultur, wie sie in der modernen Didaktik formuliert werden, siehe beispielsweise Prof. Karsten D. Wolf, „Warum sind Fehler wichtig für das Lernen – ... und wie kann man sie nutzen?", Vortrag bei der Bremer Sommeruniversität 2007.

Genau so müssen wir uns die Andersartigkeit der mittelalterlichen, im Wesentlichen von Aristoteles geprägten Epistemologie gegenüber der Welt unserer modernen Naturwissenschaften vergegenwärtigen.

a) Die etwas andere Ameise

Nehmen wir beispielsweise die Ameise. Brunetto Latini stellt sie im fünften Teil seines *Livre dou tresor* von 1267 vor, und zwar in einer Reihe mit: *lion, antilope, âne, boeuf, brebis, belette, chameau* […] *cheval, elephant, fourmi, hyène, loup.* – Eine Ameise unter den Säugetieren? Wir *wissen* doch heute, dass eine Ameise ein Insekt ist. Wir *erkennen* das an ihren sechs Beinen, an ihrer Gliederung in Kopf, Brustabschnitt und Hinterteil sowie an diversen anderen Merkmalen, die sie beispielsweise mit Mücke, Biene und Schmetterling teilt. Dennoch muss man sich bewusst machen, dass sie erst ein Insekt ist, seit sie durch Carl von Linné dazu gemacht wurde. Das war im Jahre 1758.

Wenn man sich nun den Spaß macht und versucht herauszufinden, welche verbindenden Kriterien den in der Liste genannten Tieren zugrunde liegen, dann fällt auf, dass alle Tiere, die in der Liste genannt werden, Beine haben und sich vorzugsweise an Land fortbewegen. Zwar hat die Ameise sechs, wohingegen die meisten anderen genannten Tiere nur vier Beine haben, aber es findet sich kein Tier mit Flügeln oder Flossen in seiner Reihe.

Und das ist auch schon des Rätsels Lösung: Brunetto Latini behandelt hier die Aristotelische Tierklasse der ‚Füßer' bzw. ‚Fußgänger' (πόδα oder πόδα ἔχοντα) (Schauwecker 2012). Die Einordnung der Ameise zwischen Hyäne und Elefant erweist sich insofern vor dem Hintergrund der Aristotelischen Tierklassen als völlig schlüssig, genauso wie auch die des Chamäleons zwischen Hund und Pferd.

Es zeigt sich also, dass, sobald man die Alterität der mittelalterlichen zoologischen Klassen berücksichtigt, die innere Logik des Textaufbaus unmittelbar wiederhergestellt ist: Der Rest ist Alphabet.

4. Die historische Gebundenheit von Fachtermini oder: die Nützlichkeit des Scheiterns am mittelalterlichen Text

Die vorangegangenen Überlegungen bergen den Schlüssel zu der Frage, warum die mittelalterlichen Fachtexte auf uns mitunter so obskur wirken.

Wie jedes Wort, und insbesondere jedes Fachwort, steht auch das mittelalterliche Fachwort in einem Netz von Assoziationen (Stolze 1988, 29) und ist an den diskursiven Kontext gebunden, dem es entstammt. Wie auch die Diskurse bildet es jedoch, so der konstruktivistische Ansatz Michel Foucaults, keineswegs die Wirklichkeit ab, sondern stellt lediglich ein Grundmuster der Deutung dar, welches das kollektive Wissen einer Zeit und einer Gesellschaft über einen bestimmten Ausschnitt der Welt organisiert (nach Koller 2011, 241). Das impliziert, dass seine Semantik und sein assoziatives Netz nicht stabil sind, sondern sich mit den Diskursen weiterentwickeln. Es darf, und das ist wirklich grundlegend in unserem Zusammenhang, also keineswegs eine konzeptuelle Bedeutungsgleichheit zwischen dem mittelalterlichen und dem modernen Fachwort unterstellt werden, nicht einmal bei vermeintlich so einfachen Konzepten wie ‚Fisch' oder ‚Wärme'.

Doch je besser wir die Sprache, in der der Text abgefasst ist, beherrschen, desto eher neigen wir dazu, Konzepte unserer modernen Vorstellungswelt an die Stelle der mittelalterlichen Aristotelischen Begriffe zu setzen. Damit verlassen wir jedoch das Gebiet der Lektüre und begeben uns in den Bereich des kulturellen Transfers. Und je geringer die Distanz zwischen der Welt des Ausgangstextes und der Zielkultur ist, desto gefährlicher sind die Verständnisfallen, die durch unauffällige kulturelle Unterschiede entstehen, gerade *weil* die Anbindung an das Vorwissen des zielsprachlichen Empfängers erleichtert zu sein scheint (ibid., 163).

Solche „Verständnisfallen" (Nord 1988, 163) ergeben sich auch deshalb, weil Kontextualisierungshinweise, d.h. explizite Hinweise darauf, wie ein bestimmter Äußerungsinhalt verstanden werden soll bzw. vor welchem konnotativen Hintergrund ein Wort verwendet wird (Koller 2011, 205), in der Regel – damals wie heute – fehlen: Der Text erwähnt eben nicht, dass er die Ameise als ‚Füßer' behandelt, weil das im zoologischen Diskurs seiner Zeit selbstverständlich war. So wie auch wir uns dessen nicht bewusst sind, dass wir die Ameise selbstverständlich als Insekt sehen und wir deshalb nicht umhin können, uns über die Kapitelfolge bei Brunetto Latini zu verwundern. Tatsächlich aber sind solche Missverständnisse und Konflikte eine Chance, uns der begrenzten Gültigkeit unseres eigenen wissenschaftlich-epistemologischen Vorstellungssystems bewusst zu werden (ibid., 31).

Denn es ist letztlich nicht die Konzeption von ‚Ameise', die die Kommunikation zwischen mittelalterlichem Fachtext und modernem Leser zum Erliegen bringt. Die Ameise ist an dieser Stelle vielmehr ein Hinweis darauf, dass die ganze Zeit keine wirkliche Kommunikation zwischen Text und Rezipient stattgefunden hat, weil Verfasser und Leser, um auf das Modell der Kommunikationstheorie zurückzugreifen, aus zwei unterschiedlichen Zeichensätzen schöpfen. In diesem Sinne stellt die Reihung bei Brunetto Latini, wie jede[7] andere (vermeintliche) ‚Obskurität' eines mittelalterlichen Fachtextes, einen Kontextualisierungshinweis im Sinne Jenny Gumperz' (Cook-Gumperz & Gumperz 1978, 3-23) dar. Indem unser alltäglicher Zugriff auf die Wörter im Text scheitert (Jauss 1977, 215), erfahren wir die Alterität des Mittelalters: Wir merken, dass wir im Begriff sind, eine interkulturelle Erfahrung zu machen.[8]

5. Warum wir also mittelalterliche Fachtexte nicht lesen können

Zusammenfassend lässt sich damit sagen, dass wir, weil zwischen den Texten des mittelalterlichen Autors und des modernen Lesers eine mitunter erhebliche epistemologische Entwicklung steht, den alten Fachtext nicht mehr lesen können: Der epistemologische Wandel macht aus dem vermeintlichen Lesen zwangsläufig ein Übersetzen, die vermeintliche Lektüre gerät zur interkulturellen Fachkommunikation.

Da bekannt ist, dass die Kultur und Lebenssituation des Adressaten der Übersetzung einen entscheidenden Einfluss auf die Übersetzbarkeit eines Textes haben (Riksu 2004, 32), stellt sich damit unmittelbar die Frage nach dem Umgang mit der Alterität dieser Konzepte bzw. auch danach, bei welchen Konzepten von vornherein mit dieser interkulturellen Diskrepanz gerechnet werden muss.

6. Das Fachwort als diskursgebundene Einheit

a) Welche Termini unterliegen potenziell epistemologischem Wandel?

Die Erfahrung zeigt, dass von dieser Relativität in erster Linie abstrakte Begriffe betroffen sind, d.h. insbesondere Bezeichnungen von Kategorien und klassifikatorische wie auch epistemologische Termini. Das ist insofern auch nicht weiter verwunderlich, als diese in besonderem Maße an den Diskurs, dem sie entstammen und in dem sie ausgehandelt wurden, gebunden sind (nach Koller 2011, 241).

Neben den oben erwähnten Beispielen stellt auch die mit dem Begriff ‚Wärme' verbundene Vorstellung ein besonders eindrückliches Beispiel dar, bei dem sich

---

[7] Wir sprechen hier natürlich von Obskuritäten, die nicht auf mechanische Störungen der Überlieferung zurückzuführen sind.
[8] Unser Vorgehen entspricht somit dem der sogenannten ‚Critical Incident-Methode', erstmals beschrieben von John C. Flanagan (1954).

hinter absoluter Identität der Wortformen (*chaud, chaleur, température* etc.) nicht weniger als ein profunder Umbruch des Weltbildes verbirgt (Schauwecker 2015). Sekundär und gewissermaßen indirekt sind aber auch Konkreta vom Wandel betroffen, und zwar weil sich mit der semantischen Veränderung oder Verschiebung der Schlüsselkonzepte auch ihr konnotatives Netz verändert. Das ist zum Beispiel der Fall, wenn die Ameise plötzlich vom ‚Füßer' oder ‚Fußgänger' zum ‚Insekt' wird, und wir haben gesehen, wie sehr der epistemologische Wandel des abstrakten übergeordneten Konzepts im konkreten Einzelfall das Textverständnis stören kann.

b) Zur Chronologie des Wandels

Interessant ist in diesem Zusammenhang auch die Frage nach der Chronologie. Mir liegen zwar noch keine mengenmäßig repräsentativen Zahlen vor, aber es scheint, dass das ‚epistemologische Mittelalter' nicht etwa während oder gegen Ende des 14. Jahrhunderts mit dem Beginn der Renaissance endet. Vielmehr vollzieht sich die Entwicklung, je nach Wissenschaftszweig, zu verschiedenen Zeiten. So deutet sich das Ende der auf der Humoralpathologie basierenden Medizin bereits in den Schriften des Ambroise Paré in der 2. Hälfte des 16. Jahrhunderts an. Doch erst mit der Entdeckung des Blutkreislaufes durch William Harvey (1628, *De motu cordis*) darf es als besiegelt gelten.[9]

In der Chemie kommt dem Jahr 1661 eine besondere Bedeutung zu, als Robert Boyle seine neue Definition des Elements veröffentlichte und an die Stelle der vier Aristotelischen Elemente Feuer, Erde, Luft und Wasser die Vorstellung vom Element als kleinste bzw. unteilbare, unvermischte und sortenreine Partikel der Materie setzte.[10]

Damit ist zugleich bereits angedeutet, dass in vielen Fällen nicht ein Jahr des Umbruchs bestimmt werden kann. Mitunter vollzieht sich der epistemologische Wandel über mehrere Jahrhunderte. So zeichnet sich beispielsweise in der Wärmetheorie der Umbruch bereits im 16. Jahrhundert ab, als René Descartes in sei-

---

[9] Gemäß den Vorstellungen der Humoralpathologie wird Blut in der Leber produziert, in den Venen zur Körperperipherie geleitet und dort aufgebraucht. Diesem Modell widerspricht die Entdeckung des Blutkreislaufes grundsätzlich.

[10] *The sceptical Chymist*, impr. London, J. Cadwell for F. Crooke, 1661, Part VI, 350 (cf. *Project Gutenberg*).

nen *Principes de philosophie* die Wärme nicht mehr als Element, sondern als Resultat einer kleinen, aber heftigen Bewegung beschrieb.[11] Im 18. Jahrhundert vermutet die Phlogistik oder ‚Wärmestofftheorie' dann die Wärme stofflich, als eine kalorische Substanz, die unsichtbar sei, kein Gewicht besitze, sich zwischen den Molekülen aufhalte und so auch Körpergrenzen zu durchdringen vermöge.[12] Die Vorstellung von Wärme als kinetischer Energie schließlich, die auch die unsere ist, vermochte sich erst im Laufe des 19. Jahrhundert durchzusetzen.

Dazu kommt natürlich die methodologische Frage, anhand welcher Kriterien man die zeitliche Grenze ziehen soll: Soll man das Erstdatum einer neuen wissenschaftlichen Publikation ansetzen? Oder soll man deren Aufgegriffenwerden in der Literatur als relevanten Zeitpunkt betrachten, gleichsam als Indiz für die Verankerung des neuen Wissens in der Allgemeinheit? Soll man sich der fachlich einschlägigen Nachschlagewerke bedienen und darauf achten, wann diese die alte Vorstellung das letzte Mal aufführen, als obsolet brandmarken oder in den historischen Teil verbannen?

Auf jeden Fall scheint es so zu sein, dass im Zusammenhang mit derlei naturwissenschaftlichen Fragestellungen vielfach von einem verhältnismäßig langen Fortbestand der mittelalterlichen Konzepte ausgegangen werden muss (Le Goff 1984, 22)[13] und die endgültige Aufarbeitung der alten Vorstellungen mitunter offenbar erst im 18. und 19. Jahrhundert erfolgt. Dies gilt auch dann, wenn man berücksichtigt, dass Nachschlagewerke die wissenschaftliche Entwicklung strukturell bedingt mit einer gewissen Verzögerung aufarbeiten.

---

[11] Cf. René Descartes, *Principes de philosophie* IV, art. 92. Ed. Charles Adam, Paul Tannery, Paris, Vrin, 1996, t. IX, p. 256. Siehe auch Bernard Joly, *Descartes et la chimie*, p. 122.

[12] So noch 1812 im *Dictionnaire des sciences médicales Dictionnaire des sciences médicales*, publié par « Une société de médecins et de chirurgiens » [Nicolas Philibert Adelon; François Victor Mérat de Vaumartoise ; Léopold Joseph Renauldin], impression Paris, C. L. F. Pankoucke 1812, t. 54, p. 507.

[13] Jacques Le Goff: „Es ist ein langes Mittelalter, (...) dessen einzelne Aspekte sich zu den Strukturen eines Systems zusammenfügen, das im Wesentlichen von der römischen Spätantike bis zur Industriellen Revolution des 18. und 19. Jahrhunderts seine Funktion erfüllt. Es ist ein tiefgründiges Mittelalter, das sich mit Hilfe ethnologischer Methoden in seinen alltäglichen Gewohnheiten, seinen Glaubensvorstellungen, seinen Verhaltensformen und seinen Mentalitäten fassen lässt."

7. Strategien im Umgang mit den mittelalterlichen Fachtexten

a) Antizipierendes Textverständnis

Wie sollte nun der heutige Leser an den alten Text herantreten? Er wird sich vor der Lektüre so viel wie möglich an Information über den konnotativen Kontext der im Text genannten Begriffe beschaffen müssen (Piotrowski 1988, 60). Denn je mehr wir über die mittelalterliche Wissenschaftskultur wissen, desto eher kann die Kommunikation mit dem alten Text gelingen.

Dass hierbei Wörterbücher und selbst Enzyklopädien oft von nur begrenztem Nutzen sind, liegt daran, dass diese epistemologische Differenz für jedes Konzept erst einzeln und im Detail untersucht werden muss und bislang noch nicht alle Konzepte in ihrer Andersartigkeit erfasst sind.

Das Projekt *Crealscience*, das an der Erstellung des *Dictionnaire du français scientifique médiéval* arbeitet,[14] stellt hier ein interessantes und neuartiges Experiment dar, indem es versucht, die Begriffe in ihrem mittelalterlichen konnotativen Kontext zu definieren. – Das *Jahr* müsste also, getreu *diesen* Prinzipien, streng genommen definiert werden als ‚Zeit, die die Sonne benötigt, um einmal die Erde zu umkreisen'(!), und *Nilpferd* müsste ‚satzungsgemäß' als ‚Fisch' definiert werden. Um jedoch den modernen Leser nicht zu brüskieren, geht man in der Regel nicht so vor, sondern greift auf das nächst übergeordnete Klassem zurück und definiert beispielsweise das Nilpferd als ‚animal'[15].

Selbstverständlich bleiben die Definitionen im Falle derartiger Diskrepanzen zwischen alten und modernen Konzepten keineswegs unkommentiert, und auch moderne semantische Aspekte, wie z.B. die phylogenetische Definition von Pflanzen oder die zoologische Klassifizierung nach Linné, werden konsequent innerhalb des Kommentars verzeichnet.

Doch auch sonst ist der Preis für diese ‚historisch adäquate Definition' hoch: Immer wieder muss nämlich in der Definition auf andere mittelalterliche Konzepte zurückgegriffen werden. In solchen Fällen verweist bei *Crealscience* jeweils ein Asterisk am entsprechenden Definitionsbestandteil auf andere Artikel,

---

[14] *Crealscience* (www.crealscience.fr) wurde bis Dezember 2014 gefördert im Rahmen eines ANR-Projektes, angeführt von Joëlle Ducos, Paris IV, und Xavier Laurent Salvador, Paris XIII. Im Internet zugänglich ist derzeit der Buchstabe *C*, *A* und *B* sollen zeitnah online erscheinen.

[15] Cf. s.v. *Cheval*, dort: *cheval fluviel* « Animal vivant dans les fleuves et sur la terre, dont le poil et le cri sont identiques à ceux du cheval, hippopotame » (konsultiert am 02. April 2015).

deshalb findet sich auch beispielsweise in der Definition der Muschel, die im Mittelalter zu den ‚Fischen' gezählt wurde, das Klassem *poisson**, und nicht etwa schlicht *poisson* (14.04.2016). Ohne den Kommentar und oft mehrere Verweise vermittelt die Definition somit dem modernen Leser oft nicht wirklich einen Zugang zur Bedeutung des Wortes oder, was noch gravierender ist, die Definition erscheint, für sich allein gelesen, auf den ersten Blick unpassend oder sinnentstellend. Hinzu kommt natürlich, dass die Artikel und Definitionen aufgrund dieses Vorgehens ihre Autonomie verlieren und nur im Rahmen des Gesamtsystems des Wörterbuches ihren vollen Wert entfalten können. Es zeigt sich eben immer wieder, dass Wörterbücher uns zwar das nötige Faktenwissen vermitteln, nicht aber die Einarbeitung in die damalige Wissenswelt ersparen können.[16]

b) Konstruktives Unverständnis

Darüber hinaus empfiehlt es sich, auch dort, wo absolute konzeptuelle Übereinstimmung zu bestehen scheint, prinzipiell eine Alterität zu unterstellen und sich gezielt die ‚Obskuritäten' des alten Textes im Sinne von Kontextualisierungshinweisen zunutze zu machen.

Das funktioniert, indem der Text während der Lektüre permanent auf seine Stimmigkeit und logische Kohärenz hin kontrolliert wird, sodass, wo nötig, das Wissen über die andere Kultur mit Sensibilität und kontextspezifisch eingesetzt werden kann (Jauss 1977, 216). Nur wer die Texte wirklich ernst nimmt und sozusagen mit dem *nötigen konstruktiven Unverständnis* an sie herantritt, wer bereit ist, sich zu wundern und nicht schlicht zu unterstellen, dass deren Inhalt eben obskur sei, wird sich einen tieferen Zugang zu den alten Texten erarbeiten können.

Insofern sehe ich in der Alterität, zumindest bezogen auf wissenschaftliche Termini des Mittelalters, keine nutzlose Abstraktion, die die konkrete historische Analyse eher behindert als dass sie sie befördert (Schnell 2013, 46), sondern – im Gegenteil! – eine konkrete Interpretationsmaxime, die einen neuen Zugang zu den alten Texten zu eröffnen vermag.

---

[16] Cf. Hugo Schuchard [1912] 1999, 65: „Aber wie in bewundernswerter Weise sie [= Gräbners Methodik der Etymologie, cf. Gräbner 1911] auch alles vorsieht, eine vollkommene Hodegetik schließt sie nicht ein. Eine solche gibt es überhaupt nicht. Pfähle und Baken können den Schwimmer vor Verirrung und Gefahren behüten, aber ob er das Ziel erreicht, das hängt nur von seiner eigenen Kraft und Kunst ab."

8. Fazit: ein Plädoyer für das bewusste Übersetzen mittelalterlicher Fachtexte

Um auf das anfänglich Gesagte zurückzukommen: Auch die Lektüre eines alten Fachtextes gestaltet sich also als zweischrittiger Prozess. Allerdings tritt nunmehr, anders als beim Lesen eines zeitgenössischen Textes, die Verstehensphase an die erste Stelle.

Damit meine ich natürlich nicht, dass das Verstehen des konkreten Textes *vor* der Lektüre erfolgen soll: Das wäre paradox. Es geht auch letzten Endes nicht darum, wirklich zu verstehen, warum beispielsweise die Minze ‚heiß und trocken im dritten Grad ist'[17]. Es genügt, zu wissen, dass es so ist. So wie ich auch nicht weiter hinterfrage, warum in Frankreich, im Gegensatz zu Deutschland, Kartoffeln eher mit dem Messer als mit der Gabel zerteilt werden, oder warum man Blumen in Frankreich lieber mit dem Papier überreichen sollte als ohne.

Genauso sollte man auch die innere logische Kohärenz des mittelalterlichen Textes als in sich geschlossenes Gefüge annehmen und ihre Argumentation im Rahmen ihrer eigenen Logik nachvollziehen: Wenn die Minze heiß und trocken im dritten Grad ist, dann ist es systemimmanent absolut schlüssig, wenn sie gegen kälte- und feuchtigkeitsbedingte, d.h. rheumatische Leiden ihre Anwendung findet.

Die Vorgehensweise deckt also sich mit dem, was seit den späten siebziger Jahren in verschiedenen Definition des Übersetzens beschrieben wird, sodass letztlich der normative Aspekt dieser Definitionen gewissermaßen als Gebrauchsanweisung für die Lektüre des alten Fachtextes gelesen werden kann:

- Wills insistiert auf der Übersetzung als zweischrittigem Vorgang:
  Übersetzen ist ein Textverarbeitungs- und Textverbalisierungsprozess, der von einem ausgangssprachlichen Text zu einem möglichst äquivalenten zielsprachlichen Text hinüberführt und das inhaltliche und stilistische Verständnis der Textvorlage voraussetzt. Übersetzen ist demnach ein in sich gegliederter Vorgang, der zwei Hauptphasen umfasst, eine Verstehensphase [...] und eine sprachliche Rekonstruktionsphase. (Wills 1977, 72)

---

[17] « Chaude et seiche est de nature (*mente*) », *Poème moralisé sur les propriétés des choses*, 2. Viertel 14. Jh. (eine von Bartholomäus Anglicus unabhängige Version). Ed. G. Raynaud, in *R* 14 (1885) 442-484, I.24, zitiert nach Tobler/Lommatzsch 2, 34.6.

- Jäger betont die Bedeutung der Sachebene in der Übersetzung:

  Das *Wesen* der Translation – wie der Kommunikation überhaupt – liegt somit im Extralinguistischen, im linguistischen (sprachlichen) Bereich *vollzieht* sich aber die Translation. (Jäger 1975, 36)

- Vannerem/Snell-Hornby gehen von *frames* und *scenes* aus, wobei man sagen könnte, dass *frames* im Falle unserer Texte dem diskursiven und konnotativen Kontext entspricht, wohingegen *scenes* den situativen Kontext bezeichnet:

  Ausgehend von den erfassten *scenes* [situativen Kontexten] muss er [der Übersetzer, bzw. in unserem Kontext: Leser] nach passenden *frames* [= konnotativ-diskursiver Kontext] in der ZS [= Zielsprache] suchen, welche die gewünschten *scenes* beim Adressaten der Übersetzung hervorrufen. [...] Er muss sich vergewissern, dass die von den *scenes* aufgerufenen *frames* auch wirklich adäquat sind für die *scenes*, die sie aufrufen sollen.
  In diesem Sinne muss der Leser also laufend prüfen, ob der Begriff, den er beim Lesen an die Stelle des ausgangssprachlichen Wortes [= *scene*] setzt, in seinem assoziativen und konnotativen Gesamtgefüge [= *frame*] mit dem im Text verwendeten Begriff wirklich deckungsgleich ist. (Vannerem & Snell-Hornby 1986, 191)

Wenn es uns gelingt, uns auf die alten Konzepte einzulassen, mit ihnen zu ‚jonglieren' und sie im Rahmen ihrer systemimmanenten Logik zu ‚benutzen', dann gewinnen wir einen völlig neuen Zugang zu den alten Texten und ihrer Argumentation.

Bibliographie

a) Primärliteratur

BOYLE, ROBERT. 1661. *The Sceptical Chymist, or Chymico-Physical Doubts & Paradoxes, Touching the Spagyrist's Principles Commonly call'd Hypostatical [...]*. http://www.gutenberg.org/ebooks/22914?msg=welcome_stranger (11.09.2014).
BRUNETTO Latini. 1267. *Li Livres Dou Tresor*. Ed. P. Chabaille (1863) Paris: Impr. imp.
DE L'ORME, Philibert. 1567. *Le premier tome de l'architecture*. Paris: Morel.
DESCARTES, René. 1644. *Principia philosophiae*. Ed. Charles Adam, Paul Tannery (1996). Paris: Vrin.
HUNT, Tony (1994-1997). *Anglo-Norman medicine*. 2 Bde., Cambridge: Brewer.
Poème moralisé sur les propriétés des choses (2. Viertel 14. Jh.). Ed. G. Raynaud, in *R* 14 (1885) 442-484.
Practica brevis, trad. JOHANNES PLATEARIUS (2. Viertel 13. Jh.), cf. T. HUNT, Vol. 1,149-315.
PROJECT GUTENBERG. http://www.gutenberg.org/ebooks/ (11.09.2014).
JOFROI de Waterford. ca. 1300. *Secré des segrez*. Éd. Y. Schauwecker (2007). Würzburg: Königshausen & Neumann (= Würzburger medizinhistorische Forschungen; 92).

b) Lexika

CAMBRIDGE ADVANCED ENGLISH LEARNER'S DICTIONARY. http://dictionary.cambridge.org/dictionary/english/read (11.09.2014).
CREALSCIENCE, *Dictionnaire du français scientifique médiéval.* http://www.crealscience.fr (11.09.2014).
DUDEN ONLINE. http://www.duden.de/suchen/dudenonline/lesen (11.09.2014).
LE PETIT ROBERT. 2012. *Dictionnaire alphabétique et analogique de la langue française*/nouv. éd. du Petit Robert de Paul Robert. Texte remanié et amplifié sous la dir. de. Josette Rey-Debove [...] – Nouv. éd. millésime 2013. – Paris: Le Robert.
TOBLER, Adolf & LOMMATZSCH, Erhard. 1936. *Altfranzösisches Wörterbuch.* Vol. 2. Berlin: Weidmann.
TRESOR DE LA LANGUE FRANÇAISE INFORMATISE. http://www.cnrtl.fr/definition/lire (11.09.2014).

c) Sekundärliteratur

BRAUN, Manuel. ed. 2013. *Wie anders war das Mittelalter? Fragen an das Konzept der Alterität.* Göttingen: V&R unipress.
COOK-GUMPERZ, Jenny & GUMPERZ, John J. 1976 [1978]. „Context in Children's Speech. Papers on Language and Context" (*Working Paper* 46). Berkeley: Univ. of California, Language Behavior Research Laboratory. [Nachdruck in: Waterson, Natalie & Snow, Catherine. edd. *The Development of Communication.* Chichester: Wiley, 3-23.
DUVAL, Frédéric. 2008. „Sémiotique des mots de civilisation romaine en français médiéval", in: *Vox Romanica* 67, 84-99.
FLAGANAN, John C. 1954. „The Critical Incident Technique", in: *Psychological Bulletin* 51/4, 327-358.
GRÄBNER, Fritz. 1911. *Methode der Ethnologie.* Heidelberg: Winter.
JÄGER, Gert. 1975. *Translation und Translationslinguistik.* Halle/Saale: VEB Niemeyer.
JAUSS, Hans Robert. 1977. *Alterität und Modernität der mittelalterlichen Literatur: Gesammelte Aufsätze 1956-1976.* München: Fink.
KAPUŚCIŃSKA, Anna. 2011. „Sprachliche Verfremdung oder Einbürgerung beim Übersetzen von Archaismen aus der Perspektive des heutigen Rezipienten am Beispiel des Gedichts *Romantyczność* von Adam Mickiewicz", in: *Linguistica Copernicana* 1 (5), 209-220.
KOLLER, Werner. [8]2011. *Einführung in die Übersetzungswissenschaft.* Tübingen: Francke.
JOLY, Bernard (2011). *Descartes et la chimie.* Paris: Vrin.
LE GOFF, Jacques. 1984. *Für ein anderes Mittelalter. Zeit, Arbeit und Kultur im Europa des 5.–15. Jahrhunderts.* Frankfurt am Main [u. a.]: Ullstein.
NORD, Christiane. 1988. *Textanalyse und Übersetzen: theoretische Grundlagen, Methode und didaktische Anwendung einer übersetzungsrelevanten Textanalyse.* Heidelberg: Groos.
PIOTROWSKI, Tadeusz. 1988. „Defining natural-kind words", in: Snell-Hornby, Mary. ed. *ZüriLEX '86 Proceedings – Papers read at the EURALEX International Congress, Univ. of Zürich, 9—14 September 1986.* Tübingen: Francke, 55-62.
REICH, Kersten. 2006. *Konstruktivistische Didaktik – ein Lehr- und Studienbuch inklusive Methodenpool auf CD.* Weinheim [u.a.]: Beltz.
RIKSU, Hanna. 2004. *Translationsmanagement: interkulturelle Fachkommunikation im Informationszeitalter.* Tübingen: Narr (= *Translationswissenschaft.* 1).

SCHAUWECKER, Yela. 2012. „... *et autretez poisons* : Jofroi de Waterford und die zoologischen Klassen des Aristoteles", in: *Ki bien voldreit reisun entendre: Mélanges en l'honneur du 70e anniversaire de Frankwalt Möhren*, Strasbourg (= *Bibliothèque de Linguistique Romane*. 9), 235-246.

SCHAUWECKER, Yela. 2015. „Quand le chaud n'est pas chaud – le chaud, la rupture épistémologique et l'anachronisme dans la traduction", in: *Romania* 133 A, 101-145.

SCHNELL, Rüdiger. 2013. „Alterität und Neuzeit: Versuch eines Perspektivenwechsels", in: Braun, Manuel. ed. *Wie anders war das Mittelalter?* Göttingen: V&R unipress, 41-94.

SCHUCHARDT, Hugo. 1912 [1999]. „Sachen und Wörter", Nachdruck in: Schmidt-Wiegand, Ruth. ed. *Wörter und Sachen als methodisches Prinzip und Forschungsrichtung*. Hildesheim: Olms, 63-75.

STOLZE, Radegundis. 1988. „Das begriffliche Bedeutungspotential als Problem der Lexikographie", in: Snell-Hornby, Mary. ed. *ZüriLEX '86 Proceedings – Papers read at the EURALEX International Congress, Univ. of Zürich, 9—14 September 1986*. Tübingen: Francke, 27-35.

VANNEREM, Mia & SNELL-HORNBY, Mary. 1986. „Die Szene hinter dem Text. ‚Scenes-and-frames semantics' in der Übersetzung", in: Snell-Hornby, Mary. ed. *Übersetzungswissenschaft – Eine Neuorientierung. Zur Integrierung von Theorie und Praxis*. Tübingen: Francke, 184-205.

WILLS, Wolfram. 1977. *Übersetzungswissenschaft. Probleme und Methoden*. Stuttgart: Klett.

Zwischen Übersetzung und Adaptation: Tourismuswerbung im Vergleich (Spanisch-Französisch-Deutsch)

Uta Helfrich (Göttingen)

Selon le support médiatique concerné, les processus de traduction d'une langue dans une autre ne se limitent pas seulement au domaine verbal, mais impliquent également l'adaptation d'éléments non verbaux et/ou paraverbaux. C'est pourquoi l'analyse du transfert culturel doit partir d'un concept de traduction élargi, concept qui prenne en compte toutes les stratégies interlinguales ainsi qu'intersémiotiques qui, dans leur complexité, visent au codage cohérent d'équivalences en traduction. S'inspirant d'une telle approche multimodale intégrale, cet article se propose d'analyser quelques exemples issus de la campagne internationale de l'organisme de promotion touristique Turespaña, *I need Spain*, et d'examiner, dans une perspective de traductologie comparée (espagnol – français – allemand), comment l'esprit « estilo de vida único en un territorio de gran diversidad », revendiqué par Turespaña pour la marque Espagne, est véhiculé dans les messages publicitaires à destination des publics francophone et germanophone.

1. Einleitung

Werbekommunikate können mit Bendel & Held (2008, 6) als „Inbegriff des [...] multimodalen[1] Super-Texts" bezeichnet werden, der auf verschiedenen Kanälen zugleich operiert und über verschiedene Modi mehrfach kodiert ist bzw. in dem „die verschiedenen Kodes Sprache, Bild, Musik und Geräusch (= Multikodalität) auf visueller und akustischer Ebene (= Multimodalität) ineinander verschränkt sind" (Janich [6]2013, 85). Die je nach Medium unterschiedlichen, in intermedialer Kookkurrenz stehenden Modalitäten (Bucher 2007, 2010) sind dabei kein bloßes ‚Beiwerk', sondern entfalten als integraler Bestandteil innerhalb eines Kommunikats unterschiedliche Wirkpotenziale, indem sie sich additiv verstärken, komplementär ergänzen, hierarchische, divergent oder konfliktiv laufende Lesarten eröffnen (Stöckl 2006, 2012, 2014). Resultat einer solchen Intersemiosis, die als Prozess zu begreifen ist, ist die intermodale Kohärenz (Stöckl 2012). Wie über *eye-tracking* nachgewiesen werden konnte,[2] ist die kohärenzstiftende Wirkung

---

[1] Multimodalität ist nach Bucher (2010) als „Universalie des Medienwandels" zu betrachten. Im Anschluss an Kress & van Leeuwen (2001, [2]2006, 2013) und Kress (2009) beschäftigen sich eine Reihe von jüngeren Publikationen, wie z.B. Stöckl (2006, 2012, 2014), O'Halloran (2004, 2008, 2011), Paltridge ([2]2012) oder Jewitt ([2]2014), mit der zunehmenden Relevanz von Multimodalität in Kommunikationsprozessen.

[2] Vgl. Göpferich (2008), Holsanova (2012).

der verschiedenen Modi in diesem Prozess unterschiedlich stark. Das nonverbale Wirkpotenzial liegt mit 60% am höchsten, gefolgt vom paraverbalen (> 30%), wohingegen das verbale Wirkpotenzial unter 10% beträgt.[3] Stöckl (2014, 283) folgert zu Recht: "[...] only a multilayered approach can do justice to the complexities of mode linking."

2. Die Werbekampagne *I need Spain* im Übersetzungsvergleich

Angesichts der oben angesprochenen unterschiedlichen intersemiotischen Wirkpotenziale und weil insbesondere Tourismuswerbung „grundsätzlich auf interkulturelle – und intermediale – Kampagnen setzt" (Bendel & Held 2008, 9), erscheint es überraschend, dass es bisher nur vereinzelte kontrastive Untersuchungen gibt, die der Kodierung multimodaler Kohärenz im Kulturtransfer in angemessener Weise Rechnung tragen.[4]

Anhand von ausgewählten Beispielen der internationalen Kampagne *I need Spain*[5] der seit 30 Jahren für das Tourismus-Marketing zuständigen staatlichen

---

[3]

	verbal (<10%)	paraverbal (> 30%)	nonverbal (60%)
visuell	Sprache (Schrift)	Typographie, Textgraphik	Bild (statisch, dynamisch)
auditiv	Sprache (Rede)	Stimmtimbre, Intonation, etc.	Ton (Musik, Geräusche etc.)

[4] Vgl. auch Janich ([6]2013, 88): „Insbesondere die unterschiedlichen Repräsentationen von Text/Sprache [...] und ihre funktionale intratextuelle Verknüpfung harren noch der Erforschung." – Zur Produktwerbung wurden erste kontrastive multimodale Studien vorgelegt von Hahn (1998, 2000; französisch-deutsch), Valdés Rodríguez (2004; englisch-spanisch), Neff (2008 spanisch-deutsch), zu den Grenzen der Übersetzbarkeit interkultureller Produktwerbung vgl. Smith (2008) sowie weitere Beiträge im Sammelband von Held & Bendel (2008); speziell zur Tourismuswerbung vgl. z.B. Platen (1995; deutsch-französisch-italienisch), Bugnot (2005; spanisch-französisch), Held (2008, 2009; italienisch-französisch-deutsch), Pano Alamán & Rodrigo Mora (2012; italienisch-spanisch). All diesen Untersuchungen ist gemeinsam, dass sie sich in der Regel auf ein Werbemittel, meist Anzeigenwerbung, konzentrieren.

[5] Ziel dieser seit 2010 geschalteten Kampagne ist es, «reposicionar España como destino turístico internacional llegando a más de 400 millones de personas en 40 países a través de spots en televisión y una campaña gráfica presente en revistas, periódicos y vallas publicitarias de todo el mundo» (Turespaña o.J.).

spanischen Institution Turespaña[6] sollen daher die verschiedenen Aspekte des interkulturellen Transfers sprachvergleichend, intersemiotisch und intermedial untersucht werden. Der Analyse liegen die folgenden Leitfragen zugrunde: Was wird in die Zielsprache übersetzt oder adaptiert und warum? Wie wird die Werbebotschaft multimodal kohärent transportiert? Welchen Beitrag leisten einzelne Elemente aus verschiedenen Modi zur Realisierung der *unique selling proposition* und wie wirken diese Elemente zusammen, sodass „das Ganze – das Kommunikationsangebot – mehr ist als die Summe seiner Teile und dementsprechend der Gesamtsinn [...] ‚multiplikatorisch' als intersemiotischer Prozess zu erklären ist" (Bucher 2010, 45)?

Als sogenannte „Destinationswerbung" (Held 2008, 153) dient Tourismuswerbung der Etablierung und Positionierung eines Landes als Marke. In Bezug auf dieses produktspezifische Werbeziel setzen Werbefachleute in der Regel auf das Herausstellen von Identität und Einzigartigkeit. Entsprechend schwierig ist es, die Werbebotschaft so zu übersetzen, dass sie einerseits kulturübergreifend, interkulturell wirksam ist und zugleich eine spezifische Zielgruppe anspricht (vgl. Hahn 2000, 28ff.). Basierend auf nationalen Adressatenhypothesen hinsichtlich des interkulturellen kollektiven Wissens[7] rekurriert Tourismuswerbung besonders häufig auf ethnokulturelle Stereotypen und Kollektivsymbole.[8] Nach diesem Prinzip operieren auch die von Platen (1995) untersuchten, früheren Werbekampagnen für die Marke Spanien: Das interkulturell wirksame Spanienbild der Zielgruppe ist hier durch das sogenannte „mediterrane Schema" geprägt, welches Neff (2008, 190) zufolge „Assoziationen mit Urlaub, Sonne und Entspannung weckt" und so auch außerhalb der Tourismuswerbung die Fremdwahrnehmung Spaniens innerhalb und außerhalb Europas bestimmt.

---

[6] Zum Selbstverständnis des Primärsenders Turespaña: «TURESPAÑA es el organismo nacional de Turismo responsable del marketing de España en el mundo y de crear valor para su sector turístico impulsando la sostenibilidad económica, social y medio ambiental de los destinos nacionales. Su misión es constituir la vanguardia de la estrategia del Turismo Español, coordinando y liderando a los actores públicos y privados.» (Turespaña o.J.)

[7] Stöckl (2014, 278) bezeichnet Werbung als "highly culture-sensitive. [...] The discourse of advertising – in the sense of socially constructed and shared knowledge about the world – makes use of whatever people in the culture and context can be expected to know and find cognitively stimulating in playful combination."

[8] Zu den Kulturstereotypen in spanischer und französischer Tourismuswerbung vgl. Platen (1995), Payo Peña (2002), Held (2008), Neff (2008), Bugnot (2005, 2009a, 2009b) u.a.

Besonders auffällig in der Kodierung der touristischen Werbebotschaft ist die Auswahl von Elementen der sogenannten *visual language* (Kress & van Leeuwen ²2006), die kognitionspsychologisch den primären Fixationspunkt der Perzeption darstellt. Darüber hinaus lässt sich mit Held (2008, 152) die Dominanz des Visuellen bzw. bildlicher Elemente gerade in der Tourismuswerbung damit erklären, dass diese „schnell und eingängig die ‚Vorstellung' des Raumes [...] evozieren und diesen damit als distinktive Ware ins Bewusstsein potentieller Konsumenten [...] lancieren". Konstitutives Element aller Werbekampagnen von Turespaña auf der ikonisch-visuellen Ebene ist das Bild-Logo von Miró (vgl. Abb. 1, links). Als etabliertes graphisches Kennzeichen für Spanien sorgt es seit 1983 für *corporate identity* und besitzt einen hohen Wiedererkennungseffekt[9], um die Position auf dem Reisemarkt zu stabilisieren bzw. neue Märkte und Zielgruppen zu erschließen. Dieses Logo, das aus einer Sonne mit Sternchen (*estrella miroriana*) und dem Markennamen *España* in den Landesfarben gelb und rot[10] besteht, repräsentiert visuell den traditionellen Stereotyp des mediterranen Schemas und verknüpft diesen mit der durch die Farbgebung und Schrift-Typographie evozierten Assoziation ‚fröhlich und unkonventionell'.

Abbildung 1: Logo der Marke Spanien und Kampagnenlogo

Dieses Bild-Logo (vgl. Abb. 1, links) wird vom Slogan der jeweiligen Kampagne als verbalem Element begleitet (vgl. Abb. 1, rechts). Aus perzeptuellen Gründen

---

[9] Bereits 2003 veranschlagt Vasallo (zitiert bei Pano Alamán & Rodrigo Mora 2012, 162, FN 7) seinen Wiedererkennungskoeffizienten innerhalb Europas auf 90% der Bevölkerung.
[10] Mit ein wenig Grün im letzten Buchstaben des Schriftzugs *España*.

ist es in den Anzeigen immer rechts unten (vgl. Anhang, Abb. 2-5) bzw. am Ende eines TV-Spots platziert.

Wie Logo und Slogan evoziert auch das Bildinventar der Anzeigen und TV-Spots der Kampagne *I need Spain* positive, fröhliche und lebensbejahende Konnotationen und erzeugt ein Image von Spanien voller Energie, die sich als Versprechen auf den potenziellen Urlauber überträgt und ihn nicht mehr loslässt. Die großflächigen Landschaften oder Monumente (*catch visuals*) werden dabei in Verbindung mit Aktivitäten präsentiert, so z.b. das das etablierte mediterrane Schema erweiternde ‚Strand und Surfen' sowie weitere für die Marke Spanien völlig neue touristische *Scripts* bzw. *Frames,* wie ‚grüne Natur und Golfspielen', ‚Berge und Wandern auf dem Jakobsweg', ‚Sagrada Familia Barcelona und Radfahren' (vgl. Anhang, Abb. 2-5). Die in den Anzeigen als Akteure dargestellten Personen sind häufig nicht Spanier, sondern die touristische Zielgruppe. Mit dieser Inszenierungsstrategie einer „erlebnisorientierte[n] Simulation des Fremden" (Neff 2008, 190) verfolgt diese aktuelle Kampagne eine neuere Form der Produktwerbung, in der die Evozierung von Stereotypen auf einen Sekundärsender übertragen wird, welcher als idealer *implied comsumer* zugleich *persona* (Stern 1994), d.h. im „Werbekommunikat tatsächlich auftretender Kommunikator" (Janich [6]2013, 42), und Adressat der Werbung ist.[11] In multimodaler Kohärenz mit dem Slogan der Kampagne ist es also die Perspektive der Zielgruppe, des ‚Ich' [*need Spain*], die eingenommen wird.[12] In gleicher Weise operiert der schräg über das Bild geschriebene kurze Werbetext als visuell-verbales Element; er wirkt durch seine Typographie wie ein handgekritzelter, persönlicher Kommentar des Sekundärsenders, der zugleich Adressat der Kampagne ist. Das Symbol *, mit dem der Text beginnt, knüpft wie ein Post Scriptum an das (Sternchen und die Aussage

---

[11] Vgl. auch Dmoch (1997). Als Teil einer reindividualisierenden Inszenierungsstrategie, die « met en avant le vécu personnel du consommateur », wird der *énonciateur* dadurch zum « narrateur d'un récit de vie qui incarne les désirs et le monde existentiel de celui-ci », zum « acteur de sa propre vie et une personne libre de ses choix » (Soulages 2013, 45, 50). Diese Strategie, die ein besonders hohes Identifikationspotenzial bietet, scheint gemäß einer IPSOS-Untersuchung Garant für den globalen Erfolg von Werbung zu sein (vgl. Smith 2008).
[12] Daneben existiert aber auch in dieser Kampagne die Strategie der Testimonialwerbung. So werden beispielsweise Gisela Pulido, die sechsfache Weltmeisterin im Surfen, oder der für seine Molekularküche bekannte katalanische Starkoch Ferran Adrià als Sekundärsender eingesetzt.

des) Bild-Logo(s) an, z.B. *Cuando me canso de caminar, vuelo* (vgl. Anhang, Abb. 2) oder *Trabajo y placer unidos hasta que el vuelo de vuelta nos separe* (ibid., Abb. 3).

In multimodaler Kodierung wird so, konform mit dem von Turespaña formulierten Werbeziel der Kampagne *I need Spain*[13], ein neues Image von Spanien als Raum für ‚Qualitätstourismus' erzeugt, über den der aktive, moderne Tourist nach Belieben verfügen kann, um seinen individuellen Interessen nachzugehen, und zugleich ein Raum, der vieles offen lässt und Lust auf mehr macht.[14] In für Destinationswerbung nicht unüblicher Manier ist der Blick der Akteure in den Anzeigen in die Weite gerichtet, nicht in Richtung des Betrachters, die *catch visuals* sind mit Weichzeichner und verschwimmendem Horizont aufgenommen, der Slogan ist als Sonnenblendeffekt hervorgehoben. Damit wird der Destinationsraum Spanien für die Adressaten multisensorial als erlebbarer „Traum" (vgl. Held 2008, 2009) inszeniert.

Auch in den TV-Spots dieser Kampagne wird Spanien als Sehnsuchtsort der individuellen touristischen Selbstverwirklichung inszeniert. Spots wie Anzeigen verfolgen damit eine Werbestrategie des *low involvement* (Zielke 1991, zitiert nach Janich [6]2013, 29), die – vorrangig visuell kodiert – emotionsstimulierend positive Sinneseindrücke aus der Adressatenperspektive vermittelt. Ein Beispiel hierfür ist der *Slice-of-Life*-Spot[15] (Transkriptionen vgl. Anhang), in dessen Zentrum eine Familie[16] steht, die in Spanien Urlaub macht. Perspektive und Kameraführung sind auch hier adressatenzentriert, das Bildinventar der kurzen Szenenabfolgen erzählt deren Urlaubsgeschichte, die am Flughafen beginnt, gefolgt von typisch touristischen Aktivitäten (Spielen am Strand, Essen auf einer Terrasse am

---

[13] «El principal objetivo de la campaña ‚I need Spain' es convertir la marca turística España en una marca experiencial, aspiracional y global. Para ello, se ha desarrollado una campaña de diferenciación y segmentación para reposicionar la marca en mercados maduros, [...]. El reto consiste en redescubrir una amplia oferta diferenciada y de calidad, y transmitir a esos 400 millones de personas un estilo de vida único en un territorio de gran diversidad.» (Turespaña o. J.)
[14] Vgl. Anhang, Abb. 5: *Perfectamente inacabada*.
[15] Bzw. *drama* nach Stern (1994). Darunter fallen „alle szenischen Darstellungen der Produktverwendung" unter „Aktivierung des sekundären Kommunikationskreises, möglicherweise mit zusätzlichem Off-Sprecher im primären Kommunikationskreis" (Janich [6]2013, 91f.).
[16] In derselben Weise erzählen andere TV-Spots der Kampagne *I need Spain* die Urlaubsgeschichten weiterer Zielgruppen (*Amigos*, *Asiáticos* und *Senior*).

Meer, Motorbootfahren im Meer, Essen in einer Bar, Relaxen auf der Terrasse mit Blick aufs Meer). Wie das Bildinventar der Anzeigenwerbung evozieren auch die im Spot in kurzer Schnittfolge angeordneten Szenen entsprechende *Scripts* bzw. *Frames*, die Dynamik und individuellen Genuss suggerieren. Diese visuellen Elemente werden in der französischen und deutschen Version ebenso unverändert übernommen wie die auditiven Hintergrundelemente, d.h. die den jeweiligen Szenen unterlegten Flughafendurchsagen, Kindergelächter, Gemurmel und Gespräche sowie die instrumentale Untermalung mit hellem Gesang. Lediglich hinsichtlich der Stimme der Off-Sprecherin divergieren die französische und die deutsche Version, die im Timbre kulturell adaptiert sind und eher sanft klingen, vom spanischen Original, dessen Stimme kräftiger, dunkler gehalten ist.

Während das Bildinventar in den Anzeigen und Bildabfolgen der Spots in den einzelsprachlichen Fassungen (fast) identisch[17] ist, können auf der verbalen Ebene einige Unterschiede festgestellt werden. So lautet beispielsweise der das Bild-Logo in den Spots und Anzeigen begleitende Kampagnenslogan in der spanischen wie auch in der deutschen Version *I need Spain*[18], wohingegen er für das französischsprachige Zielpublikum ins Französische übersetzt wurde: *Espagne. J'en ai besoin*. Der einfache SVO-Aussagesatz des Originals findet sich im französischen Translat zweigliedrig transformiert: Das Objekt *Espagne*, ohne den im Französischen üblichen bestimmten Artikel, ist syntaktisch durch Linksversetzung und zudem noch typographisch durch einen Punkt vom Rest des Satzes abgetrennt und wird im zweiten Teil durch eine pronominale Wiederaufnahme mit *en* aufgegriffen. Sowohl in der Ausgangssprache als auch in der französischen Zielsprache rückt der Adressat als Agens in der 1. Person Sg. in den Mittelpunkt,[19] was zusätzlich visuell durch die Größe des Buchstabens *I* bzw. *J(e)* kodiert ist (vgl. Abb.

---

[17] Der spanische Spot ist mit 31'' und 22 Bildern länger als die französische und die deutsche Version (22'', 16 Bilder), in denen drei Szenen des spanischen Originals (Nr. 4–6, Bild 11–17) ausgespart sind, darunter eine Szene vor dem berühmten Calatrava-Gebäude L'Hemisfèric in der Ciutat de les Arts i de les Ciències in Valencia, das nicht einheimischen Touristen u.U. nicht bekannt ist.

[18] Seit der Kampagne *Smile! You are in Spain* (ab 2004) ist der Slogan der Tourismuswerbung für Spanien auf Englisch gehalten; in den früheren internationalen Kampagnen wurde er hingegen grundsätzlich in die jeweilige Zielsprache adaptiert.

[19] Durch die Verwendung des englischen Slogans umgeht die spanische Version das Pro-Drop-Problem, das ‚Ich' ist ebenso prominent sichtbar wie im Französischen.

1, rechts). Spanien wird zum Objekt der Begierde.[20] Die verbale Ebene erweist sich diesbezüglich als kohärent mit der ikonisch kodierten Werbebotschaft. Dies gilt auch für den Werbespot, in dem der Kampagnenslogan zusätzlich als Bestandteil des gesprochenen Werbefließtexts fungiert. In dieser Funktion erscheint er allerdings immer übersetzt in der Sprache des jeweiligen Zielpublikums, so z.B. mehrfach kodiert am Spotende (sowohl akustisch als auch visuell als eingeblendetes Logo).[21] In übersetzter und leicht adaptierter Form bildet er außerdem das Gerüst des Fließtexts, in antithetischen Alliterationen und mit leichten Variationen bzgl. des nominalen bzw. verbalen Anschlusses:

sp. *no necesito X* [N]   *no necesito Y* [N]   *necesito Z* [N]
    no necesito X [Vb]   *no necesito Y* [Vb]   *necesito que Z'* [Vb]

frz. *pas besoin de* X [N]   *pas besoin de Y* [N]   *besoin de Z* [N]
     pas besoin de X [Vb]   *pas besoin de Y* [Vb]   *besoin que Z'* [Vb]

dt. *ich brauch' nicht X* [N] *ich brauch' nicht Y* [N] *ich brauch' Z* [N]
    ich brauch' nicht X [N] *ich brauch' keine Y* [N] *ich brauche die Gewissheit, dass Z'* [Vb]

Während die spanische und die deutsche Version die personalisierte flektierte Form verwenden (sp. *necesito* bzw. dt. umgangssprachliches *ich brauch'*), lässt das elliptische französische *besoin de*, anders als im Slogan selbst, die Person of-

---

[20] Die Agentur soll sich anlässlich der Vorstellung der neuen Kampagne in der spanischen Botschaft in Paris am 25.3.2010 wie folgt geäußert haben: « Les représentants de l'agence McCann, conceptrice de la campagne, expliquent qu'ils ont voulu jouer sur le ‹ côté addictif › de l'Espagne auprès des visiteurs. » (http://www.tourhebdo.com/actualites/detail /25241/l-espagne-veut-se-rendre-indispensable.html, 01.09.2014)

[21] In der französischen Version wird der gesprochene Fließtext der weiblichen Off-Stimme darüber hinaus zusätzlich visuell als weißer Schriftzug eingeblendet. Auch wenn die *Loi n° 2005-102 du 11 février 2005 pour l'égalité des droits et des chances, la participation et la citoyenneté des personnes handicapées* die Untertitelung im französischen Fernsehen ausdrücklich nicht für Werbung vorschreibt und eine diesbezügliche Gesetzesinitiative im französischen Sénat 2013 scheiterte, gibt es doch seitdem eine Reihe von Initiativen zur freiwilligen Selbstverpflichtung des französischen Werbemarkts. Appelle und *Best-Practice*-Beispiele renommierter Firmen wie L'Oréal, Guerlain etc. finden sich z.B. unter http://soustitronsnospublicites.aacc.fr, http://www.imdsoustitrage.fr/ oder http://www.csa.fr/Television/ Le-suivi-des-programmes/L-accessibilite-des-programmes/Pour-les-personnes-sourdes-ou-malenten dantes-le-sous-titrage (01.09.2014).

fen. Das Objekt des Kampagnenslogans *España/Espagne/Spanien* wird im Fließtext, passend zur Bildauswahl, verbal durch Internationalismen ersetzt (*babysitter, fast, food*) und außerdem visualisiert, so z.b. in der Essenszene (*no necesito/pas besoin de/ich brauch' nicht fast, necesito/besoin de/ich brauch' food*), wo bei der Nennung von *food* affirmativ die positiv konnotierte Option, eine prächtige Languste, in die Kamera gehalten wird.

Insbesondere die verbale Ebene erweist sich somit aus unterschiedlichen Gründen als einzelsprachlich variabel. Die mit dem Original identische Übersetzung als infinitivischer Anschluss im Französischen (sp. *no necesito tener los pies en la tierra, no necesito ver la carta*/frz. *pas besoin d'avoir les pieds sur terre, pas besoin de regarder le menu*) bzw. abweichend davon im Deutschen als nominaler Anschluss (mit lexikalischer Expansion dt. *ich brauch' keinen festen Boden unter den Füßen*, mit lexikalischer Reduktion: dt. *ich brauch' keine Speisekarte*) ist idiomatischer Natur. Grammatisch bedingt ist hingegen die Transformation des romanischen volitiven Subjuntivo bzw. Subjonctif in der Endsequenz (sp. *necesito que este viaje dure para siempre*/frz. *besoin que ce voyage ne s'arrête jamais*) in einen deutschen Indikativ mit zusätzlicher assertiver lexikalischer Expansion (dt. *ich brauche die Gewissheit, dass diese Reise nie endet*). Strukturelle Unterschiede zwischen Original und Translat lassen sich auch in der Intro-Sequenz beobachten, wo das spanische generische *tú* (Kluge 2011) der touristischen Off-Sprecherin sowohl im Französischen als auch im Deutschen formal abweichend, aber funktional adäquat mit frz. *on*/dt. *man* übersetzt ist (sp. *cuantas menos cosas pongas en tu maleta, mas espacio queda para las vivencias* vs. frz. *moins on emporte de choses dans sa valise, plus il y a de place pour de nouvelles expériences*/dt. *je weniger Sachen man in den Koffer packt, desto mehr Platz hat man für seine Erlebnisse*).[22] In anderer Funktion taucht die 2. Person Sg. in denjenigen Anzeigen der Kampagne *I need* Spain auf, in denen nicht die Touristen als Sprecher-Origo fungieren. Hier verwenden sowohl die spanische als auch die deutsche Fassung aus persuasiven Gründen die private bzw. nähesprachliche Anredeform 2. Person

---

[22] Bezüglich der Verwendung der zugeordneten Determinanten geht das französische Translat, anders als das deutsche, mit dem spanischen Original konform (Possessivum: sp. *tu maleta*/frz. *sa valise* vs. Artikel: dt. *den Koffer*; Artikel: sp. *las vivencias*/frz. *de nouvelles expériences* vs. Possessivum: dt. *seine Erlebnisse*). Die Transformation des spanischen bestimmten Artikels in den französischen unbestimmten ist möglicherweise eine Folge der lexikalischen Expansion durch das vorangestellte attributive Adjektiv *nouvelles*.

Sg. (sp. *Regresa a casa con un desconocido: tú*/dt. *Kehr heim mit einem Unbekannten: mit dir*),[23] wohingegen in der französischen Version die formale, distanzierte Anrede gewählt wurde: *Rentrez avec un inconnu: vous-même*. Während hier mit der französischen Übersetzung zugleich eine Adaptation an die kulturspezifischen Anredekonventionen der Zielgruppe einhergeht, ist das deutsche Translat eine 1:1-Übersetzung des spanischen Ausgangstextes.

3. Fazit

Nach Duro Moreno (2002) lassen sich Translate innerhalb eines vierstufigen Kontinuums (*extranjerización deliberada – traducción – adaptación – creación*) zwischen den beiden Polen Übersetzbarkeit *(traducibilidad plena)* vs. Nicht-Übersetzbarkeit (*intraducibilidad plena*) situieren. Im vorliegenden Fall kommen 1:1-Übersetzung, Adaptation sowie Nicht-Übersetzung bzw. unveränderte Übernahme zur Anwendung.

Die hier im Übersetzungsvergleich Spanisch-Französisch-Deutsch dokumentierten verbalen einzelsprachlichen Divergenzen des Translats zur Ausgangssprache Spanisch betreffen vor allem das Französische, weniger das Deutsche. Wie gezeigt, sind die konstatierten interkulturellen Adaptationen teils strukturell-syntaktischer, teils idiomatischer und teils pragmatischer Natur (z.B. kulturspezifische Anredekonventionen). Hinzu kommen, hinsichtlich der Nicht-Übernahme des englischen Slogans in der französischen Version, die in der *Loi Toubon* festgelegten juristischen Rahmenbedingungen bezüglich der Verwendung von Anglizismen in Frankreich.

Demgegenüber sind die in diesem Beitrag exemplarisch untersuchten Werbespots und -anzeigen der Kampagne *I need Spain* auf der visuellen und auditiven Ebene in Ausgangs- und Zielkultur weitgehend deckungsgleich,[24] was angesichts

---

[23] Zur Anrede in spanischsprachiger Werbung vgl. Calvi (2006), Aijón Oliva (2009), Gil Benítez & Guerrero Salazar (2015). In deutschen Werbekontexten wird die – vermutlich von Ikea eingeführte – informelle Anrede zunehmend benutzt und akzeptiert. Für die in Deutschland geschaltete Spanienwerbung markiert das Jahr 2004 den Übergang: Zwar wurde der Slogan der Kampagne *España marca* (2002-2003) noch mit formaler Anrede ins Deutsche adaptiert (*Spanien prägt Sie*), aber in der Motorradsportzeitschrift *Tourenfahrer* vom April 2004 findet sich bereits die informelle Anrede *Spanien prägt Dich*. Mit der anschließenden Kampagne (2004-2009) *Smile! You are in Spain/Sonríe! Estás en España/Freu dich! Du bist in Spanien* wurde im Deutschen dann endgültig der Wechsel vom ‚Sie' zum ‚Du' vollzogen.

[24] Vgl. Fußnote 17.

des Befunds von Müller (1997), dass insbesondere der ikonische Kode interkulturell selten übertragbar sei, zunächst überraschend erscheint.[25] Die Nicht-Übersetzung bzw. Beibehaltung des Bildmaterials mag zum einen ökonomisch begründet sein, verbilligt ein solches Verfahren doch die globale Platzierung.[26] Ausschlaggebend im hier untersuchten Fall sind aber sicherlich markenstrategische Gründe: Die von Turespaña für die sogenannten *mercados maduros* entwickelte Kampagne *I need Spain* ist an die Zielgruppe der selbstbestimmten und aktiven Individualtouristen gerichtet, deren Interessen, in Abweichung vom früheren senderorientierten mediterranen Schema, sowohl visuell als auch verbal im Zentrum dieser Kampagne stehen und weniger die Konstruktion der Einzigartigkeit (*otherness*)[27] der Marke Spanien. Da es sich also eher um *Lifestyle*-Werbung[28] handelt, ist die Bildauswahl im Wesentlichen neutral[29] gehalten und situiert die touristischen Akteure nur in wenigen spezifisch spanischen Kontexten, die im kollektiven Wissen der anvisierten („qualitäts'-) touristischen Zielgruppe verankert sind (Sagrada Familia, Jakobsweg). Auch die konsequente Übersetzung und/oder Synchronisation des Verbalen[30] steht im Dienste dieser adressatenfokussierten

---

[25] Auch Hahn (2000, 29) gibt zu bedenken, dass es für das interkulturelle Funktionieren von Werbung „von entscheidender Bedeutung sein [kann], verbale und/oder visuelle Werbeaussagen adaptiv umzusetzen und nicht einfach nur zu übersetzen und/oder die visuelle Komponente zu übernehmen".
[26] Smith (2008, 218) zufolge ist die „Neutralisation des Lokalkolorits" daher vor allem bei Wirtschaftswerbung eine häufig eingesetzte Strategie.
[27] Diese *otherness* wird indirekt durch die Verknüpfung von Verbalem und Visuellem konstruiert, indem z.B. im Spot das Sprecher-Ich aufzählt, was Touristen alles nicht benötigen, und den Rezipienten die lokalspezifizierende Inferenz „wenn man in Spanien Urlaub macht" überlässt, die dann abschließend durch den Slogan (*I need Spain/Necesito España/Espagne. J'en ai besoin/Ich brauche Spanien*) visuell und verbal explizit bestätigt wird.
[28] Die in Wirtschaftswerbung zunehmend eingesetzte Strategie der *Lifestyle*-Werbung platziert das Produkt in einem sozialen Verwendungskontext, sodass der Identifikationsprozess nicht mehr über die „Herkunft der DarstellerInnen oder eine erkennbare regionale Zuordnung" (Smith 2008, 220), sondern interkulturell weitgehend standardisiert verläuft, „um eine homogene Zielgruppe in verschiedenen Ländern anzusprechen" (Hahn 2000, 21).
[29] Vgl. Held (2008, 155) zur Notwendigkeit, „das multimodale Design so anzulegen, dass es an andere Zielkulturen ohne große Verluste in der Aussage angepasst werden kann" und damit „transkulturell übersetzbar" wird.
[30] Die im Rahmen dieser Tourismus-Werbekampagne für das Ausland verfolgte Strategie ist damit eine grundsätzlich andere als die von Páez Rodríguez (2013) für Wirtschaftswerbung auf dem spanischen Markt beobachtete Tendenz: Wenn hier in Werbespots die verbale Botschaft des Off-Sprechers auf Englisch belassen und eine spanische Übersetzung häufig nur

Strategie, innerhalb derer sich die Marke Spanien als Plattform für individuelle Bedürfnisse und Erlebnisse der Zielgruppe inszeniert. Die der Kampagne *I need Spain* zugrunde liegende *unique selling proposition* ist somit mehrfach und multimodal kohärent kodiert. Es wird deutlich, dass im Übersetzungsprozess sowohl interlinguale als auch intersemiotische Strategien einer multimodal kohärenten Kodierung von Äquivalenzen zu berücksichtigen sind. Insofern ist das Postulat Stöckls (2014, 274) eines „methodological must" auch auf eine holistisch verstandene Translationswissenschaft zu übertragen.

Corpus

TURESPAÑA. 2010a. *TV-Spot I need Spain – Familias*, https://www.youtube.com/watch?v=qxZSDu5W14s&feature=relmfu (01.09.2014).
TURESPAÑA. 2010b. *TV-Spot Espagne. J'en ai besoin – En famille*, http://bon-plan-voyage.be/envolez-vous-vers-le-soleil-espagnol-et-la-costa-dorada-a-petit-pri/ (01.09.2014).
TURESPAÑA. 2010c. *TV-Spot Ich brauche Spanien – Familien*, http://www.frequency.com/video/ich-brauche-spa/40349083 (01.09.2014).
TURESPAÑA. o.J. *Campañas de Publicidad*, http://www.tourspain.es/es-es/marketing/Publicidad/Campanas/Paginas/default.aspx (01.09.2014).

Bibliographie

ADAM, Jean-Michel & BONHOMME, Marc. ²2012. *L'argumentation publicitaire. Rhétorique de l'éloge et de la persuasion.* Paris: Armand Colin, 287-315.
AIJÓN OLIVA, Miguel Ángel. 2009. „*Tú* y *usted* como estrategias de estilo y persuasión en la comunicación publicitaria", in: *Tonos Digital* 18, http://www.tonosdigital.es/ojs/index.php/tonos/article/view/338 (01.09.2014).
BAIDER, Fabienne & BURGER, Marcel & GOUTSOS, Dionysos. edd. 2004. *La communication touristique. Approche discursive de l'identité et l'altérité.* Paris: L'Harmattan.
BENDEL, Sylvia & HELD, Gudrun. 2008. „,Werbung – grenzenlos' – kulturvergleichende Werbeanalysen auf dem theoretischen und methodischen Prüfstand", in: Held, Gudrun & Bendel, Sylvia. edd. *Werbung – grenzenlos. Multimodale Werbetexte im interkulturellen Vergleich.* Frankfurt am Main: Lang, 1-11.
BUCHER, Hans-Jürgen. 2007. „Textdesign und Multimodalität. Zur Semantik und Pragmatik medialer Gestaltungsformen", in: Spitzmüller, Jürgen. ed. *Textdesign und Textwirkung in der massenmedialen Kommunikation.* Konstanz: UVK Verlagsgesellschaft, 49-77.
BUCHER, Hans-Jürgen. 2010. „Multimodalität – eine Universalie des Medienwandels: Problemstellungen und Theorien der Multimodalitätsforschung", in: Bucher, Hans-Jürgen & Gloning, Thomas & Lehnen, Kathrin. edd. *Neue Medien – neue Formate. Ausdifferenzierung und Konvergenz in der Medienkommunikation.* Frankfurt am Main/New York: Campus, 41-79.

---

als Untertitel darüber gelegt wird, dann geschieht auch dies nicht nur aus ökonomischen Gründen, sondern vor allem deswegen, um den beworbenen Produkten einen Hauch von Internationalität zu verleihen.

BUGNOT, Marie-Ange. 2005. *Texto turístico y traducción especializada. Estudio crítico de un corpus español-francés sobre la Costa del Sol (1960-2004)*. Tesis doctoral. Málaga: Servicio de Publicaciones Universidad de Málaga.

BUGNOT, Marie-Ange. 2009a. *Le discours touristique ou la réactivation du locus amoenus*. Granada: Comares.

BUGNOT, Marie-Ange. 2009b. „Estereotipia y localización en el discurso turístico", in: *Cédille. Revista de estudios franceses* 5, 56-80.

CALVI, Maria Vittoria. 2006. *Lengua y comunicación en el español del turismo*. Madrid: Arco Libros.

DMOCH, Thomas. 1997. *Interkulturelle Werbung. Verhaltenswissenschaftliche Grundlagen für die Standardisierung erlebnisbetonter Werbung*. Aachen: Shaker.

DURO MORENO, Miguel. 2002. „Retrato en sepia de la traducción de publicidad", in: Corpas Pastor, Gloria & Martínez García, Adela & Amaya Galván, María Carmen. edd. *En torno a la traducción-adaptación del mensaje publicitario*. Málaga: Universidad de Málaga, 131-162.

GIL BENÍTEZ, Eva M. & GUERRERO SALAZAR, Susana. 2015. „Los tratamientos de *tú/usted* en la publicidad radiofónica", in: Carriscondo Esquivel, Francisco M. ed. *Asedios políticos a las lenguas desde los medios*. Vigo: Editorial Academia del Hispanismo, 195-222.

GÖPFERICH, Susanne. 2008. *Translationsprozessforschung: Stand, Methoden, Perspektiven*. Tübingen: Narr.

HAHN, Stephen. 1998. „Werbediskurs im interkulturellen Vergleich: semiotische Strategien deutscher und französischer Printanzeigen", in: Helfrich, Uta & Klöden, Hildegard. edd. *Mediensprache in der Romania*. Wilhelmsfeld: Egert, 189-213.

HAHN, Stephen. 2000. *Werbediskurs im interkulturellen Kontext. Semiotische Strategien bei der Adaption deutscher und französischer Werbeanzeigen*. Wilhelmsfeld: Egert.

HELD, Gudrun. 2008. „Der Raum als Traum – ein Blick auf intersemiotische Gestaltungsstrategien und ihre Realisierung in globalen Kampagnen der Tourismuswerbung", in: Held, Gudrun & Bendel, Sylvia. edd. *Werbung – grenzenlos. Multimodale Werbetexte im interkulturellen Vergleich*. Frankfurt am Main: Lang, 149-172.

HELD, Gudrun. 2009. „*Qui mi sento libero*. Zu Formen der multimodalen Inszenierung von Raum als Traum in der Tourismuswerbung", in: Dolle, Verena & Helfrich, Uta. edd. *Zum spatial turn in der Romanistik. Akten der Sektion 25 des XXX. Romanistentages (Wien, 23.-27. September 2007)*. München: Meidenbauer, 143-161.

HELD, Gudrun & BENDEL, Sylvia. edd. 2008. *Werbung – grenzenlos. Multimodale Werbetexte im interkulturellen Vergleich*. Frankfurt am Main: Lang.

HOLSANOVA, Jana. 2012. „New methods for studying visual communication and multimodal integration", in: *Visual Communication* 11, 251-257.

JANICH, Nina. [6]2013. *Werbesprache. Ein Arbeitsbuch*. Tübingen: Narr.

JEWITT, Carey. ed. [2]2014. *The Routledge Handbook of Multimodal Analysis*. London/New York: Routledge.

KELLY, Dorothy. 1997. „The translation of texts from the tourist sector: textual conventions, cultural distance and other constraints", in: *Trans. Revista de traductología* 2, 33-42.

KLUGE, Bettina. 2011. „Das verallgemeinernde *Du* im Französischen, Spanischen und Deutschen", in: Lavric, Eva & Pöckl, Wolfgang & Schallhart, Florian. edd. *Comparatio delectat. Akten der VI. Internationalen Arbeitstagung zum romanisch-deutschen und innerromanischen Sprachvergleich*. Frankfurt am Main: Lang, 713–727.

KOLLER, Werner. ⁸2011. *Einführung in die Übersetzungswissenschaft*. Tübingen: Francke.
KRESS, Gunther. 2009. *Multimodality: A Social Semiotic Approach to Contemporary Communication: Exploring Contemporary Methods of Communication*. London/New York: Routledge.
KRESS, Gunther & VAN LEEUWEN, Theo. 2001. *Multimodal Discourse. The Modes and Media of Contemporary Communication*. London: Arnold.
KRESS, Gunther & VAN LEEUWEN, Theo. ²2006. *The Grammar of Visual Design*. London/New York: Routledge.
KRESS, Gunther & VAN LEEUWEN, Theo. 2013. „Multimodal discourse", in: Callan, Hilary & Street, Brian & Underdown, Simon. edd. *Introductory Readings in Anthropology*. Oxford/New York: Berghahn Books, 68-75.
LIU, Yu & O'HALLORAN, Kay L. 2009. „Intersemiotic texture: Analyzing cohesive devices between language and images", in: *Social Semiotics* 19, 367-387.
MARTÍNEZ EXPÓSITO, Alfredo. 2015. *Cine y Marca España: Cuestión de imagen*. Vigo: Editorial Academia del Hispanismo.
MÜLLER, Wendelin. 1997. *Interkulturelle Werbung*. Heidelberg: Physica.
NEFF, Kerstin. 2008. „Spanienbilder, Kultur und Klischees in der deutsch-spanischen Werbung", in: Dumiche, Béatrice & Klöden, Hildegard. edd. *Werbung und Werbesprache. Eine Analyse im interdisziplinären Kontext*. Wilhelmsfeld: Egert, 187-211.
O'HALLORAN, Kay L. ed. 2004. *Multimodal Discourse Analysis. Systemic Functional Perspectives*. London/New York: Continuum.
O'HALLORAN, Kay L. 2008. „Systemic functional-multimodal discourse analysis (SF-MDA): Constructing ideational meaning using language and visual imagery", in: *Visual Communication* 7, 443-475.
O'HALLORAN, Kay L. & SMITH, Bradley A. edd. 2011. *Multimodal Studies: Exploring Issues and Domains*. London/New York: Routledge.
PÁEZ RODRÍGUEZ, Alba. 2013. „La (no) traducción como estrategia publicitaria: ¿qué se cuela entre las grietas de la lengua con el (ab)uso de la ,lingua franca'?", in: *Estudios de Traducción* 3, 57-70.
PALTRIDGE, Brian. ²2012. „Multimodal discourse analysis", in: Paltridge, Brian. ed. *Discourse Analysis. An Introduction*. London: Bloomsbury, 169-185.
PANO ALAMÁN, Ana & RODRIGO MORA, María José. 2012. „En la persuasiva Red del eslogan turístico", in: Botta, Patricia & Pastor, Sara. edd. *Rumbos del hispanismo en el umbral del Cincuentenario de la AIH. Actas del Congreso de la Asociación Internacional de Hispanistas (Roma, 19-24 de julio 2010)*. Rom: Bagatto Libri, 469-477.
PAYO PEÑA, Leyre. 2002. „La traducción de referencias culturales en un texto turístico", in: *Puentes. Hacia nuevas investigaciones en la mediación intercultural* 1, 21-32.
PLATEN, Christoph. 1995. „*Pasión por la vida*. Spanien-Werbung in Deutschland, Frankreich und Italien", in: Schmitt, Christian & Schweickard, Wolfgang. edd. *Die romanischen Sprachen im Vergleich. Akten der gleichnamigen Sektion des Potsdamer Romanistentages (27.-30.9.1993)*. Bonn: Romanistischer Verlag, 266-288.
SCHREIBER, Michael. 2006. *Grundlagen der Übersetzungswissenschaft. Französisch, Italienisch, Spanisch*. Tübingen: Niemeyer.
SCHWEIGER, Günter & SCHRATTENECKER, Gertraud. ⁸2013. *Werbung. Eine Einführung*. Stuttgart: UTB.

SMITH, Veronica. 2008. „Interkulturelle Werbung in Wort und Bild – Grenzen der Übersetzbarkeit", in: Held, Gudrun & Bendel, Sylvia. edd. *Werbung – grenzenlos. Multimodale Werbetexte im interkulturellen Vergleich*. Frankfurt am Main: Lang, 211-227.
SOULAGES, Jean-Claude. 2013. „L'ordre du dicours publicitaire", in: Bonhomme, Marc. ed. *Les nouveaux discours publicitaires* (= *Semen* 36). Besançon: Presses universitaires de Franche-Comté, 39-52.
STERN, Barbara B. 1994. „A revised communication model for advertising. Multiple dimensions of the source, the message, and the recipient", in: *Journal of Advertising* 23, 5-15.
STÖCKL, Hartmut. 2006. „Zeichen, Text und Sinn – Theorie und Praxis der multimodalen Textanalyse", in: Eckkrammer, Eva Martha & Held, Gudrun. edd. *Textsemiotik*. Frankfurt am Main: Lang, 11-36.
STÖCKL, Hartmut. 2012. „Werbekommunikation semiotisch", in: Janich, Nina. ed. *Handbuch Werbekommunikation. Sprachwissenschaftliche und interdisziplinäre Zugänge*. Tübingen: UTB, 243-262.
STÖCKL, Hartmut. 2014. „Semiotic paradigms and multimodality", in: Jewitt, Carey. ed. *The Routledge Handbook of Multimodal Analysis*. London/New York: Routledge, 274-286.
TURESPAÑA. o.J. *Campañas de Publicidad*, http://www.tourspain.es/es-es/marketing/Publicidad/Campanas/Paginas/default.aspx (01.09.2014).
VALDÉS RODRÍGUEZ, María Cristina. 2004. *La traducción publicitaria: comunicación y cultura*. Bellaterra: Aldea Global.
ZIELKE, Achim. 1991. *Beispiellos ist beispielhaft oder: Überlegungen zur Analyse und zur Kreation des kommunikativen Codes von Werbebotschaften in Zeitungs- und Zeitschriftenanzeigen*. Pfaffenweiler: Centaurus.

Anhang

Abbildung 2

Abbildung 3

Zwischen Übersetzung und Adaptation

Abbildung 4

Abbildung 5

188 Uta Helfrich

Transkription Werbespots Spanisch – Französisch – Deutsch

Necesito España [die grau unterlegten Szenen 4-6 sind in der französischen und deutschen Übersetzung nicht enthalten]

Szene	Zeit Sec	Bild Sequenz	Kamera	Sprache Gesprochen	Geschrieben	Paraverbal	Ton Musik	Geräusche
1	0:00 – 0:05	1) Flughafen, Gepäckannahme, Frau sitzt mit Tochter auf Bank, sie blättert in einem Buch (Vorlesen), im Hintergrund: Mann kauft etwas am Automaten 2) Frau schaut über Schulter, Jungen sitzen auf Bank, halten iPad in den Händen 3) Frau, Kinder (Tochter und zwei Söhne) und Mann (Vater) in Sommerkleidung. Mann (Vater) überreicht Reisepässe (er reicht sie jemandem, der außerhalb des Bildes steht)	1) Nahe, Szenenübergang: Schnitt 2) Nahe, Szenenübergang: Schnitt 3) Halbnahe, Szenenübergang: Blende	Cuantas menos cosas pongas en tu maleta, más espacio queda para las vivencias.		tiefere weibliche Stimme	leichte Klänge	Lautsprecherdurchsagen
2	00:06 – 00:11	4) Strand, Mann und Frau liegen auf Handtüchern, in der Ferne laufen drei Kinder ins Wasser (Meer) 5) Kinder im Wasser, spielen mit Wasserball 6) Familie sitzt an gedecktem Tisch, im Hintergrund: Meer 7) Arm setzt Pfanne mit Paella und Riesen-Languste auf den Tisch 8) Familie isst Paella, ein Junge greift nach Languste und bewegt sie in Richtung eines anderen Jungen (Bruder)	4) Nahe, Szenenübergang: Schnitt 5) Nahe, Froschperspektive (Kamera bekommt Tropfen ab) Szenenübergang: Schnitt 6) Halbnahe, Szenenübergang: Schnitt 7) Detail, Szenenübergang: Schnitt 8) Detail, Szenenübergang: Schnitt	No necesito babysitter. No necesito fast, necesito food.		siehe oben	instrumentale Untermalung mit hellem, „leichtem"Gesang	Kindergelächter

Zwischen Übersetzung und Adaptation

3	0:12 – 0:14	9) Außenseite eines fahrenden Bootes, Beine hängen an der Bootseite herab über dem Wasser 10) Familie sitzt auf fahrendem Boot, Frau hält Mädchen fest, Mann steht im Hintergrund (steuert)	9) Detail, Szenenübergang: Schnitt 10) Halbtotale, Szenenübergang: Schnitt	*No necesito tener los pies en la tierra.*	siehe oben	instrumentale Untermalung mit hellem, „leichtem" Gesang
4	00:15 – 00:17	11) Köpfe von Mann und Frau mit Sonnenbrillen 12) Mann und Frau gehen Arm in Arm vor dem L'Hemisféric spazieren, die Kinder springen über Steine	11) Close-up, Szenenübergang: Schnitt 12) Totale, Szenenübergang: Schnitt	*No necesito palabras.*	siehe oben	instrumentale Untermalung mit hellem, ‚sphärischem' Gesang
5	00:18	13) Familie sitzt in zwei Reihen hintereinander in Flugzeug, schaut aus dem Fenster	13) Halbnahe, Szenenübergang: Schnitt			instrumentale Untermalung mit hellem, ‚sphärischem' Gesang
6	00:19 – 00:22	14) Ein Auto steht auf einem von grünen Wiesen umsäumten Feldweg. Im Hintergrund sind Berge zu sehen. Zwei altere Männer stehen neben dem Auto 15) Zwei Arme (die der beiden älteren Männer) bewegen sich vor dem geöffneten Fenster des Autos und zeigen in eine bestimmte Richtung. 16) Straße, Blick wie aus fahrendem Auto, voraus Bäume und Berge	14) Totale, leichte Vogelperspektive Szenenübergang: Schnitt 15) Detail, Szenenübergang: Schnitt 16) Supertotale, Szenenübergang: Schnitt	*No necesito navegador.*	siehe oben	instrumentale Untermalung mit hellem, ‚sphärischem' Gesang

7	00:23 – 00:25	17) Bar mit Gästen, Familie steht zusammen am Ende der Theke, ein Mann zeigt in Richtung der Theke, Theke ist mit verschiedenen Speisen gedeckt 18) Familie steht vor Speisen, Mädchen sitzt auf Arm der Frau und spießt mit Zahnstocher ein Stück Tortilla auf	17) Halbnahe, Szenenübergang: Schnitt 18) Nahe, Szenenübergang: Schnitt	*No necesito ver la carta.*		siehe oben	instrumentale Untermalung mit hellem, „leichtem" Gesang, einzelne Trommelschläge mit Ruf *Hey*	Gemurmel, Gespräche
8	00:26 – 00:31	19) Familie sitzt auf Terrasse, Balkon. Großes Sofa, Familie sitzt gemeinsam darauf, trägt weiße Sommerkleidung. Mann, in weißem Leinenhemd, kommt hinter dem Sofa nach vorn gelaufen 20) Familie sitzt gemeinsam auf Terrasse. Bildet schwarzen Kontrast gegen die untergehende Sonne 21) Köpfe von Frau und Mann, sie sieht zu ihm herüber, lächeln, beide haben jeweils Kinder im Arm 22) Köpfe von Frau und Kindern, im Hintergrund: untergehende Sonne	19) Halbtotale, Szenenübergang: Schnitt 20) Halbtotale, leichte Froschperspektive (Kamera filmt gegen den Sonnenuntergang), Szenenübergang: Schnitt 21) Nahe, Szenenübergang: Schnitt 22) Close-up	*Necesito que este viaje dure para siempre.* *Necesito España.*	Einblendung Bild, Mitte Rechts: Kampagnenlogo / *I need Spain*	siehe oben	instrumentale Untermalung mit hellem, „leichtem" Gesang, einzelne Trommelschläge mit Ruf *Hey* leichte Klänge vom Klavier	

Zwischen Übersetzung und Adaptation 191

Espagne. J'en ai besoin.

Szene	Zeit Sec	Bild Sequenz	Kamera	Sprache Gesprochen	Geschrieben	Paraverbal	Ton Musik	Geräusche
1	0:00 – 0:05	1) Flughafen, Gepäckannahme, Frau sitzt mit Tochter auf Bank, sie blättert in einem Buch (Vorlesen), im Hintergrund: Mann kauft etwas am Automaten 2) Frau schaut über Schulter, Jungen sitzen auf Bank, halten iPad in den Händen 3) Frau, Kinder (Tochter und zwei Söhne) und Mann (Vater) in Sommerkleidung. Mann (Vater) überreicht Reisepässe (er reicht sie jemandem, der außerhalb des Bildes steht)	1) Nahe, Szenenübergang: Schnitt 2) Nahe, Szenenübergang: Schnitt 3) Halbnahe, Szenenübergang: Blende	Moins on emporte de choses dans sa valise, plus il y a de place pour de nouvelles expériences.	weiß hervorgehobener Text www.spain.info (unten links) (unten rechts) Moins on emporte de choses dans sa valise, plus il y a de place pour de nouvelles expériences	‚helle' weibliche Stimme	leichte Klänge	Lautsprecherdurchsagen
2	00:06 – 00:11	4) Strand, Mann und Frau liegen auf Handtüchern, in der Ferne laufen drei Kinder ins Wasser (Meer) 5) Kinder im Wasser, spielen mit Wasserball 6) Familie sitzt an gedecktem Tisch, im Hintergrund: Meer 7) Arm setzt Pfanne mit Paella und Riesen-Languste auf den Tisch 8) Familie isst Paella, ein Junge greift nach Languste und bewegt sie in Richtung eines anderen Jungen (Bruder)	4) Nahe, Szenenübergang: Schnitt 5) Nahe, Froschperspektive (Kamera bekommt Tropfen ab) Szenenübergang: Schnitt 6) Halbnahe, Szenenübergang: Schnitt 7) Detail, Szenenübergang: Schnitt 8) Detail, Szenenübergang: Schnitt	Pas besoin de babysitter. Pas besoin de fast, besoin de food.	weiß hervorgehobener Text www.spain.info (unten links) (unten rechts) Pas besoin de babysitter. Pas besoin de fast, besoin de food.	siehe oben	instrumentale Untermalung mit hellem, ‚leichtem' Gesang	Kindergelächter

3	0:12 – 0:14	9) Außenseite eines Bootes, Beine hängen an der Bootseite herab über dem Wasser 10) Familie sitzt auf fahrendem Boot, Frau hält Mädchen fest, Mann steht im Hintergrund (steuert)	9) Detail, Szenenübergang: Schnitt 10) Halbtotale, Szenenübergang: Schnitt	Pas besoin d'avoir les pieds sur terre.	weiß hervorgehobener Text www.spain.info (unten links) (unten rechts) Pas besoin d'avoir les pieds sur terre.	siehe oben	instrumentale Untermalung mit hellem, „leichtem" Gesang	Gemurmel, Gespräche
4	00:15 – 00:16	11) Bar mit Gästen, Familie steht zusammen am Ende der Theke, ein Mann zeigt in Richtung der Theke, Theke ist mit verschiedenen Speisen gedeckt 12) Familie steht vor Speisen, Mädchen sitzt auf Arm der Frau und spießt mit Zahnstocher ein Stück Tortilla auf	11) Halbnahe, Szenenübergang: Schnitt 12) Nahe, Szenenübergang: Schnitt	Pas besoin de regarder le menu.	weiß hervorgehobener Text www.spain.info (unten links) (unten rechts) Pas besoin de regarder le menu.	siehe oben	instrumentale Untermalung mit hellem, „leichtem" Gesang	
5	00:17 – 00:22	13) Familie sitzt auf Terrasse, Balkon. Großes Sofa, Familie sitzt gemeinsam darauf, trägt leichte Sommerkleidung. Mann, in weißem Leinenhemd, kommt hinter dem Sofa nach vorn gelaufen 14) Familie sitzt gemeinsam auf Terrasse. Bildet schwarzen Kontrast gegen die untergehende Sonne 15) Köpfe von Frau und Mann, sie sieht zu ihm herüber, lächeln, beide haben jeweils Kinder im Arm 16) Köpfe von Frau und Kindern, im Hintergrund: untergehende Sonne	13) Halbtotale, Szenenübergang: Schnitt 14) Halbtotale, leichte Froschperspektive (Kamera filmt gegen den Sonnenuntergang). Szenenübergang: Schnitt 15) Nahe, Szenenübergang: Schnitt 16) Close-up	Besoin que ce voyage ne s'arrête jamais. Espagne. J'en ai besoin.	weiß hervorgehobener Text www.spain.info (unten links) (unten rechts) Besoin que ce voyage ne s'arrête jamais. Ab Sekunde 19 wird weißer Text ersetzt durch zwei Logos im unteren Drittel des Bildes: Links: ERDF (Europäischer Fonds für Regionale Entwicklung). Rechts: Kampagnenlogo Espagne. J'en ai besoin.	siehe oben	instrumentale Untermalung mit hellem, „leichtem" Gesang	

Ich brauche Spanien

Szene	Zeit Sec	Bild Sequenz	Kamera	Sprache Gesprochen	Geschrieben	Ton Paraverbal	Musik	Geräusche
1	0:00 – 0:05	1) Flughafen. Gepäckannahme, Frau sitzt mit Tochter auf Bank, sie blättert in einem Buch (Vorlesen), im Hintergrund: Mann kauft etwas am Automaten 2) Frau schaut über Schulter, Jungen sitzen auf Bank, halten iPad in den Händen 3) Frau, Kinder (Tochter und zwei Söhne) und Mann (Vater) in Sommerkleidung. Mann (Vater) überreicht Reisepässe (er reicht sie jemandem, der außerhalb des Bildes steht)	1) Nahe. Szenenübergang: Schnitt 2) Nahe. Szenenübergang: Schnitt 3) Halbnahe. Szenenübergang: Blende	Je weniger Sachen man in den Koffer packt, desto mehr Platz hat man für seine Erlebnisse.	weiß hervorgehobener Text *www.spain.info* (unten links)	‚helle', weibliche Stimme	leichte Klänge	Lautsprecherdurchsagen
2	00:06 – 00:11	4) Strand, Mann und Frau liegen auf Handtüchern, in der Ferne laufen drei Kinder ins Wasser (Meer) 5) Kinder im Wasser, spielen mit Wasserball 6) Familie sitzt an gedecktem Tisch, im Hintergrund: Meer 7) Am setzt Pfanne mit Paella und Riesen-Languste auf den Tisch 8) Familie isst Paella, ein Junge greift nach Languste und bewegt sie in Richtung eines anderen Jungen (Bruder)	4) Nahe. Szenenübergang: Schnitt 5) Nahe, Froschperspektive (Kamera bekommt Tropfen ab) Szenenübergang: Schnitt 6) Halbnahe, Szenenübergang: Schnitt 7) Detail, Szenenübergang: Schnitt 8) Detail, Szenenübergang: Schnitt	*Ich brauch' keinen Babysitter.* *Ich brauch' nicht fast.* *Ich brauch' food.*	siehe oben		instrumentale Untermalung mit hellem, ‚leichtem' Gesang	Kindergelächter

3	0:12 – 0:14	9) Außenseite eines fahrenden Bootes, Beine hängen an der Bootsseite herab über dem Wasser 10) Familie sitzt auf fahrendem Boot, Frau hält Mädchen fest, Mann steht im Hintergrund (steuert)	9) Detail, Szenenübergang: Schnitt 10) Halbtotale, Szenenübergang: Schnitt	*Ich brauch' keinen festen Boden unter den Füßen.*	siehe oben	‚helle', weibliche Stimme	instrumentale Untermalung mit hellem, ‚leichtem' Gesang	Gemurmel, Gespräche
4	00:15 – 00:16	11) Bar mit Gästen, Familie steht zusammen am Ende der Theke, ein Mann zeigt in Richtung der Theke, Theke ist mit verschiedenen Speisen gedeckt 12) Familie steht vor Speisen, Mädchen sitzt auf Arm der Frau und spießt mit Zahnstocher ein Stück Tortilla auf	11) Halbnahe, Szenenübergang: Schnitt 12) Nahe, Szenenübergang: Schnitt	*Ich brauch' keine Speisekarte.*	siehe oben	Stimme: siehe oben	instrumentale Untermalung mit hellem, ‚leichtem' Gesang	
5	00:17 – 00:22	13) Familie sitzt auf Terrasse, Balkon. Großes Sofa, Familie sitzt gemeinsam darauf, trägt leichte Sommerkleidung. Mann, in weißem Leinenhemd, kommt hinter dem Sofa nach vorn gelaufen 14) Familie sitzt gemeinsam auf Terrasse. Bildet schwarzen Kontrast gegen die untergehende Sonne 15) Köpfe von Frau und Mann, sie sieht zu ihm herüber, lächeln, beide haben jeweils Kinder im Arm 16) Köpfe von Frau und Kindern, im Hintergrund: untergehende Sonne	13) Halbtotale, Szenenübergang: Schnitt 14) Halbtotale, leichte Froschperspektive (Kamera filmt gegen den Sonnenuntergang), Szenenübergang: Schnitt 15) Nahe, Szenenübergang: Schnitt 16) Close-up	*Ich brauche die Gewissheit, dass diese Reise nie endet.* *Ich brauche Spanien.*	siehe oben Ab Sekunde 19 wird weißer Text ersetzt durch zwei Logos im unteren Drittel des Bildes: Links: ERDF (Europäischer Fonds für Regionale Entwicklung). Rechts: Kampagnenlogo *I need Spain*	Stimme: siehe oben	instrumentale Untermalung mit hellem, ‚leichtem' Gesang	

Interkulturalität erfassen.
Eine linguistische Analyse mittels Kontrastierung von französischen und deutschen Zeitungsartikeln

Livia Gaudino Fallegger (Gießen)

L'analyse proposée dans les pages suivantes prend comme point de départ les réflexions formulées par Benveniste sur le rapport entre culture et langue. Selon cette perspective les traits spécifiques de toute culture se manifestent dans un appareil spécifique de symboles qui prennent forme langagière et dans lesquels s'identifient les individus partageant la même langue.

A partir des réflexions de Benveniste nous formulons l'hypothèse que la compréhension des faits relatifs à la communication interculturelle passe par l'étude du niveau ‹ symbolique › des discours et des textes.

Cette approche implique la comparaison de discours appartenant au même genre textuel, mais enracinés dans des univers linguistiques différents, afin de faire ressortir le spécifique du monde discursif qui les a produits. Ici, nous illustrons cette procédure en comparant deux paires d'articles de journal, respectivement en langue française et allemande, qui traitent du groupe de média Axel Springer et de l'attitude de M. Cameron sur la libre circulation en Europe.

1. Ziel

Ziel dieses Beitrags ist zu evaluieren, ob und inwieweit Erkenntnisse, die mithilfe kontrastiv-linguistischer Untersuchungsmethoden gewonnen werden, erfolgreich zur Erforschung interkultureller Fragestellungen genutzt werden können.

2. Konzeptionelle Überlegungen

2.1. Interkulturalität und Sprache

Ausschlaggebend für die Fokussierung gerade dieser Thematik sind Überlegungen, die sich gut mithilfe folgender Zitate auf den Punkt bringen lassen:

> Die Analyse interkultureller Beziehungen und ihrer Konsequenzen auf textueller, diskursiver und medialer Ebene [...] setzt in der Tat eine komparativistische Perspektive, das heißt einen vergleichenden Blick, voraus. (Lüsebrink & Walter 2003, 11)

> J'appelle culture le milieu humain, tout ce qui, par delà l'accomplissement des fonctions biologiques, donne à la vie et à l'activité humaine, forme, sens et contenu [...] culture est un phénomène entièrement symbolique, elle se définit comme un ensemble très complexe de représentations, organisées par un code de relations et de valeurs : traditions, religion, lois, politique, éthique, arts, tout cela dont l'homme, où qu'il naisse, sera imprégné dans sa conscience la plus profonde et qui dirigera son comportement dans toutes les formes de son activité, qu'est-ce donc sinon un univers de symboles intégrés en une structure

spécifique et que le langage manifeste et transmet ? Par la langue, l'homme assimile la culture, la perpétue ou la transforme. Or comme chaque langue, chaque culture met en œuvre un appareil spécifique de symboles en lequel s'identifie chaque société. La diversité des langues, la diversité des cultures, leurs changements, font apparaître la nature conventionnelle du symbolisme qui les articule. C'est en définitive le **symbole** (Hervorhebung L.G.F.) qui noue le lien vivant entre l'homme, la langue et la culture. (Benveniste 1966, 29)

Aus dem Zitat von Lüsebrink und Walter lässt sich schlussfolgern, dass das Verständnis von interkulturellen Fakten erst dann möglich wird, wenn zuvor grundlegende Konvergenzen und Divergenzen zwischen den untersuchten Gesellschaften erkannt und erfasst wurden. Auch lässt sich aus diesem Zitat deduzieren, dass die Objekte der Kontrastierung Diskurse, Texte und mediale Erscheinungen sind, also in erster Linie sprachliche Erzeugnisse. Diskurse und Texte sind allerdings Ereignisse, die sich bislang einer eindeutigen Interpretation entzogen haben, was nahe legt, dass das Studium der Interkulturalität als sprachlich vermittelte Erscheinung nicht ohne weitere Überlegungen direkt an Diskursen und Texten ansetzen kann. Ein Einstieg in diese Problematik lässt sich möglicherweise mithilfe Benvenistes Zitat finden. Gesellschaften sind kulturell unterschiedlich; Menschen assimilieren die Kultur ihrer Gesellschaft anhand ihrer Muttersprache. Allerdings bedient sich jede Einzelsprache, so wie jede Kultur, um ‚Signifikanz' herzustellen, spezifischer Symbolformate (‚Symbolik' bei Benveniste), die den Beteiligten die Zugehörigkeit zu ihrem Kulturkreis erkennen lassen. Sprachliche Symbolik geht implizit aus dem Konsens einer Gesellschaft hervor, Fakten sprachlich auf eine bestimmte konventionalisierte Art zu erleben und zu erfassen. Spuren dieses Konsenses finden sich z.B. in der Art und Weise wie frankophone und germanophone Nachrichtensprecher das Mitgeteilte prosodisch begleiten, im unterschiedlichen Umgang mit der sprachlichen Polyphonie (vgl. Gévaudan, 2008) oder im Takt des freien Turn-Wechsels. Diese Erkenntnisse zugunsten interkultureller Studien anzuwenden, bedeutet also, Kommunikationsmuster ans Licht zu bringen, die aufgrund ihrer Verankerung in einer Gesellschaft als Indiz für eine kollektiv geltende Sprachsymbolik gedeutet werden können. Angemerkt sei diesbezüglich, dass Benvenistes Vorstellung der Symbolik sich sowohl in der Theorie

der Topoi von Anscombre[1] als auch in dem Konzept der Kollektivsymbolik von Jürgen Link[2] finden lässt. Fassen wir zusammen:
- Interkulturelle Erkenntnisse bauen zumindest im Falle der Sprachwissenschaft auf kontrastiv gewonnenen Daten auf.
- Das entscheidende Forschungsobjekt bilden dabei nicht die real existierenden Diskurswelten, sondern die Symbolformate zur Repräsentation derselben.
- Die Symbolformate, die als bindendes Element zwischen Kultur und Gesellschaft dienen und sich in der Sprache manifestieren, verkörpern das Eigenwillige einer jeden Gesellschaft und können somit Auskunft über mögliche Konvergenzen und Divergenzen in unterschiedlichen Sprach- und Gesellschaftskreisen geben.[3]

Ungeklärt ist bislang noch, welche Analysemethoden notwendig sind, um relevante Symbolformate aufzudecken. Um diesen Schritt leisten zu können, müssen zuerst einmal folgende Fragen beantwortet werden:

1) Was ist der Unterschied zwischen Diskursen und Texten, also letztendlich, was ist genau das Objekt einer empirischen Untersuchung, die interkulturell relevante Sprachmanifestationen aufdecken will?

2) Durch welche typologischen Merkmale sollten die Sprachobjekte gekennzeichnet sein, die gegenübergestellt werden?

---

[1] « (Les) topoï sont des principes généraux, qui servent d'appui au raisonnement, et jouent *mutatis mutandis* un rôle analogue aux axiomes d'un système formel. Ils ne font jamais l'objet d'une assertion, mais servent à en produire. Ils sont admis au sein d'une communauté d'individus plus ou moins vaste : ce peut être la communauté linguistique toute entière, un sous-groupe de cette communauté et, cas extrême, un groupe réduit à deux individus dans le cadre par exemple d'une discussion, où il s'agit alors de l'emporter sur l'autre, au besoin en utilisant des topoï créés de toutes pièces. » (Anscombre 1989, 23) « [...] c'est un fait linguistique qu'il y a des *topoï* mais l'existence ou non de tel *topos* particulier est affaire d'idéologie, de civilisation. Et les inferences qu'autorisent les *topoï* relèvent de la plausibilité et non de l'inférence logique. » (Anscombre 1995, 191)

[2] Link (1997, 27) versteht unter ‚Kollektivsymbolik' „[...] die Gesamtheit der sogenannten ‚Bildlichkeit' einer Kultur, die Gesamtheit ihrer am weitesten verbreiteten Allegorien und Embleme, Metaphern, Exempelfälle, anschaulichen Modelle und orientierenden Topiken, Vergleiche und Analogien."

[3] Starke Betonung der Zusammenhänge zwischen Symbolformaten und soziokulturellem Handeln führt – wie im Beitrag von M. Keith Chen (2013) – zur Annahme, sprachliche Struktur könne menschliches Handeln determinieren. Diese immer wieder zur Debatte stehende These wird in unserer Studie nicht thematisiert.

2.2. Diskurs und Text

Immer dann, wenn eine oder mehrere Stimmen (seien sie explizit oder implizit vorhanden) Sprache verwenden und die verwendeten Sprachstrukturen Auslöser zumindest einer Sprechhandlung sind, ereignet sich ein Diskurs. Eine Beschilderung des Typs *bitte nicht stören* an einer Tür angebracht, ein Formular, anhand dessen eine Anfrage gestellt wird, eine Überweisung zu einem Facharzt sind also aus diesem Blickwinkel lauter Diskurse, genauso übrigens wie ein Hilferuf, eine polizeiliche Befragung oder eine parlamentarische Intervention. So gesehen ist das Wesen des Diskurses völlig von der Frage abgekoppelt, ob er oral oder graphisch, monologisch oder dialogisch zustande kommt. Diskurse erfahren im Laufe der Zeit eine Kanonisierung, infolgedessen sie in sozial anerkannte Muster implantiert werden, die historisch tradiert und von den Sprechern beherrscht werden müssen. Diese Muster, die von Gesellschaft zu Gesellschaft sehr unterschiedlich sein können und deren Erwerb auch einen hohen Energieaufwand verlangen kann (man denke z.B. an die Leitung eines Gerichtsprozesses), machen aus Diskursen Texte. So gesehen ist jeder Diskurs auch ein Text und umgekehrt. Diskurs und Text erfassen also die gleiche Erscheinung – *l'acte de parole* im Sinne von de Saussure mit seiner Sprechhandlung –, allerdings aus unterschiedlichen Blickwinkeln. Der Diskurs stellt das Einmalige und Dynamische dar, der Text das Tradierte und Institutionalisierte.

Folgende zwei Warnschilder verwirklichen linguistisch betrachtet Kontextualisierungen vergleichbarer Sprechhandlungen (eines Hinweises und einer Aufforderung), somit können sie als Diskurse verstanden werden, die einen gewissen Normierungsgrad erlangt und sich daher zu Texten geformt haben.

Abbildung 1: Warnschilder

Zu deren ‚Textualität' gehört z.B., dass sie weder rosa noch violett sind, und auch dass die Stimme der Produzenten implizit bleibt. Dass der Infinitiv statt des

Imperativs verwendet wird, hängt vom Referenzakt ab: Denn der Rezipient der Aufforderung ist ein anonymes, dem Produzenten unbekanntes Individuum. Aus diesem Verständnis der Größen ‚Diskurs und Text' geht hervor, dass die Klasse der Sprachobjekte, die eine kontrastiv ausgerichtete Suche nach interkulturell relevanten Symbolformaten erlauben, Diskurse sein müssen, die aufgrund ihrer Kontextualisierung und Normierung Textformate aufweisen, die in beiden Kulturkreisen vorhanden und stabil genug sind, um auf deren Konvergenzen und Divergenzen hin untersucht werden zu können.

3. Anwendungsbeispiel

Dieser Ansatz lässt sich am einfachsten an den bereits eingeführten Warnschildern prüfen. Sucht man nach der Verteilung möglicher Konvergenzen, so lässt sich erkennen,

- dass beide Schilder Nominalphrasen ohne Artikelform enthalten und
- dass in beiden Fällen die Farbe Grün als Support verwendet wird: eine Konvention, die übrigens auf den fortgeschrittenen Einfluss der Globalisierung auf die Kommunikation im öffentlichen Raum hindeutet.

Im Bereich der Divergenzen findet sich Folgendes:

- Die Darstellung des Hinweises ist unterschiedlich. Auf dem deutschen Schild kommt diese mithilfe einer deontischen Komponente zustande, es handelt sich also um einen Ausgang, der für den Notfall ‚bestimmt' ist. Das französische Schild fokussiert stattdessen die Idee der Rettung. Während also in einem Fall der öffentliche Raum und seine Strukturiertheit zugunsten der Kollektivität und nicht zuletzt des Individuums fokussiert werden, steht im Mittelpunkt des französischen Schildes eine Hilfe, die aufgrund des Lexems *secours*[4] von außen kommend präsentiert wird.
- Im deutschen Text kommt die Höflichkeitsform ‚bitte' vor. Im französischen Schild dagegen wird der imperative Charakter der Aufforderung sogar mithilfe der roten Farbe zusätzlich verstärkt.
- *Encombrer* bedeutet so viel wie ‚vollstopfen und dabei blockieren'; *freihalten* drückt dagegen beinahe das Gegenteil dazu aus, womit klar wird,

---

[4] « Tout ce qui sert à qqn pour sortir d'une situation difficile [...] et qui vient d'un concours extérieur. » (*Petit Robert*, 1995, s.v. *secours*)

dass auch die Aufforderung anhand unterschiedlicher Semantisierungsperspektiven zustande kommt.
- Außerdem enthält das französische Schild auch noch eine Negation. Negationen sind polyphon, daher deuten sie auf bereits gewesene Diskurswelten hin. Während also die deutsche Formulierung die Präsupposition vermittelt, der Raum vor der Tür sei schon immer frei von Hindernissen, und man müsse nur dafür sorgen, dass dieser Zustand erhalten bleibt, suggeriert die französische Version die Annahme, der Raum vor der Tür könne bereits einmal versperrt gewesen sein, was sich in Zukunft nicht wiederholen sollte.

Fazit: Die analysierten Texte kontextualisieren den gleichen Diskurs (also eine Synthese von Hinweis und Aufforderung, mit öffentlicher Tragweite), allerdings mit Formaten, die nahe legen, Träger abweichender soziokultureller Annahmen zu sein (unterschiedliche Wahrnehmung des öffentlichen Raumes, unterschiedliche Haltung gegenüber Regelungen). Dies zeigt, dass die Linguistik in der Lage ist, mithilfe ihrer Analyseverfahren diskursintrinsische Konvergenzen und Divergenzen aufzudecken. Offen bleibt allerdings dabei die Frage, inwieweit die vorgefundenen Abweichungen systematisch und daher in irgendeiner Form für interkulturelles Wissen relevant sind. Diesbezüglich gilt m.E. die Devise, dass Fragestellungen dieser Tragweite nur interdisziplinär und in Projekten größerer Tragweite angegangen werden können.

4. Das Korpus

Im Folgenden wird die Analyse einiger ausgewählter Sprachstrukturen vorgestellt, die aus vier Artikeln stammen (jeweils zwei aus der *Süddeutschen Zeitung* und zwei aus *Le Monde*)[5] und Teil eines Korpus sind, das von Studierenden zusammengestellt und mit dem gerade dargestellten Verfahren im Rahmen eines Masterseminars analysiert wurde. Die Titel lauten:

(1a) Gegen Einwanderer. Cameron will Sozialleistungen für EU-Ausländer einschränken (*Süddeutsche Zeitung*, 28.11.2013, Sektion Politik)
(1b) M. Cameron défie l'Union européenne sur la libre circulation (*Le Monde*, 28.11.2013, Sektion *International et Europe*)

---

[5] Vgl. Anhang.

(2a) Radikal digital. Springer-Chef Döpfner treibt den Konzernumbau voran – und könnte den US-Verlag Forbes kaufen (*Süddeutsche Zeitung*, 7.3.2014, Sektion Wirtschaft)

(2b) Le groupe de médias allemand Axel Springer accélère son virage numérique. Les activités sur Internet nourrissent désormais 48% du chiffre d'affaires de l'entreprise (*Le Monde*, 7.3.2014, Sektion *Techno & Médias*).

Dass, um das Verfahren zu testen, gerade *Le Monde* und die *Süddeutsche Zeitung* verwendet wurden, ist naheliegend, denn:

- in einem Fall wie in dem anderen handelt es sich um nationale Titel mit internationaler Reichweite;
- sie sind ideologisch verwandt (jeweils *centre-gauche* und gemäßigt links);
- das angesprochene Publikum scheint im einen Fall wie in dem anderen soziokulturell vergleichbar zu sein, und
- ihre Auflage ist vergleichbar.

Das Korpus, aus dem diese Artikel stammen, basiert auf Textpaaren mit informativem Charakter und vergleichbarer Thematik. Manche Textpaare, die auf Anhieb vielversprechend vorkamen, erwiesen sich aus unterschiedlichen Gründen als nicht brauchbar. Dies gilt z.B. für die Wetterberichte, welche inzwischen über beinahe transnationale Muster gestaltet werden und somit für eine Studie dieser Art kaum ergiebig sind. Auch wurde der Vergleich von Nachrichten, deren Relevanz für das innenpolitische Leben der beiden Länder sehr unterschiedlich ist, vermieden. Deswegen wurden z.B. Artikel um den Skandal zu Hollandes Geliebter nicht herangezogen.

5. Konvergenzen und Divergenzen

Das erste Artikelpaar bezieht sich auf einen Gastbeitrag von Cameron in der *Financial Times*. „Gegen Einwanderer" ist eine Präpositionalphrase. Als solche blockiert sie automatisch jegliche Form positiver oder negativer Evaluierung der vermittelten Information; allerdings deutet die Semantik von *gegen* auf einen nicht näher bestimmbaren Konflikt hin, was eventuell die Aufmerksamkeit der Leserschaft mobilisieren könnte. Der als Satz artikulierte Untertitel klärt über die Art des Konflikts auf: Fokussiert werden hier die „Sozialleistungen".

Der französische Titel (einen Untertitel gibt es hier nicht) drückt semantisch betrachtet einen Sachverhalt aus, somit wird die Existenz eines Konfliktes explizit assertiert. Fokussiert wird hier die Einschränkung eines Grundrechtes der Europäer, nämlich die „libre circulation". Somit taucht bereits zu Beginn der Analyse eine Divergenz auf, die darauf hindeutet, dass der Leserschaft beider Nationen unterschiedliche Einstiegsargumente in die Thematik angeboten werden. Außerdem zeigt sich durch *défier* von Anfang an die wertende Einstellung der Verfasserin, welche Camerons Handeln als Provokation einstuft. Die divergierende Gestaltung der Artikel setzt sich im redaktionellen Stil fort. Während im deutschen Artikel Cameron *ankündigt, fordert* und *verfügen will*, was klar darauf hindeutet, dass der Autor des Artikels, Markus Balser, sich einzig und allein auf Camerons Erklärungen bezieht, bedient sich die französische Journalistin wertender, z.T. polyphonischer Verbformen wie *promettre, remettre en cause, assurer*. Der erste Impuls wäre in diesem Fall, zu argumentieren, es handle sich um zwei Formen von Journalismus, wobei im deutschen Blatt die Sachlichkeit der Information gemäß der angelsächsischen Tradition stärker im Vordergrund steht. Dies widerlegt sich allerdings von selbst dadurch, dass der *Le Monde*-Artikel mit kursiv hervorgehobenen Zitaten gespickt ist, die der französischen Leserschaft einigermaßen den gleichen Wissensstand vermitteln, wie ihn die deutsche erwirbt. Somit müssen für diese Divergenz andere Erklärungen gefunden werden. Hilfe bietet dabei m.E. ein von Maingueneau (1996, 44) vorgeschlagenes Diskursmodell. Laut diesem Autor bedarf es bei der Untersuchung von Diskursen der Berücksichtigung von fünf Komponenten. Betrachtet man die Komponenten 2 bis 5 (ibid.),

1. Le statut respectif des locuteurs et des récepteurs
2. Les circonstances temporelles et locales de l'énonciation
3. Le support et les modes de diffusion
4. Les thèmes qui peuvent être introduits
5. La longueur et le mode d'organisation

so stellt man fest, dass sie sowohl bei *Le Monde* als bei der *Süddeutschen Zeitung* gleicherweise zum Tragen kommen. Ein derartiger Parallelismus kommt im Falle der Komponente 1 nicht zustande. Zwar ist der Status der Betroffenen gleich (Autor gegenüber Leserschaft), nicht allerdings die Erwartungen des jeweiligen Kulturkreises. Das Offenbaren oder Nicht-Offenbaren von persönlichen Evaluationen hängt neben den von Land zu Land unterschiedlichen journalistischen Traditionen auch mit der Haltung der Rezipienten, also in diesem Fall der Leserschaft, gegenüber dem Stil der Nachrichtendarstellung ab. Der Verfasser seinerseits verinnerlicht diese Erwartungen und moduliert seinen Stil entsprechend. Dass die französische Verfasserin sich evaluierend äußert, deutet demzufolge darauf hin, dass ihre Leserschaft diese Haltung billigt oder sogar erwartet: also Farbe zu bekennen. Dass der deutschsprachige Journalist sich eher zurückhaltend zeigt, was subjektive Stellungnahmen angeht, deutet hingegen auf eine ideologisch geringere Homogenität seines Publikums hin oder zumindest auf einen diffusen gesellschaftlichen Konsens dahingehend, mit ausdrücklichen Stellungnahmen zu brisanten Themen zurückhaltend zu sein.

Der zweite deutsche Artikel beginnt mit „Radikal digital": Zwei Fremdwörter, die semantisch wie formal eine interessante Adjektivphrase bilden. Formal entsteht durch den Reim ein Ganzes, das keine Weiterführung auf der semantischen Ebene erfährt. Denn radikal sind z.B. politische Bewegungen oder auch bestimmte Methoden, nicht aber das Digitale an sich. Alles in allem eine Kollokation, die zwar ‚modernistisch' erscheinen mag, allerdings gerade wegen der semanto-formalen Diskrepanz eher positive als negative Assoziationen weckt. Im Untertitel erfährt man, dass die Digitalisierung des Axel-Springer-Verlags stark ‚vorangetrieben' wird. Im Duden werden für *vorantreiben* folgende Kollokationen vorgeschlagen:

Abbildung 2: Duden.de 2015, s.v. vorantreiben (http://www.duden.de/node/807411/revisions/ 1370531/view, 23.11.2015)

Wie man sieht, handelt es sich semantisch um primär positiv konnotierte Sachverhalte. Somit lässt sich bereits aus dem Titel der allgemeine Tenor des Artikels erkennen: Neben dem tatsächlichen Informationsinhalt – Bericht zur Pressekonferenz von Konzernchef Mathias Döpfner – eine im Großen und Ganzen positive Haltung des Verfassers gegenüber dem eingeleiteten digitalen Umbau des Springer-Verlags. Interessanterweise zeigte sich, dass es mit den Studierenden des Master-Hauptseminars gar nicht so einfach war, diese Haltung herauszuarbeiten. Der Grund liegt darin, dass sie *de facto* nicht explizit ausgedrückt wird. Denn sie lässt sich erst über den polyphonischen Charakter des Textes rekonstruieren: Es sind bestimmte einzelne Lexeme aus Döpfners Rede, manche durch Anführungszeichen gekennzeichnet, andere nicht, welche die Haltung des Verfassers gegenüber der Pressekonferenz indirekt zum Ausdruck bringen. Dazu gehören z.B. *Weitsicht, Wandel, Optimismus, Paradigmenwechsel, radikale Veränderung, Akquisitionsmöglichkeit, spektakuläre Übernahme*: lauter Ausdrücke, die aktuell in Deutschland und womöglich generell in der westlichen Welt positiv konnotiert sind, nämlich als dynamisch, umwandlungsfähig, jung.

Der Titel des französischen Artikels enthält z.T. die Inhalte, die auch im Untertitel des deutschen Artikels zu finden sind. *Accélérer* und *vorantreiben* sind sich durchaus semantisch nah (beide agentivisch geprägt). Allerdings ist die volitive Komponente von *vorantreiben* deutlich ausgeprägter, was sich an dem unterschiedlichen Akzeptanzniveau von Sätzen mit nicht-agentivischem Subjekt wie *?der Asteroid trieb seine Bewegung voran* und *der Asteroid beschleunigte seine Bewegung* erkennen lässt. Auch im Fall dieses Artikels ist die Haltung des Verfassers gegenüber dem Tatbestand zu erkennen und kommt – wie schon im anderen *Le Monde*-Artikel – relativ explizit zum Ausdruck. Das neue Profil des Unternehmens – *groupe de médias numériques* – wird vom Verfasser als „flou" bezeichnet, also als ‚vage, unklar'. Die Erklärung für diese Bewertung findet sich erst später im Text, als der Umbau des Axel-Springer-Verlags als ein „tournant culturel" bezeichnet wird. Denn laut dem Verfasser könnte die Abwendung der Gruppe vom bisherigen Geschäft eine Bedrohung für den traditionellen Journalismus bedeuten. Neben etlichen kursiv markierten Zitaten aus Döpfners Diskurs lassen sich in diesem Text auch andere Stimmen finden, die der Forcierung der Digitalisierung skeptisch gegenüberstehen: « ‹ Les achats de ces dernières années n'ont rien à voir avec notre cœur de métier ›, soupire Jürgen Fischer ».

Was lässt sich aus diesen rein linguistischen Beobachtungen schlussfolgern? Auch im Fall des zweiten Artikelpaars scheinen sich einige Merkmale herauszuprofilieren, die über den objektiven Artikelinhalt hinausgehen und die diskursiven Praktiken der Beteiligten betreffen. Während die *Le Monde*-Verfasserin die Nachricht mit expliziten Einschätzungen begleitet, geht der deutsche Kollege eher zurückhaltend damit um. Die genaue Lektüre des deutschen Textes erlaubt zwar die Rekonstruktion einer Verfasserhaltung, diese kommt allerdings nur indirekt zustande dank des gekonnten Umgangs des Verfassers mit Döpfners Worten. Auch die Gestaltung der Titel deutet auf unterschiedliche Darstellungsvisionen der Nachricht hin. Denn genauso wie beim ersten Artikelpaar wird der deutsche Beitrag mit einem Syntagma und der französische mit einem Satz eröffnet.

6. Fazit

Die Konvergenzen zwischen den analysierten Artikeln sind gewissermaßen intrinsisch bedingt: Man hat hier also mit informativen Artikeltypen zu tun, die, wenn auch in unterschiedlichen Sprachen redigiert, die gleichen Ereignisse zum Ausgangspunkt haben: jewels einen Gastbeitrag von Cameron in der *Financial Times* und den Bericht von Döpfner auf der Bilanz-Pressekonferenz der Axel-Springer-Gruppe in Berlin. Die Herangehensweise der Verfasser ist dabei durchaus vergleichbar, denn typologisch geht es um Berichterstattung im klassischen Sinn. Divergenzen lassen sich erst dann erkennen, wenn die Analyse auf die Frage eingeht, wie die Verfasser sich selbst in die Nachricht einbringen. Denn ihr Umgang mit wertenden Stellungnahmen ist unterschiedlich. Daraus lässt sich folgende Hypothese formulieren: Informative Zeitungsartikel sind, wie wir postuliert haben, Kontextualisierungen von Diskursen; Diskurse ergeben sich aus der Interaktion einer Reihe von Faktoren, zu denen auch die Erwartungen der Rezipienten gegenüber der Art und Weise zählen, wie Information verwaltet und präsentiert wird. Die hier durchgeführte Analyse deutet darauf hin, dass dieses Verständnis in den berücksichtigten Kulturkreisen unterschiedlich geregelt sein könnte. Die französische Leserschaft erwartet anscheinend von der eigenen Zeitung eine Positionierung. Dies ist dagegen im Falle der deutschen nicht gleichermaßen evident.

Wie schon im Falle der Schilder ist an diesem Punkt der Studie zu fragen, ob Erkenntnissen dieser Art überhaupt interkulturelle Relevanz zugeschrieben werden kann. Dazu lässt sich zumindest konstatieren, dass ohne aufwendige quantitative Studien die Dateninterpretation hypothetisch bleibt. Allerdings gilt auch, dass quantitative Daten ohne die Einbettung der Thematik in einen sozio-historischen Kontext nutzlos sind. Zu klären wäre z.b., ob die Verwendung der Phrase „bitte" in Abb. 1 nicht als Revision eines nazistisch empfundenen Sprachduktus gedeutet werden könnte und ob Meinungszurückhaltung in der Presse nicht auch von Normen gesteuert werden könnte, die den Umgang mit der Höflichkeit im öffentlichen Raum regulieren. Unbestritten ist es, dass die Schranken, die das *dire* vom *ne pas dire* trennen, den Kommunikationsstil einer jeden Gesellschaft grundlegend prägen und dass sie für Außenstehende nicht gerade auf Anhieb erkennbar sind.

Korpus

A., E. 2013. « M. Cameron défie l'Union européenne sur la libre circulation », in: *Le Monde*, 28.11.2013, Sektion *International et Europe*.
BALSER, Markus. 2014. „Radikal digital. Springer-Chef Döpfner treibt den Konzernumbau voran – und könnte den US-Verlag Forbes kaufen", in: *Süddeutsche Zeitung*, 7.3.2014, Sektion *Wirtschaft*.
BOUTELET, Cécile. 2014. « Le groupe de médias allemand Axel Springer accélère son virage numérique. Les activités sur Internet nourrissent désormais 48% du chiffre d'affaires de l'entreprise », in: *Le Monde*, 7.3.2014, Sektion *Techno & Médias*.
ZASCHKE, Christian. 2013. „Gegen Einwanderer. Cameron will Sozialleistungen für EU-Ausländer einschränken", in: *Süddeutsche Zeitung*, 28.11.2013, Sektion *Politik*.

Bibliographie

ADAM, Jean-Michel. 2005. *La linguistique textuelle, introduction à l'analyse textuelle des discours*. Paris: Colin.
ANSCOMBRE, Jean-Claude. 1989. „Théorie de l'argumentation, topoï, et structuration discursive", in: *Revue québécoise de linguistique* 18/1, 13-55.
ANSCOMBRE, Jean-Claude. 1995. „La théorie des topoï. Sémantique ou rhétorique ?", in: *Hermés* 15, 186-198.
BARRETTE, Christian & GAUDET, Édithe & LEMAY, Denyse. 1996. *Guide de communication interculturelle*. Saint-Laurent (Québec): Editions du Renouveau pédagogique.
BENVENISTE, Emile. 1966. *Problèmes de linguistique générale*. Paris: Gallimard.
BIBLIOGRAPHISCHES INSTITUT GMBH. 2015. *Duden.de*, http://www.duden.de (23.11.2015).
CAREL, Marion & DUCROT, Oswald. 2009. „Mise au point sur la polyphonie", in: *Langue française* 164/4, 33-43, www.cairn.info/revue-langue-francaise-2009-4-page-33.htm (25.11.2015).

CHEN, Keith M. 2013. "The effect of Language on Economic Behavior: Evidence from Saving Rates, Health Behaviors, and Retirement Assets", in: *American Economic Review* 103/2, 690-731.
DEMORGON, Jacques & DUFOUR, Dany-Robert & EDER, Klaus & NICKLAS, Hans. 2006. *L'Europe – un mythe politique? Identité européenne et citoyennetés nationales*. Paris: Office Franco-Allemand pour la Jeunesse.
DUCROT, Oswald. 1993. "Les topoï dans la théorie de l'argumentation dans la langue", in: Plantin, Christian. ed. *Lieux communs, topoï, stéréotypes, clichés*. Paris: Kimé, 233-248.
DUDEN.DE 2015 = BIBLIOGRAPHISCHES INSTITUT GMBH. 2015.
GEVAUDAN, Paul. 2008. "Das kleine Einmaleins der linguistischen Polyphonie", in: *PhiN* 43/1, 1-10, http://web.fu-berlin.de/phin/phin43/p43t1.htm (25.11.2015).
GONNOT, Anne-Catherine. ed. 2013. *Dialogues entre langues et cultures*. Frankfurt am Main: Lang.
GÖTZE, Lutz. 2004. "Die Leitbegriffe Kultur und Interkulturalität aus der Sicht der Linguistik", in: Lüsebrink, Hans-Jürgen. ed. *Konzepte der interkulturellen Kommunikation*. St. Ingbert: Röhrig, 33-43.
HABSCHEID, Stephan. 2011. *Textsorten, Handlungsmuster, Oberflächen. Linguistische Typologien der Kommunikation*. Berlin [u.a.]: de Gruyter.
HALL, Edward T. 1976. *Beyond Culture*. New York: Garden City.
HERINGER, Hans Jürgen. [4]2014. *Interkulturelle Kommunikation*. Tübingen: Franke.
HINDELANG, Götz. [5]2010. *Einführung in die Sprechakttheorie. Sprechakte, Äußerungsformen, Sprechaktsequenzen*. Berlin [u.a.]: de Gruyter.
LADMIRAL, Jean-René & LIPIANSKY, Edmond Marc. 1989. *La communication interculturelle*. Paris: Armand Colin.
PETIT ROBERT. 1995 = ROBERT, Paul & REY-DEBOVE, Josette. 1995.
ROBERT, Paul & REY-DEBOVE, Josette. 1995. *Le nouveau petit Robert: dictionnaire alphabétique et analogique de la langue française*. Paris: Le Robert.
LINK, Jürgen. 1997. *Versuch über den Normalismus. Wie Normalität produziert wird*. Wiesbaden: Westdeutscher Verlag.
LÜSEBRINK, Hans-Jürgen. 2007. "Interkulturelle Romanistik", in: Straub, Jürgen. ed. *Handbuch interkultureller Kommunikation und Kompetenz*. Stuttgart: Metzler, 163-170.
LÜSEBRINK, Hans-Jürgen. [3]2012. *Interkulturelle Kommunikation, Interaktion, Fremdwahrnehmung, Kulturtransfer*. Stuttgart: Metzler.
LÜSEBRINK, Hans-Jürgen & WALTER, Klaus Peter. 2003. "Einführung – Konzepte, Gegenstandsbereiche, Perspektiven", in: Lüsebrink, Hans-Jürgen & Walter, Klaus Peter. edd. *Interkulturelle Medienanalyse. Methoden und Fallbeispiele aus den romanistischen Kulturen des 19. und 20. Jahrhundert*. St. Ingbert: Röhrig, 7-23.
MAINGUENEAU, Dominique. 1996. *Les termes clés de l'analyse de discours*. Paris: Seuil.
MÜNCHOW, Patricia von. 2004. *Les journaux télévisés en France et en Allemagne: plaisir de voir ou devoir de s'informer*. Paris: Presses Sorbonne Nouvelle.
SCHMIDT, Jürgen H. 2014. *La comunicación intercultural: el desafío de la comunicación entre dos culturas*. Norderstedt: Books on Demand.
SCHROTT, Angela. 2014. "Sprachwissenschaft als Kulturwissenschaft aus romanistischer Sicht. Das Beispiel der kontrastiven Pragmatik", in: *Romanische Forschungen* 126/1, 3-44.

M. Cameron défie l'Union européenne sur la libre circulation

28.11.13 Internationale & Europe S.3

Londres
Correspondance

David Cameron défie à nouveau l'Union européenne (UE). Soucieux d'apaiser son électorat sur la question migratoire, le premier ministre britannique a annoncé, mercredi 27 novembre, un durcissement de l'accueil des immigrés européens. Cette annonce va à l'encontre de la règle fondamentale de libre circulation dans l'UE.

« Le 1ᵉʳ janvier, les habitants de Roumanie et de Bulgarie vont avoir les mêmes droits de travailler au Royaume-Uni que les autres habitants de l'Union européenne. Je sais que beaucoup de gens sont très inquiets de l'impact que cela pourrait avoir sur notre pays. Je partage cette inquiétude », écrit M. Cameron dans une tribune au Financial Times.

Le premier ministre britannique promet, dans un premier temps, de durcir l'accès aux aides sociales pour les immigrés européens. Aucun n'aura désormais droit aux allocations chômage pendant les trois premiers mois suivant leur arrivée ; et ils ne pourront pas en toucher pendant plus de six mois d'affilée. M. Cameron affirme par ailleurs que les immigrés européens sans-abri seront désormais expulsés du pays.

Test de revenus

Au-delà de ces mesures, il remet en cause le principe de la libre circulation. « L'UE d'aujourd'hui est très différente de celle d'il y a trente ans. Il faut qu'on accepte le fait que la libre circulation a provoqué de vastes mouvements de population causés par une énorme disparité de revenus. (...) Un nouvel accord est nécessaire, qui reconnaisse la libre circulation comme un principe fondamental de l'UE, mais qui ne soit pas complètement sans limites. »

M. Cameron suggère par exemple d'instaurer un test de revenus : un pays de l'UE ne pourra bénéficier de la liberté complète de mouvement qu'à partir d'un certain niveau de PIB par habitant. Il demande aussi que chaque pays puisse imposer une limite au nombre d'immigrés européens chaque année.

Sa décision risque de provoquer des remous à Bruxelles. Mais M. Cameron assure que « la Grande-Bretagne n'agit pas seule », en citant dans sa tribune les Pays-Bas, mais aussi l'Allemagne et l'Autriche. Si M. Cameron décide ainsi de défier l'UE, c'est que l'immigration européenne est désormais un sujet politique explosif pour Londres.

Nigel Farage, le chef de file du Parti pour l'indépendance du Royaume-Uni (UKIP, anti-européen), en fait ses choux gras. « L'UE autorise 29 millions de Roumains et de Bulgares à venir au Royaume-Uni », avance-t-il, en donnant l'impression que l'entière population de ces deux pays va soudain s'installer outre-Manche.

Cette rhétorique porte néanmoins ses fruits : 82 % des Britanniques veulent imposer des restrictions aux Roumains et aux Bulgares, et 52 % d'entre eux veulent mettre fin à la libre circulation entre les Vingt-Huit, contre 29 % qui veulent la conserver.

Si 8 % des migrants européens sont au chômage, seulement 2 % touchent des allocations. Dans l'ensemble, les nouveaux arrivants sont jeunes et sans enfants. Ils viennent pour travailler et paient donc des impôts. En d'autres termes, les immigrés européens rapportent nettement plus en impôts qu'ils ne coûtent en aides sociales, selon le Centre for European Reform (CER), un think tank basé à Londres. « L'annonce de David Cameron de restreindre l'accès aux allocations sociales est avant tout politique. Il sait que ça marchera bien auprès du grand public », estime Simon Tilford, du CER.

E. A.

Gegen Einwanderer

Politik S.10   28.11.13

Cameron will Sozialleistungen für EU-Ausländer einschränken

London – David Cameron hat angekündigt, EU-Ausländern den Zugang zu Sozialleistungen erschweren zu wollen. Der britische Premier hat zudem gefordert, dass das Recht auf Freizügigkeit innerhalb der Europäischen Union eingeschränkt werden müsse. Diese Forderungen waren Teil einer politischen Offensive, in deren Zuge der Premier in der BBC auftrat und einen Gastbeitrag in der Financial Times verfasste. In Brüssel reagierten führende EU-Politiker ablehnend und mit Unverständnis.

Die Ankündigungen Camerons kommen gut einen Monat bevor Beschränkungen der Freizügigkeit für Rumänien und Bulgarien aufgehoben werden. Allen Bürgern der Union ist es erlaubt, ihren Wohnsitz innerhalb der Staatengemeinschaft frei zu wählen. Für Rumänien und Bulgarien, die beide seit 2007 Mitglieder der EU sind, galten zunächst Einschränkungen. Im Vereinigten Königreich warnen Konservative seit Monaten davor, dass eine Welle von schlecht qualifizierten Einwanderern aus diesen Ländern ins Land schwappen werde, wenn von 1. Januar 2014 an das Recht auf Freizügigkeit auch für diese Mitgliedstaaten uneingeschränkt gilt.

Im Detail will Cameron verfügen, dass EU-Einwanderer in den ersten drei Monaten nach ihrer Ankunft in Großbritannien keine Arbeitslosenhilfe beantragen können. Anschließend sollen die Zahlungen auf sechs Monate beschränkt werden, wenn die Antragsteller keine realistische Aussicht auf einen Job hätten. Auch der Zugang zu Wohngeld soll für EU-Ausländer eingeschränkt werden. Wer bettelt oder keinen festen Wohnsitz nachweisen kann, soll des Landes verwiesen werden und ein Jahr lang nicht wieder einreisen dürfen.

EU-Sozialkommissar László Andor sagte am Mittwoch, Cameron führe die britische Öffentlichkeit mit seinen Äußerungen in die Irre. Es gebe bereits jetzt EU-weite Regeln bezüglich des Zugangs zu Sozialhilfe in den Mitgliedsländern. Andar sagte der BBC, Cameron riskiere, dass Großbritannien innerhalb der EU als „fieses Land" angesehen werde. Er spielte damit darauf an, dass Camerons Konservative im Königreich lange als „die fiese Partei" galten.

Widerspruch erntet der Premier in Brüssel vor allem mit seiner allgemein gehaltenen Forderung, dass das Recht auf Freizügigkeit generell eingeschränkt werden solle. EU-Justizkommissarin Viviane Reding wies am Mittwoch darauf hin, dass gerade Großbritannien sich stets für die Erweiterung der EU eingesetzt habe. Sie führte aus, dass die Freizügigkeit innerhalb der EU kategorisch unverhandelbar sei. Cameron hingegen will das Verhältnis seines Landes zur EU grundsätzlich neu verhandeln und nach ihm im Fall seiner Wiederwahl für 2017 eine Volksabstimmung über die Mitgliedschaft Großbritanniens in der Union angekündigt.   CHRISTIAN ZASCHKE

Wirtschaft

Radikal digital
7.3.14

Springer-Chef Döpfner treibt den Konzernumbau voran – und könnte den US-Verlag Forbes kaufen

Berlin – Der Konferenzraum in der 19. Etage der Springer-Zentrale in Berlin sieht an diesem Morgen aus wie ein Apple-Store: Weiße Bartische, weiße Barhocker. Man kann von hier oben durch den Nebel hinunter schauen auf den Berliner Dom, den Alexanderplatz. Doch offenbar reichte das den Konzernstrategen an Weitsicht alles noch nicht. Auf den Fenstern kleben Weltkarten aus Wörtern. „Wandel" prangt auf Russland. „Optimismus" über Afrika. Auf der Bühne federt Mathias Döpfner auf und ab, der Vorstandsvorsitzende des Konzerns. Auch bei Döpfners Rede zur Bilanzpräsentation geht es irgendwie um Weitsicht. Viel ist von „radikaler Veränderung" die Rede. Von „Paradigmenwechsel". Und vor allem von „Zukunft".

Seit zwölf Jahren ist der 51-Jährige Vorstandschef von Springer. Bislang trat er bei Bilanz-Pressekonferenzen immer als der mächtige Chef von Deutschlands größtem Verlagshaus für Printprodukte auf. Schließlich entstehen Zeitungen wie Bild und Welt hier an der Axel-Springer-Straße im Berliner Stadtteil Kreuzberg. Doch seit einiger Zeit hat sich der Konzern digitale Aufbruchstimmung verordnet. Gleich zu Beginn macht Döpfner klar, was er in Zukunft sein will: Der Chef eines „führenden digitalen Verlags". Journalismus müsse sich vom Papier befreien und als Bezahlangebot in der digitalen Welt bestehen, heißt sein neues Credo. Und: Springer wolle auf seinen wichtigsten Märkten das führende Digitalunternehmen in Europa werden.

Digital statt Print – so radikal wie kaum ein anderes Medienunternehmen treibt die Axel Springer AG in den Monaten den Umbau des eigenen Konzerns voran. Der Verlag steckt im größten Umbruch seit der Gründung. Im vorigen Jahr verkaufte Springer ein Paket Traditionsblätter für 920 Millionen Euro an die Essener Funke-Gruppe. Darunter auch die Hörzu und das Hamburger Abendblatt – jene Blätter also, die als journalistische Wurzeln des Konzerns gelten. Außerdem hat Springer den Nachrichtensender N24 mit etwa 300 Beschäftigten übernommen. „2013 war für Axel Springer ein Jahr des Wandels, des Umbruchs und des Aufbruchs. Soviel Veränderung war nie", sagt Döpfner.

Mit Folgen für die Bilanz: Der Betriebsgewinn ging 2013 wegen der Investitionen in den Ausbau des Digitalgeschäfts um rund neun Prozent auf 454 Millionen Euro zurück, wie Springer mitteilte. Der Umsatz stieg um 2,3 Prozent auf 2,8 Milliarden Euro. Es sind schwierige Zeiten für Verlage. Erst am Mittwoch hatte der Insolvenzantrag der Münchner Abendzeitung neue Schockwellen durch die Redaktionen im Land geschickt. „Jede Zeitung, die es nicht schafft, ist eine schlechte Nachricht für die Branche", sagt Döpfner. Es gebe aber auch die anderen Fälle: Zeitungen, die Umsatz und Auflage steigerten. Die eigene Zukunft sucht Springer dennoch im digitalen Geschäft und plant deswegen offenkundig neue Übernahmen. „Wir wollen weiter Akquisitionsmöglichkeiten nutzen", sagt Konzernchef Döpfner. Der Fokus liege vor allem auf dem Geschäft rund um das Internet.

„Die Gratiskultur im Internet ist der völlig falsche Weg."

Diese Ankündigung könnte der Vorbote einer spektakulären Übernahme sein. Das Berliner Verlagshaus soll vor allem Interesse an der Übernahme des amerikanischen Medienkonzerns Forbes haben. Springer würde damit zu einem internationalen Spieler, zu einem der großen Verlagshäuser werden – und vermutlich einen hohen Preis zahlen müssen. 400 bis 500 Millionen Dollar könnte eine Übernahme von Forbes den Käufer kosten, berichtete jüngst das Wall Street Journal. Springer lehnte am Donnerstag einen Kommentar zu diesen Angaben ab. „Grundsätzlich würde Forbes gut zu unserer Strategie passen", sagte Vorstand Ralph Büchi lediglich.

Springer und Forbes sind sich nicht fremd. Der Berliner produziert in Russland und in Polen Lizenzausgaben des US-Magazins. Weltweit gibt es einen ganzen Reihe regionaler Forbes-Versionen. Einen deutschen Forbes-Ableger gab es auch schon mal, damals unter der Regie des Springer-Konkurrenten Burda. Das Magazin wurde jedoch eingestellt. Bei Springer soll von April an ein deutsches Wirtschaftsmagazin unter dem Titel Bilanz erscheinen, zunächst als Beilage der Zeitung Welt.

Das Ziel Döpfners: Er will den TV-Kanal N24 mit der Gruppe aus den Tageszeitungen Die Welt und Bild zusammenführen und sich als Multimedia-Konzern etablieren. Dabei hält Springer auch am Plan fest, Kunden für Inhalte im Netz häufiger zahlen zu lassen. „Die Gratiskultur im Internet ist der völlig falsche Weg", sagt Döpfner. Kritischen und unabhängigen Qualitätsjournalismus nur über das Anzeigengeschäft zu finanzieren, sei unmöglich. Der Konzern hat Bezahlschranken für die Internetauftritte von Welt und Bild eingeführt. Nach Angaben von vergangenem Jahr hat die Welt in den ersten sechs Monaten 47 000 Abonnenten gewonnen, beim „Bild plus" waren es 152 000. Aktuellere Zahlen nannte Springer nicht.

Das große Geld verdient der Konzern allerdings längst nicht mehr mit Journalismus, sondern mit Internetportalen wie der französischen Immobilienseite Seloger, die Springer vor zwei Jahren für mehr als 600 Millionen Euro übernahm. Über die Portale von Springer können Kunden Reisen buchen, Autos kaufen, Jobs finden und Renseetiktipps bekommen. Andere Verleger rümpfen darüber die Nase. Die Börse indes honoriert den Schwenk. Seit Döpfners Amtsantritt stieg der Aktienkurs von 20 Euro auf 48 Euro. **MARKUS BALSER**

Konzernchef Mathias Döpfner (links) vor der Bilanz-Pressekonferenz in Berlin: Der Umbau belastet vorerst auch die Ergebnisse des Konzerns. FOTO: TOBIAS SCHWARZ/REUTERS

6 | TECHNO & MÉDIAS

Le groupe de médias allemand Axel Springer accélère son virage numérique

Les activités sur Internet nourrissent désormais 48 % du chiffre d'affaires de l'entreprise

Berlin
Correspondance

Ne l'appelez plus « *groupe de presse* ». Axel Springer, dont l'histoire a été balisée par les créations de titres qui ont marqué la presse allemande, est désormais un « *groupe de médias numériques* ». Sous ce vocable, flou, une certitude : la place du journalisme s'y réduit de plus en plus. En témoignent les résultats du groupe, publiés jeudi 6 mars. Les « médias numériques », vaste portefeuille d'activités sur Internet, forment désormais 48 % du chiffre d'affaires de l'entreprise, soit une progression de 6,7 %. Le volume d'affaires s'établit à 2,8 milliards d'euros en 2013, en légère hausse.

2013 a été un tournant dans la vie d'Axel Springer. « *Nous n'avons jamais connu autant de changements !* », a déclaré Mathias Döpfner, le PDG du groupe, jeudi matin, pour expliquer le recul du bénéfice de 13 %, dû aux restructurations. Fin juillet, la direction annonçait, à la stupeur générale, la vente d'une dizaine de ses titres papier au groupe concurrent Funke, parmi lesquels plusieurs joyaux historiques de la maison comme *Hamburger Abendblatt*, *Berliner Morgenpost* et *Hörzu*. Au siège du groupe, une tour construite par le fondateur Axel Cäsar Springer en 1966 au pied du mur de Berlin comme provocation politique au régime est-allemand, certains journalistes avouent avoir du mal à s'en remettre.

Jusqu'ici, les rédacteurs avaient pu suivre sans trop de mal l'évolution numérique du groupe. L'Internet a amorcé une séparation des informations autrefois rassemblées sur un même support papier : publicité et annonces. Plutôt que de laisser filer ces activités à la concurrence, Axel Springer a acquis depuis dix ans plusieurs grands sites publicitaires et d'annonces, au modèle économique bien établi. Le norvégien Stepstone, spécialiste des offres d'emploi, a ainsi été racheté en 2009, et le site français d'annonces immobi-

Dans les locaux de la chaîne N24, achetée par Axel Springer en décembre 2013. BERND VON JUTRCZENKA/DPA/AFP

lières Seloger.com en 2012. Plusieurs de ses sites d'information ont désormais un accès payant.

Mais les investissements des derniers mois vont bien au-delà de ces activités traditionnelles. Pour mieux comprendre le tournant culturel, il suffit de se rendre sur le site Internet du groupe. L'histoire d'Axel Springer y est racontée sur le mode des *success stories* des firmes de la Silicon Valley : les premiers journalistes auraient démarré à Hambourg en 1946 dans un « *entrepôt à thé et épices, souvent sans électricité et avec des machines à écrire de location* ». Ces débuts romancés – Axel Cäsar Springer était lui-même le fils d'un éditeur de journaux – doivent permettre de justifier la nouvelle orientation du groupe : mettre la création d'entreprises Internet au cœur de la stratégie.

Chez Axel Springer, ce ne sont plus les journalistes, mais les créateurs d'entreprises Web qui font désormais figure de modèles pour les 14 000 salariés du groupe. Une

> En juillet 2013,
> la direction annonçait,
> à la stupeur générale,
> la vente d'une dizaine
> de ses titres papier
> au groupe concurrent
> Funke

représentation permanente a été ouverte en janvier 2014 à Palo Alto (Californie), au cœur de la Silicon Valley, où les managers allemands du groupe effectuent régulièrement des séjours.

Grâce à une joint-venture avec l'éditeur locale Plug and Play Tech Center, Axel Springer a développé son propre « *accélérateur de start-up* », un programme visant à financer à hauteur de 25 000 euros de « *jeunes pousses* » sélectionnées par des spécialistes de l'Internet. Trente entreprises y participent actuellement.

Axel Springer Ideas, sorte de laboratoire à idées interne au groupe, dispose d'un budget propre pour développer des concepts Internet en lien avec les besoins de l'entreprise.

Comment sont sélectionnées ces start-up ? Elles doivent être « *proches des médias* » et « *apporter un savoir-faire technologique ou marketing* », explique-t-on chez Axel Springer. Cela va de la vidéo à la demande à la monétisation des blogs, en passant par des communautés de shopping. Quant à savoir si le tournant culturel se fera sans heurts, rien n'est moins sûr.

Certes, Mathias Döpfner manque pas une occasion de rappeler son attachement au journalisme de qualité, mais beaucoup de journalistes sont inquiets. « *Les achats de ces dernières années n'ont rien à voir avec notre cœur de métier* », soupire Jürgen Fischer, représentant du personnel et ancien rédacteur au quotidien *Die Welt*. ■

CÉCILE BOUTELET

Sprachmittlung – alter Wein in neuen Schläuchen?

Sylvia Thiele (Mainz)

Dans cet article nous présenterons un panorama de recherches autour des compétences linguistiques et communicatives nécessaires pour la ‹ médiation ›. Par ailleurs nous élaborerons la définition et quelques tâches choisies dans le cadre de cette transformation écrite ou orale de la langue maternelle (ou d'une langue étrangère déjà apprise) par rapport à la langue cible et vice versa. En plus, nous soulignerons les mises en difficulté de l'évaluation de ces tâches pendant l'enseignement du français comme langue étrangère.

Le concept et les techniques didactiques et méthodologiques de cette transformation ne sont pas nouveaux, au contraire, on peut constater un développement continu des idées de la comparaison linguistique, de la traduction et de la médiation d'une langue à une autre dans le contexte de l'enseignement des langues étrangères à partir du XVIème siècle.

Spricht man Französisch als Fremdsprache und wird man in Frankreich spontan gefragt, ob man in einem Geschäft für Anhänger und landwirtschaftliche Maschinen ‚mal schnell' Informationen darüber einholen könnte, was ein kleiner Anhänger für einen Privat-PKW koste und wie man diesen im Falle des Kaufs zulassen könne, um ihn anschließend mit nach Deutschland zu nehmen, muss man authentisch sprachmitteln. Man kann dann sehr gut nachvollziehen, wie sich Schülerinnen und Schüler bei der Lösung eben dieser mündlichen Sprachmittlungsaufgaben fühlen, welche schnellen sprachlichen Entscheidungen hinsichtlich Wortschatz, Strukturen und Kommunikationssituation – höfliche Nachfrage in einem Betrieb – dabei gefällt werden müssen und mit welcher Flexibilität das einhergehende Hörverstehen zu meistern ist. Gleichwohl ist dies in diversen inhaltlichen Kontexten eine durchaus übliche, authentische Kommunikationssituation von Sprechern, die unterschiedliche Sprachen beherrschen und miteinander ins Gespräch kommen wollen.

Im GER (Gemeinsamer Europäischer Referenzrahmen des Europarats) sowie in vielen curricularen Vorgaben und Beschreibungen der Kompetenzen, die es im Fremdsprachenunterricht zu fördern und zu prüfen gilt (vgl. die Bildungsstandards des KMK sowie den GER), spielt ‚Sprachmittlung' heute eine wichtige Rolle. In diesem Kontext ergeben sich u.a. diese Fragen:

- Was jedoch versteht man genau unter Sprachmittlung von der Muttersprache in die Zielfremdsprache oder umgekehrt?
- Wie kann man sie von funktionalem Übersetzen bzw. Dolmetschen abgrenzen?

- Welche sinnvollen Aufgaben bieten sich an und worin unterscheiden diese sich von ‚Übersetzungsaufgaben'?
- Wie können Ergebnisse in Lernzielkontrollen bewertet werden, will man diesen Aufgabentyp in eine Überprüfung integrieren?
- Wie kann die Beurteilung für Schülerinnen und Schüler transparent bzw. nachvollziehbar gestaltet werden?

Daniel Reimann und Andrea Rössler haben auf dem Romanistentag 2011 in Berlin eine interessante Sektion zur Sprachmittlung geleitet; in der Zwischenzeit ist auch ihr Band *Sprachmittlung im Fremdsprachenunterricht* (vgl. Reimann & Rössler 2013a) mit wertvollen Beiträgen erschienen. Der Klappentext reklamiert „die wissenschaftliche Erforschung dieser neuen Kompetenz in Theorie und Praxis" und weiter:

> Indem er auch linguistische und vor allem translationswissenschaftliche Grundlagenforschung für den Fremdsprachenunterricht erschließt, versammelt der Band erstmalig theoretische und empirisch fundierte Beiträge zur Sprachmittlungskompetenz.

Auf die gestellten Fragen liefert der Band in der Tat Antworten, unterstreicht zusätzlich auch Forschungsdesiderata. Lehrwerke werden ebenfalls auf Aufgabenangebote zur Sprachmittlung hin analysiert. Die aktuelle Diskussion kann wie folgt resümiert werden:

> Sprachmittlung im Fremdsprachenunterricht [so Reimann & Rössler] wird derzeit als informelle, alltägliche und nicht professionelle Aktivität in mündlichen und schriftlichen Kommunikationssituationen verstanden, in denen eine sinngemäße, interlinguale Vermittlung von Inhalten einer Ausgangssprache in eine Zielsprache und gegebenenfalls viceversa notwendig wird. (Reimann & Rössler 2013b, 11)

Sie wird dadurch vom professionellen Dolmetschen und vom textsortenadäquaten bzw. literarischen Übersetzen[1] abgegrenzt (ibid.). Die folgende Graphik von María Victoria Rojas Riether und Frank Schöpp illustriert den Zusammenhang:

---

[1] Hier handelt es sich um Aufgabenbereiche, die, und das sei hier nur am Rande erwähnt, zur Schulzeit der Autorin, die nunmehr etwas länger zurückliegt, natürlich keinesfalls im Unterricht trainiert wurden, wohl aber (streng)wörtliche Übersetzungen, meist von nicht kohärenten, kleineren Sätzen zum Training bzw. auch zur Überprüfung des Vokabulars und ausgewählter grammatischer Strukturen. Diese wurden um die Jahrtausendwende z.B. verlagsseitig konsequent abgelehnt, wenn man sie im Rahmen eines grammatischen Übungsbuches publizieren wollte, obwohl sie als kohärenter Text vorgelegt wurden.

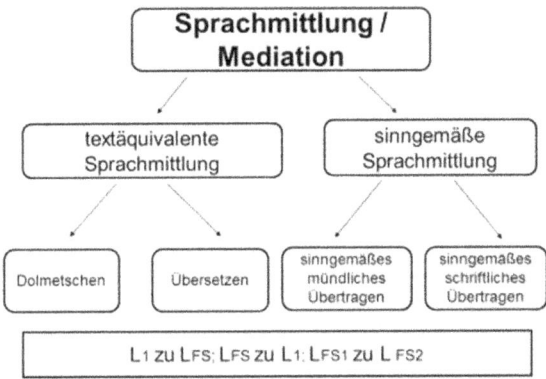

Abbildung 1: Sprachmittlung/Mediation (in Anlehnung an Rojas Riether & Schöpp 2013, 5)

Daniela Caspari beschreibt Sprachmittlung als „spezifische Form lebensweltlicher kommunikativer Situationen" (Caspari 2013, 37) und stellt ähnlich wie Alexander Pfeiffer (2013, 44ff.) eine Aufgabentypologie vor.

Dieser Aufgabentyp ist also komplex: Alexander Pfeiffer unterstreicht die Anforderungen der Sprachmittlung (vgl. ibid., 47f.) in Bezug auf einen Hörtext, nämlich das Antizipieren von Informationen, das Aufnehmen spontaner Äußerungen, das Verstehen des bekannten und das Erschließen des potentiellen Wortschatzes, Transformation der Inhalte von einer in die andere Sprache unter Berücksichtigung der Lexik, der Grammatik und kultureller Spezifika sowie unter Anwendung von Kommunikationsstrategien (Kompensation, Paraphrase etc.) usw. Auch die folgende Versprachlichung in der Situation als Mittler, als Sender einer Botschaft, ist sehr anspruchsvoll: Die sprachliche Äußerung wird mental geplant, realisiert – ggf. wird nachgefragt – und nonverbale Kommunikation wie Mimik und Gestik beim Sprachen berücksichtigt.

Was macht eine gute Sprachmittlungsaufgabe aus? Dass ein Bezug zur Alltagswelt der Schülerinnen und Schüler und zu ihren Interessen gegeben sein muss, der Arbeitsauftrag verstanden werden kann und die Anforderungen, ggf. auch eine Bewertung, transparent sein müssen, gilt für jede Aufgabe im (FS)U.

Für den FSU muss die Komplexität der Aufgabe zum Spracherwerbsniveau passen, der Einsatz unterschiedlicher Textsorten und deren interkultureller Gehalt sind ebenfalls allgemeine Kriterien für Aufgaben. Die Berücksichtigung verschiedener sprachlicher Register, zusätzliche visuelle Impulse, die Voraussetzung, dass der „realweltliche [...] kommunikative [...] Stellenwert einer Aufgabe angemessen im Unterricht abgebildet" werden kann (Hallet 2008, 6, zitiert nach Pfeiffer 2013, 61), sind wohl auch eher allgemeine Kriterien für guten FSU (vgl. Pfeiffer 2013, 52).

Für die Sprachmittlung ist besonders wichtig, so auch Alexander Pfeiffer, dass die Kommunikationssituation, das erwartbare sprachliche Handeln und die Adressaten klar sein müssen. Sonst gestaltet sich der Kommunikationsprozess im FSU äußerst schwierig. Der Verzicht auf Vokabelhilfen ist wünschenswert, kann aber in der Praxis gelegentlich nur bedingt umgesetzt werden, will man authentische Texte wählen, die in keiner Form didaktisiert wurden. Ob der Text wirklich authentisch sein muss, wäre allerdings zu hinterfragen. Was meint im Übrigen ‚authentisch'? Geht es z.b. bei der Mittlung ins Deutsche um einen französischen Ausgangstext, der für frankophone Adressaten geschaffen wurde? Wie wäre es mit einem Text, der diesen Eindruck bei Schülerinnen und Schülern suggeriert? Der folgende deutsche Text könnte durchaus in einer Schule als Plakat ausgehängt sein, das Aufgabenbeispiel ist dem Werk *Kompetenzorientierte Klassenarbeiten zu Découvertes 1-3 und Découvertes Cadet 1-2*, (Hiort et al. 2011, 28) entnommen:

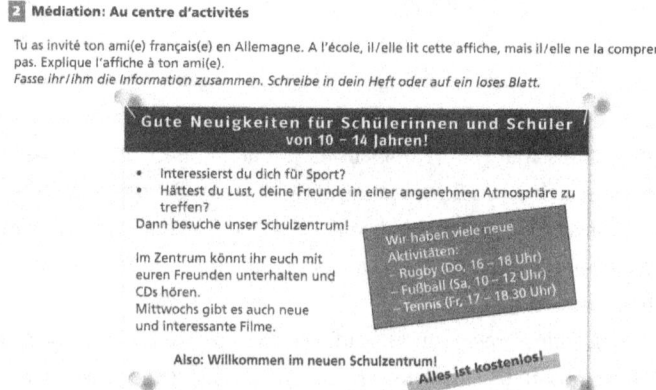

Abbildung 2: Kompetenzorientierte Klassenarbeiten/Médiation (Hiort et al. 2011, 28)

Als Lösungsvorschlag wird dieser Text angeboten:

Il y a un nouveau centre au collège pour les élèves de 12 à 14 ans.
Le centre propose beaucoup de nouvelles activités dans une bonne atmosphère:
- du rugby (le jeudi de 16h à 18h)
- du foot (le samedi, de 10h à 12h)
- du tennis (le vendredi de 17h à 18h30)
Et en plus, tout est gratuit!
On peut aussi discuter avec ses copains et écouter des CD. Le mercredi, il y a aussi des films nouveaux et intéressants.

Für die Bewertung soll die sprachliche Gestaltung zu zwei Dritteln in die Note einfließen, der Inhalt zu einem Drittel – ob diese Aufteilung sinnvoll ist, soll hier aber nicht diskutiert werden. Für eine transparente, nachvollziehbare Leistungsbewertung stellt z.B. Daniel Reimann bereits niveaustufenadäquate Deskriptoren nach dem GER zur mündlichen Sprachmittlung zusammen (vgl. Reimann 2013, 194ff.), die an dieser Stelle nicht differenziert wiedergegeben werden sollen. Das eben aufgeführte Beispiel unterstreicht allerdings die Herausforderung: Was genau kann positiv bewertet werden? Die Verwendung des korrekten Vokabulars, das ggf. gerade neu eingeführt wurde? Der Einsatz des Teilungsartikels? Wie stark darf zusammengefasst werden, welche Information könnte auch weggelassen werden? In jedem Fall müssen der Schülergruppe Bewertungskriterien transparent gemacht werden, sinnvollerweise mithilfe von korrigierten Lösungen und einem klar formulierten Erwartungshorizont.

Als Desiderata werden von verschiedenen Beiträgern im Sammelband von Reimann und Rössler die Befragung von Lehrenden und Lernenden hinsichtlich ihrer Erfahrungen mit Sprachmittlung und die Konzeption sinnvoller Aufgaben genannt, es muss ein Katalog von Analyse- und Evaluationskriterien bereitgestellt werden.

Das Lehrwerk *Etudes françaises*, ein Vorgänger des Lehrwerks *Découvertes* bzw. *Echanges*, bietet im Kontext *jumelages*/Städtepartnerschaft/Austausch die deutsche Version der Vereinbarungen zwischen Münster und Orléans (vgl. Erdle-Hähner et al. 1981a, 118f.). Die sich anschließenden Aufgaben im Lehrbuch greifen allerdings keinen Sprachvergleich, keine Übersetzung oder Sprachmittlung als methodisches Vorgehen auf, sie überprüfen das Textverständnis des kleinen Einleitungstexts durch gezielte Fragen. Darauf soll ein Brief eines Austauschteilnehmers verfasst werden, in dem er sich für die Aufnahme während des Aufenthalts bei seiner Gastfamilie bedankt. Schließlich sollen Angebote des Deutsch-Französischen Jugendwerks gesichtet und kommentiert werden.

⁕ ⟨Le jumelage Münster–Orléans⟩

Actuellement, 800 communes de France sont jumelées avec 800 communes d'Allemagne. Si on a conclu tous ces jumelages, c'est parce qu'on pense, dans les deux pays, qu'il doit y avoir non seulement des contacts entre les hommes politiques, mais surtout une amitié effective et profonde entre les citoyens. C'est dans cet esprit qu'a été rédigé le serment du jumelage Münster–Orléans, signé dans la salle de Paix de l'Hôtel de Ville de Münster le 24 septembre 1960 par les maires de ces deux villes, et dont voici le texte original.

Abbildung 3: *Etudes françaises* (Erdle-Hähner et al. 1981a, 118)

Im *Cahier d'exercices* des Lehrwerks (s.u. Abbildung 4) findet man zunächst traditionelle Grammatikaufgaben, eine Transformationsübung, in der *passé simple*-Formen durch die des *passé composé* ersetzt werden sollen (vgl. Erdle-Hähner et al. 1981b, 76). Danach erfolgt ein Strukturvergleich zwischen den Fremdsprachen Englisch und Französisch hinsichtlich der Verwendung des *participe présent*. Und schließlich sollen englische Sätze ins Französische übertragen werden. Auch wenn es sich hier um Beispiele von Aufgaben im Kontext der Grammatik-Übersetzungsmethode handelt, kann festgehalten werden, dass der vorgelernten

Fremdsprache Englisch Raum im Französischunterricht gegeben wird. Ohne diese methodische Grundidee ist eine Vernetzung aller Schul(fremd)sprachen – idealerweise unter bestimmten Bedingungen auch der Herkunftssprachen verschiedener Schülerinnen und Schüler – mit der Zielsprache gar nicht möglich.

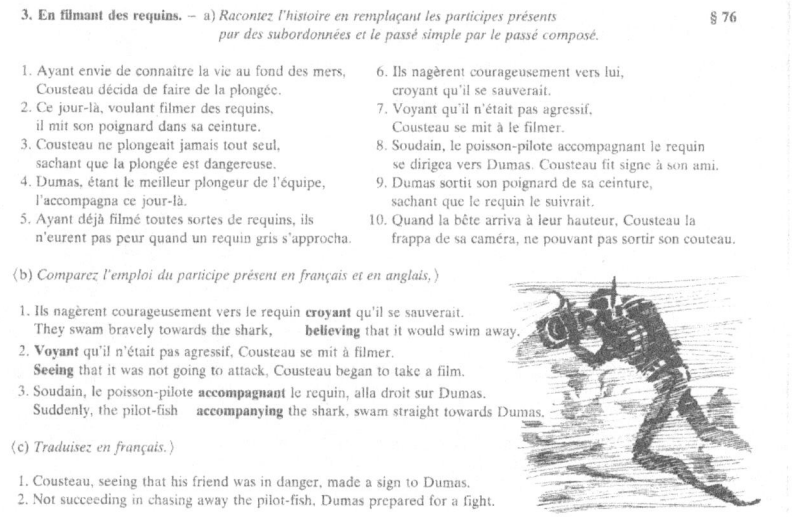

3. **En filmant des requins.** – a) *Raconte z l'histoire en remplaçant les participes présents par des subordonnées et le passé simple par le passé composé.*   § 76

1. Ayant envie de connaître la vie au fond des mers, Cousteau décida de faire de la plongée.
2. Ce jour-là, voulant filmer des requins, il mit son poignard dans sa ceinture.
3. Cousteau ne plongeait jamais tout seul, sachant que la plongée est dangereuse.
4. Dumas, étant le meilleur plongeur de l'équipe, l'accompagna ce jour-là.
5. Ayant déjà filmé toutes sortes de requins, ils n'eurent pas peur quand un requin gris s'approcha.
6. Ils nagèrent courageusement vers lui, croyant qu'il se sauverait.
7. Voyant qu'il n'était pas agressif, Cousteau se mit à le filmer.
8. Soudain, le poisson-pilote accompagnant le requin se dirigea vers Dumas. Cousteau fit signe à son ami, sachant que le requin le suivrait.
10. Quand la bête arriva à leur hauteur, Cousteau la frappa de sa caméra, ne pouvant pas sortir son couteau.

(b) *Comparez l'emploi du participe présent en français et en anglais.)*

1. Ils nagèrent courageusement vers le requin **croyant** qu'il se sauverait.
They swam bravely towards the shark, **believing** that it would swim away.
2. **Voyant** qu'il n'était pas agressif, Cousteau se mit à filmer.
Seeing that it was not going to attack, Cousteau began to take a film.
3. Soudain, le poisson-pilote **accompagnant** le requin, alla droit sur Dumas.
Suddenly, the pilot-fish **accompanying** the shark, swam straight towards Dumas.

(c) *Traduisez en français.)*

1. Cousteau, seeing that his friend was in danger, made a sign to Dumas.
2. Not succeeding in chasing away the pilot-fish, Dumas prepared for a fight.

Abbildung 4: *Etudes françaises, Cahier d'exercices* (Erdle-Hähner et al. 1981b, 76)

Die Idee des Sprachvergleichs, der Gegenüberstellung von Sprachen ist keinesfalls neu, es gibt dazu bereits im 17. Jahrhundert Lehr- und Lernmaterialien, wie der folgende kurze Exkurs belegen kann. Die *Grammaire pour apprendre les langues italienne, françoise, et espagnole* von Antoine Fabre (1656) kann durchaus als mehrsprachiges Lehrwerk bezeichnet werden. Fabre (1656, Frontispiz) beschreibt es als « Œuvre tres necessaire, & de tres grande utilitè aux Historiens, Secretaires, & traducteurs qui legitimement et avecq un vray sens et fondament les veullent traduire, & apprendre ». Außerdem sei es « [e]nrichie d'observations & preceptes necessaires, & de claires, & parfaictes reigles pour bien, & correctement prononcer & escrire les dictes langues ».

Dieser Grammatik sind inhaltsgleiche Einführungen in den drei genannten Sprachen vorangestellt: Die Regeln zur Aussprache einer Sprache sind jeweils in den anderen beiden beschrieben bzw. erklärt.

Die gesamte Strukturtheorie und auch die didaktisierten Dialoge zwischen Reisenden und Händlern erscheinen synoptisch in drei Spalten: die französische Version auf der linken Seite, die italienische in der Mitte und die spanische rechts. Dieses übersichtliche Tabellensystem begünstigt interlinguale Vergleiche und Übersetzungen durch die Benutzer. Auf Besonderheiten der Einzelsprachen wird mit einem Hinweis, einem *precetto circa la lingua spagnola*, ausdrücklich verwiesen, so z.b. auf die Akzentsetzung beim *indefinido* (ibid., ab Seite 127).

Den gerade erwähnten phonologischen Analysen folgen Beschreibungen der Orthographie, der Morphologie und der schon erwähnten Strukturen, so auch zu den Deklinationen (ibid., 23f.):

[...] & retient par tous les cas la mesme *[...] & ritengono in tutti li casi la medesima*
terminaison qu'ils ont au nominatif, *terminatzione che eglino hanno nel nominativo*
comme cy apres nos verrons *[...] come qui di sotto noi vedremo [...]*

Hierbei fällt auf, dass das lateinische Kasussystem auf die Vulgärsprachen übertragen wird und der Wegfall der Kasusmarkierung mit Präposition plus Artikel aufgefangen wird.

Die Informationen zu den drei Sprachen werden von Fabre zweisprachig, auf Französisch und Italienisch, deskriptiv-vergleichend vermittelt, so z.B. zum Aktiv bzw. Passiv:

[...] che la lingua italiana ha questo di comune con la Franzese e la Spagnola, s'accommoda e si congionge col verbo havere in tutti i verbi attivi & col verbo essere in tutti li passivi.[2]

Man kann nicht mit Sicherheit etwas zum Unterrichtsablauf mit diesem Lehrwerk sagen, sofern es von einem Sprachmeister im Einzelunterricht z.B. für Adlige eingesetzt wurde, die aus politisch-sozialem Interesse ihren Fremdspracherwerb vorangetrieben haben und sich nicht im Selbststudium mit einer „grammaire' beschäftigt haben. Für Letzteres jedoch liegt ein deutlicher Impuls vor: Es wird intensiv zum sprachvergleichenden Lernen aufgefordert, das ja eine der Grundlagen für Sprachmittlung ausmacht.

Nach diesem kurzen Exkurs sollen an dieser Stelle noch einmal aktuelle Unterrichtsmaterialien diskutiert werden und der Blick von der frühen Neuzeit, und den

---

[2] Ibid., 41f. oder 19: „Non è altro l'articolo che una dittione, laquale serve per manifestare in qual caso è il nome ch'essa precede come il padre, la madre & bisogna sapere che l'articolo francese (le) si va cangiando in italiano con (il) overo (lo) & l'articolo (la) è il medesimo in italiano, come noi vedremo nelle lor declinationi ..."

70er und 80er Jahren des 20. Jahrhunderts auf das Schülertrainingsbuch *Fit für Tests und Klassenarbeiten* (vgl. Prudent et al. 2013), auf die *Standardaufgaben* (vgl. Prudent & Tramnitz 2008) und das *Trainingsbuch* (vgl. Delaud 2012) des Lehrwerks *Découvertes 4* gelenkt werden.

Im Lehrwerk *Découvertes* gibt es zu vielen Aufgaben in der Regel sinnvolle Lerntipps, auch im Rahmen der *médiation*, z.B. dass es nicht zwangsläufig erforderlich ist, für eine Mittlung jedes Wort zu verstehen, oder dass bei einer Übertragung vom Deutschen in die Zielsprache Französisch zu überlegen ist, ob ein bestimmtes Wort evtl. durch ein anderes ersetzt werden kann, dessen Äquivalent man sofort parat hat („es ist ziemlich anstrengend" → „es ist ziemlich schwierig", Prudent & Tramnitz 2008, 11).

Beschäftigt sich die Lerngruppe dann autonom zu Hause mit dem auf das Lehrwerk abgestimmte Trainingsbuch für das vierte Lernjahr, wird sie – wenn auch im Ausblick – vor unüberwindbare Hürden gestellt. Sie findet folgenden Impuls:

In einer Chat-Runde haben Schüler über das Thema Uniform in der Schule ihre Meinung ausgetauscht. **Übersetze [!]** die folgenden Aussagen zu dem Thema. (Delaud 2012, 55, Hervorhebung S.T.)

Die Lösung präsentiert die strengwörtliche Übersetzung mit Alternativen in Klammern, die dringend einer Erklärung bedürfen, die allerdings bei Selbstlernmaterialien kaum erfolgen können. Schülerinnen und Schüler sind im vierten Lernjahr nicht in der Lage, diese Aufgabe zu bewältigen. Sie sind überfordert und anschließend wohl kaum motiviert, sich weiterhin intensiv mit diesem Trainingsbuch zu beschäftigen. Gleiches gilt für die Übersetzungsaufgabe auf Seite 133. Die Publikation dieses Angebots unterstreicht auch noch einmal, dass dringend mehr Sensibilität mit der Integration von Aufgaben zur ‚Übertragung' von einer Sprache in die andere im Fremdsprachenlehr- bzw. -lernprozess erforderlich ist. Sinnvolle Mediationsaufgaben sucht man in diesem Begleitmaterial vergeblich. Darüber hinaus sind Schülerinnen und Schüler oder Eltern im Regelfall gar nicht in der Lage, eine didaktisch-methodische Analyse des Buchs ad hoc durchzuführen, wenn sie dieses Selbstlernmaterial im Angebot einer Buchhandlung finden.

Im Kontext (Marken)Kleidung, Schuluniformen etc. findet sich in den Standardaufgaben ein Beispiel zur mündlichen Sprachmittlung vom Französischen ins Deutsche (Prudent & Tramnitz 2008, 14). Die Situation – Erklärung des Inhalts der französischsprachigen Filmversion von *Der Teufel trägt Prada* nach Angaben auf dem DVD-Booklet für die kleine Schwester, die noch nicht ausreichend gut

Französisch spricht, um den Text zu verstehen – kann durchaus in ähnlichen Kontexten in authentischen Kommunikationssituationen vorkommen. Wird diese Übung durchgeführt und sollten Schwierigkeiten auftreten, können sie verschiedene Ursachen haben: Wird das Wörterbuch effektiv und erfolgreich benutzt? Gibt es neben Wortschatzschwierigkeiten ggf. Verständnisprobleme aufgrund von Strukturen oder grammatischen Hürden? Sollte der Film den Schülerinnen und Schülern allerdings bekannt sein, könnten sie ihn aus der Erinnerung resümieren. Die Bewertung oder eben Evaluation der Schülerkompetenz(en) erweist sich als schwierig, da auch diese Aufgabe eine ‚diagnostische Unschärfe' (vgl. Wagner & Werry 2015, 583, oder auch Thiele 2013, 108) birgt, die im Übrigen aber allen komplexen (Lern)Aufgaben innewohnt.

Reimann und Rössler fordern empirische Untersuchungen als Desideratum zur Evaluation der Mediation in allen Facetten im Fremdsprachenunterricht ein. Der Blick in die Unterrichtspraxis ist nach der Auswertung eines ersten Schlaglichts (zwölf Interviews bei beiden Probandengruppen) ein sorgenvoller: Schüleraussagen, die durchaus sehr gute Aufgabenformate im Rahmen der Sprachmittlung als „astreine Übersetzung" beschreiben, legen nicht nahe, mit der Sprachmittlung nun ein neues, von der ‚Übersetzung' vollständig abweichendes Aufgabenformat gefunden zu haben. Dirk Siepmann (vgl. Siepmann 2013, 204) umschreibt das Problem mit den Worten, dass in manchen Texten einige harte sprachliche Nüsse selbst für professionelle Übersetzer zu knacken wären.

Allerdings haben professionelle Dolmetscherinnen und Dolmetscher bzw. Übersetzerinnen und Übersetzer oft die Aufgabe, strengwörtlich zu dolmetschen, simultan oder konsekutiv. Sie setzen den Filter, den die Sprachmittlung hinsichtlich der Bedürfnisse des Adressaten einfordert, nicht an, sie wägen nicht zwangsläufig ab, welche Informationen in der Kommunikationssituation besonders wichtig sind, welche ausgespart werden könnten etc. Bis diese Berufsgruppe diese Kompetenz erreicht, werden allerdings gleichwohl Übungen trainiert, die denen der schulischen Sprachmittlung sehr ähnlich sind – z.B. konsekutive Zusammenfassungen von Ausgangstexten. Allerdings setzt sich niemand auf einem EU-Gipfel in die Kabine und fasst den ‚Hörtext' zusammen. Durch das *décalage*-Phänomen mag bei einer Aufzählung ggf. mal ein Element fehlen, dies ist aber nicht Ziel der professionellen Vereinbarung im Arbeitsvertrag.

Schülerinnen und Schüler sehen bei der Suche nach Äquivalenzen in der Regel eine Übersetzungsaufgabe und bezeichnen sie auch so: Wenn man nicht wisse, was ‚Mietvertrag', ‚Kaution', ‚Hauswoche' etc. heißen könnte, könne man bei Daniela Casparis komplexer Aufgabe (sinngemäß übertragen, vgl. Caspari 2013, 36: „*Dein französischer Freund spricht kein Deutsch. Hilf ihm bei der Suche nach einer geeigneten Wohnung und den Gesprächen mit potentiellen Vermietern*") kaum helfen. Man überlege doch immer zunächst auf Deutsch, was man sagen wolle, so ein Elftklässler im ersten Jahr der Abiturqualifikationsphase (G8, in der Regel acht gymnasiale Schuljahre bis zum Abitur).

Der Austausch über ausgewertete Korrekturen einiger Kolleginnen und Kollegen an niedersächsischen, nordrhein-westfälischen und rheinland-pfälzischen Gymnasien im Rahmen der Sprachmittlung legt nahe, dass die volle Punktzahl oft nur bei strengwörtlicher Übersetzung erreicht wird. Wie gut ist das Aufgabenformat beim lehrenden Anwender verstanden worden? Gibt es bereits Einigkeit oder klar definierte Kriterien hinsichtlich einer Bewertung? Sogar für jeden Fachartikel müsse man zunächst ermitteln, wie ‚Sprachmittlung' genau definiert werde, bemerkt ein Proband. Die Interviews belegen außerdem, dass in keiner Fachgruppe einheitliche Bewertungskriterien bisher konkret angesprochen wurden, folglich diese auch nicht den Schülerinnen und Schülern transparent gemacht werden konnten – mehr noch: Helfen den lehrenden Fachdidaktikerinnen und Fachdidaktikern die genannten, z.T. stark divergierenden Definitionen und Abgrenzungen überhaupt dabei, sinnvolle Aufgaben für die Praxis zu konzipieren, zu analysieren und zu bewerten? Es geht hier um das zukünftige, etwa vierzehntägige Brot (nach Auswertung der Interviews ermittelte Häufigkeit des Aufgabentyps im Schulalltag) der meisten Studierenden, die wir ausbilden. Die Materialanalyse und der Hinweis der lehrenden Probanden auf die ‚Lieblingsaufgabe' in der Sprachmittlung sind sehr viel aufschlussreicher: Durchaus vorbildliche Übungen finden sich in zahlreichen Materialien zu Kompetenzaufgaben in Verbindung mit den aktuell eingesetzten Lehrwerken und in den einschlägigen Heften des Fremdsprachlichen Unterrichts (s.u. Bibliographie). Die eingangs erwähnte Komplexität einer Sprachmittlungsaufgabe, wie sie z.B. Pfeiffer beschreibt, sei trotz allem eine echte Herausforderung für Schülerinnen und Schüler, oft sei es auch schwierig, genau herauszufinden, welche Teilkompetenz nicht ausreichend beherrscht werde, was also genau zu Schwierigkeiten bei der Lösung der Aufgabe geführt habe.

Zusammenfassend lassen sich folgende Aspekte festhalten: Betrachtet man die Vorgaben der KMK, steht fest, dass die Sprachmittlungskompetenz nun institutionell und damit, so muss man diesen Auftrag wohl verstehen, **regelmäßig** eingefordert wird. Sie erhält daher einen festen Platz im Unterricht, auch im Zentralabitur. Aber auf die entscheidende Frage, ob und inwiefern diese Kompetenz wirklich ‚neu' ist, ob ihr Training gewissermaßen erst in den letzten Jahren Einzug in den FSU hält, oder ob – um die Weinmetaphorik einmal auszusparen – nur für einen bereits in der Praxis erprobten Aufgabentyp – ggf. auch für das Training einer Kombination von Fertigkeiten zur Lösung kommunikativer Herausforderungen – ein neuer Terminus geprägt und popagiert wurde, findet sich keine erschöpfende Antwort. Viele Argumente sprechen dafür, Sprachmittlung nicht als fünfte Fertigkeit zu betrachten:

> So sind in ihrem Verlauf immer mindestens zwei kommunikative Fertigkeiten mehr oder weniger gleichzeitig gefordert, wobei sie je nach Anforderungssituation unterschiedlich kombiniert sind. Die Sprachmittlung sollte daher eher als kommunikative Aktivität betrachtet werden. (Caspari 2013, 47, vgl. auch Rössler 2008, 59ff.)

Kompetenzen singulär zu prüfen, wie es z.b. in Klassenarbeiten bisweilen gefordert oder im FSU praktiziert wird, mag im Sinne einer gezielten individuellen Rückmeldung hinsichtlich der entsprechenden Kompetenz erforderlich sein. Kommunikation ist aber ein komplexer Prozess, der sich im Hinblick auf Lernzielkontrollen im FSU nicht immer künstlich splitten lässt. Die Bemühungen um singulär messbare Kompetenzen führen aktuell teilweise zu Aufgaben, die mit authentischen Kommunikationssituationen nur noch wenig zu tun haben: Wer würde schon eine *vrai-faux*-Liste[3] durchlesen und ankreuzen, wenn er die/(eine) im Zielsprachenland gehörte Sprache verstehen möchte?

Jede Form des Streits sollte jedoch vermieden werden: Praxisorientierung, sinnvoll konzipierte, abwechslungsreiche Aufgaben zu Themen, die Schülerinnen und Schüler interessieren und regelmäßig trainiert werden, sowie transparente Bewertungssysteme sind der Schlüssel zum effektiven Fremdsprachenunterricht, der die eng zusammengehörenden Sprachmittlungs-, Mediations-, Dolmetscher- oder auch Übersetzungskompetenzen als ein Herzstück zwischenmenschlicher, Kulturen übergreifender Kommunikation berücksichtigen möchte. Aufgrund der Komplexität dieses Aufgabentyps hinsichtlich der für die Lösung notwendigen Kompetenzen, die an die Königsdisziplin der Leichtathletik, den Zehnkampf erinnert,

---

[3] Hier werden darüber hinaus zwei Kompetenzen zum Tragen kommen: Hörverstehen und Leseverstehen.

vermag er durchaus den eingangs bereits erwähnten, von Hallet geforderten, realweltlichen kommunikativen Stellenwert in besonders hohem Maß abbilden und sollte intensiv im FSU trainiert werden.

Bibliographie

Literatur mit weiterführenden Auswahlbibliographien:

Der fremdsprachliche Unterricht Französisch 108 (2010): *Sprachmittlung*.
Der fremdsprachliche Unterricht Spanisch 43 (2013): *Mündliche Sprachmittlung*.

Lehrwerke & Zusatzmaterialien, Fachliteratur:

CASPARI, Daniela. 2013. „Sprachmittlung als kommunikative Situation. Eine Aufgabentypologie als Anstoß zur Weiterentwicklung eines Sprachmittlungsmodells", in: Reimann, Daniel & Rössler, Andrea. edd. *Sprachmittlung im Fremdsprachenunterricht*. Tübingen: Narr, 27-43.
DELAUD, Martine. 2012. *Découvertes 4 – Das Trainingsbuch*. Stuttgart: Klett.
ERDLE-HÄHNER, Rita et al. 1981a. *Etudes françaises – Cours Intensif II*. Stuttgart: Klett.
ERDLE-HÄHNER, Rita et al. 1981b. *Etudes françaises – Cours Intensif II. Cahier d'exercices*. Stuttgart: Klett.
EUROPARAT. 2001. *Gemeinsamer Europäischer Referenzrahmen für Sprachen: lernen, lehren, beurteilen*. Berlin: Langenscheidt.
FABRE, Antoine (FABRO, Antonio). 1656. *Grammaire pour apprendre les langues italienne, françoise, et espagnole (Grammatica per imparare le lingue italiana, francese, e spagnola/Arte para aprender las lenguas italianas, franzeses, y espanolas)*, Venezia: Guerigli.
GER: *Gemeinsamer Europäischer Referenzrahmen für Sprachen*, http://www.europaeischer-referenzrahmen.de/ (17.03.2016).
HALLET, Wolfgang. 2008. „Zwischen Sprachen und Kulturen vermitteln. Interlinguale Kommunikation als Aufgabe", in: *Der fremdsprachliche Unterricht Englisch* 93, 2-7.
HIORT, Gunda et al. 2011. *Kompetenzorientierte Klassenarbeiten zu Découvertes 1-3 und Découvertes Cadet 1-2*. Stuttgart: Klett.
KMK: *Bildungsstandards*, http://www.kmk.org/bildung-schule/qualitaetssicherung-in-schulen/bildungsstandards/dokumente.html#c10327 (20.12.2015).
PFEIFFER, Alexander. 2013. „Was ist eine sinnvolle Sprachmittlungsaufgabe? Ein Instrument zur Evaluation und Erstellung von Aufgaben für den Fremdsprachenunterricht", in: Reimann, Daniel & Rössler, Andrea. edd. *Sprachmittlung im Fremdsprachenunterricht*. Tübingen: Narr, 44-64.
PRUDENT, Sabine et al. 2013. *Découvertes 4 – Fit für Tests und Klassenarbeiten*. Stuttgart: Klett.
PRUDENT, Sabine & TRAMNITZ, Birgit. 2008. *Découvertes 4 – Standardaufgaben*. Stuttgart: Klett.
REIMANN, Daniel. 2013. „Evaluation mündlicher Sprachmittlungskompetenz. Entwicklung von Deskriptoren auf translationswissenschaftlicher Grundlage", in: Reimann, Daniel & Rössler, Andrea. edd. *Sprachmittlung im Fremdsprachenunterricht*. Tübingen: Narr, 194-226.

REIMANN, Daniel & RÖSSLER, Andrea. edd. 2013a. *Sprachmittlung im Fremdsprachenunterricht*. Tübingen: Narr.
REIMANN, Daniel & RÖSSLER, Andrea. 2013b. „Wozu Sprachmittlung? Zum fremdsprachendidaktischen Potenzial einer komplexen Kompetenz", in: Reimann, Daniel & Rössler, Andrea. edd. *Sprachmittlung im Fremdsprachenunterricht*. Tübingen: Narr, 11-23.
ROJAS RIETHER, María Victoria & SCHÖPP, Frank. 2013. *Sprachmittlung Spanisch – 44 Aufgaben Niveau A1-B2*. Stuttgart: Klett.
SCHÖPP, Frank et al. 2014. *Sprachmittlung Französisch – 44 Aufgaben Niveau A1-B2*. Stuttgart: Klett.
SIEPMANN, Dirk. 2013. „Sprachmitteln im Fremdsprachenunterricht: Eine kritische Bestandsaufnahme aus übersetzungswissenschaftlicher Sicht und Vorschläge für eine verbesserte Praxis", in: Bürgel, Christoph & Siepmann, Dirk. edd. *Sprachwissenschaft – Fremdsprachendidaktik: Neue Impulse*. Baltmannsweiler: Schneider, 189-208.
THIELE, Sylvia. 2013. „Auditive Kompetenzen trainieren und prüfen – Herausforderungen und Perspektiven für den Italienischunterricht", in: Franke, Manuela & Schöpp, Frank. edd. *Auf dem Weg zu kompetenten Schülerinnen und Schülern. Theorie und Praxis eines kompetenzorientierten Fremdsprachenunterrichts im Dialog*. Stuttgart: ibidem, 107-131.
WAGNER, Erik & WERRY, Hanno. 2015. „Kompetenzorientierter Fremdsprachenunterricht: Neue Formen der Leistungsmessung in Klassenarbeiten und ihre Wirkung auf den Unterricht", in: Böcker, Jessica & Stauch, Anette. edd. *Konzepte aus der Sprachlehrforschung – Impulse für die Praxis. Festschrift für Karin Kleppin*. Frankfurt am Main: Lang, 569-592.

Romanische Sprachen und ihre Didaktik (RomSD)

Herausgegeben von Michael Frings, Andre Klump & Sylvia Thiele

ISSN 1862-2909

1   *Michael Frings und Andre Klump (edd.)*
    Romanische Sprachen in Europa. Eine Tradition mit Zukunft?
    ISBN 978-3-89821-618-0

2   *Michael Frings*
    Mehrsprachigkeit und Romanische Sprachwissenschaft an Gymnasien?
    Eine Studie zum modernen Französisch-, Italienisch- und Spanischunterricht
    ISBN 978-3-89821-652-4

3   *Jochen Willwer*
    Die europäische Charta der Regional- und Minderheitensprachen in der Sprachpolitik
    Frankreichs und der Schweiz
    ISBN 978-3-89821-667-8

4   *Michael Frings (ed.)*
    Sprachwissenschaftliche Projekte für den Französisch- und Spanischunterricht
    ISBN 978-3-89821-651-7

5   *Johannes Kramer*
    Lateinisch-romanische Wortgeschichten
    Herausgegeben von Michael Frings als Festgabe für Johannes Kramer zum 60. Geburtstag
    ISBN 978-3-89821-660-9

6   *Judith Dauster*
    Früher Fremdsprachenunterricht Französisch
    Möglichkeiten und Grenzen der Analyse von Leneräußerungen und Lehr-Lern-Interaktion
    ISBN 978-3-89821-744-6

7   *Heide Schrader*
    Medien im Französisch- und Spanischunterricht
    ISBN 978-3-89821-772-9

8   *Andre Klump*
    „Trajectoires du changement linguistique"
    Zum Phänomen der Grammatikalisierung im Französischen
    ISBN 978-3-89821-771-2

9   *Alfred Toth*
    Historische Lautlehre der Mundarten von La Plié da Fodom (Pieve di Livinallongo,
    Buchenstein) und Col (Colle Santa Lucia), Provincia di Belluno unter Berücksichtigung der
    Mundarten von Laste, Rocca Piétore, Selva di Cadore und Alleghe
    ISBN 978-3-89821-767-5

10   *Bettina Bosold-DasGupta und Andre Klump (edd.)*
     Romanistik in Schule und Universität
     Akten des Diskussionsforums „Romanistik und Lehrerausbildung: Zur Ausrichtung und
     Gewichtung von Didaktik und Fachwissenschaften in den Lehramtsstudiengängen
     Französisch, Italienisch und Spanisch" an der Johannes Gutenberg-Universität Mainz
     (28. Oktober 2006)
     ISBN 978-3-89821-802-3

11   *Dante Alighieri*
     De vulgari eloquentia
     mit der italienischen Übersetzung von Gian Giorgio Trissino (1529)
     Deutsche Übersetzung von Michael Frings und Johannes Kramer
     ISBN 978-3-89821-710-1

12   *Stefanie Goldschmitt*
     Französische Modalverben in deontischem und epistemischem Gebrauch
     ISBN 978-3-89821-826-9

13   *Maria Iliescu*
     Pan- und Raetoromanica
     Von Lissabon bis Bukarest, von Disentis bis Udine
     ISBN 978-3-89821-765-1

14   *Christiane Fäcke, Walburga Hülk und Franz-Josef Klein (edd.)*
     Multiethnizität, Migration und Mehrsprachigkeit
     Festschrift zum 65. Geburtstag von Adelheid Schumann
     ISBN 978-3-89821-848-1

15   *Dan Munteanu Colán*
     La posición del catalán en la Romania según su léxico latino patrimonial
     ISBN 978-3-89821-854-2

16   *Johannes Kramer*
     Italienische Ortsnamen in Südtirol. La toponomastica italiana dell'Alto Adige
     Geschichte – Sprache – Namenpolitik. Storia – lingua – onomastica politica
     ISBN 978-3-89821-858-0

17   *Michael Frings und Eva Vetter (edd.)*
     Mehrsprachigkeit als Schlüsselkompetenz: Theorie und Praxis in Lehr- und
     Lernkontexten
     Akten zur gleichnamigen Sektion des XXX. Deutschen Romanistentages an der Universität
     Wien (23.-27. September 2007)
     ISBN 978-3-89821-856-6

18   *Dieter Gerstmann*
     Bibliographie Französisch
     Autoren
     ISBN 978-3-89821-872-6

19 *Serge Vanvolsem e Laura Lepschy*
    Nell'Officina del Dizionario
    Atti del Convegno Internazionale organizzato dall'Istituto Italiano di Cultura
    Lussemburgo, 10 giugno 2006
    ISBN 978-3-89821-921-1

20 *Sandra Maria Meier*
    „È bella, la vita!"
    Pragmatische Funktionen segmentierter Sätze im *italiano parlato*
    ISBN 978-3-89821-935-8

21 *Daniel Reimann*
    Italienischunterricht im 21. Jahrhundert
    Aspekte der Fachdidaktik Italienisch
    ISBN 978-3-89821-942-6

22 *Manfred Overmann*
    Histoire et abécédaire pédagogique du Québec avec des modules multimédia prêts à l'emploi
    Préface de Ingo Kolboom
    ISBN 978-3-89821-966-2 (Paperback)
    ISBN 978-3-89821-968-6 (Hardcover)

23 *Constanze Weth*
    Mehrsprachige Schriftpraktiken in Frankreich
    Eine ethnographische und linguistische Untersuchung zum Umgang mehrsprachiger Grundschüler mit Schrift
    ISBN 978-3-89821-969-3

24 *Sabine Klaeger und Britta Thörle (edd.)*
    Sprache(n), Identität, Gesellschaft
    Eine Festschrift für Christine Bierbach
    ISBN 978-3-89821-904-4

25 *Eva Leitzke-Ungerer (ed.)*
    Film im Fremdsprachenunterricht
    Literarische Stoffe, interkulturelle Ziele, mediale Wirkung
    ISBN 978-3-89821-925-9

26 *Raúl Sánchez Prieto*
    El presente y futuro en español y alemán
    ISBN 978-3-8382-0068-2

27 *Dagmar Abendroth-Timmer, Christiane Fäcke, Lutz Küster und Christian Minuth (edd.)*
    Normen und Normverletzungen
    Aktuelle Diskurse der Fachdidaktik Französisch
    ISBN 978-3-8382-0084-2

28 Georgia Veldre-Gerner und Sylvia Thiele (edd.)
    Sprachvergleich und Sprachdidaktik
    ISBN 978-3-8382-0031-6

29 Michael Frings und Eva Leitzke-Ungerer (edd.)
    Authentizität im Unterricht romanischer Sprachen
    ISBN 978-3-8382-0095-8

30 Gerda Videsott
    Mehrsprachigkeit aus neurolinguistischer Sicht
    Eine empirische Untersuchung zur Sprachverarbeitung viersprachiger Probanden
    ISBN 978-3-8382-0165-8 (Paperback)
    ISBN 978-3-8382-0166-5 (Hardcover)

31 Jürgen Storost
    Nicolas Hyacinthe Paradis (de Tavannes)
    (1733 - 1785)
    Professeur en Langue et Belles-Lettres Françoises, Journalist und Aufklärer
    Ein französisch-deutsches Lebensbild im 18. Jahrhundert
    ISBN 978-3-8382-0249-5

32 Christina Reissner (ed.)
    Romanische Mehrsprachigkeit und Interkomprehension in Europa
    ISBN 978-3-8382-0072-9

33 Johannes Klare
    Französische Sprachgeschichte
    ISBN 978-3-8382-0272-3

34 Daniel Reimann (ed.)
    Kulturwissenschaften und Fachdidaktik Französisch
    ISBN 978-3-8382-0282-2

35 Claudia Frevel, Franz-Josef Klein und Carolin Patzelt (edd.)
    Gli uomini si legano per la lingua
    Festschrift für Werner Forner zum 65. Geburtstag
    ISBN 978-3-8382-0097-2

36 Andrea Seilheimer
    Das grammatikographische Werk Jean Saulniers
    Französischsprachige Terminologie und Sprachbetrachtung in der *Introduction en la langue espagnolle* (1608) und der *Nouvelle Grammaire italienne et espagnole* (1624)
    ISBN 978-3-8382-0364-5

37 Angela Wipperfürth
    Modeterminologie des 19. Jahrhunderts in den romanischen Sprachen
    Eine Auswertung französischer, italienischer, spanischer und portugiesischer Zeitschriften
    ISBN 978-3-8382-0371-3

38 *Raúl Sánchez Prieto und M.ª Mar Soliño Pazó (edd.)*
    Contrastivica I
    Aktuelle Studien zur Kontrastiven Linguistik Deutsch-Spanisch-Portugiesisch I
    ISBN 978-3-8382-0328-7

39 *Nely Iglesias Iglesias (ed.)*
    Contrastivica II
    Aktuelle Studien zur Kontrastiven Linguistik Deutsch-Spanisch-Portugiesisch II
    ISBN 978-3-8382-0398-0

40 *Eva Leitzke-Ungerer, Gabriele Blell und Ursula Vences (edd.)*
    English-Español: Vernetzung im kompetenzorientierten Spanischunterricht
    ISBN 978-3-8382-0305-8

41 *Marie-Luise Volgger*
    Das multilinguale Selbst im Fremdsprachenunterricht
    Zur Mehrsprachigkeitsbewusstheit lebensweltlich mehrsprachiger Französischlerner(innen)
    ISBN 978-3-8382-0449-9

42 *Jens Metz*
    Morphologie und Semantik des Konjunktivs im Lateinischen und Spanischen
    Eine vergleichende Analyse auf der Grundlage eines Literaturberichts
    ISBN 978-3-8382-0484-0

43 *Manuela Franke und Frank Schöpp (edd.)*
    Auf dem Weg zu kompetenten Schülerinnen und Schülern
    Theorie und Praxis eines kompetenzorientierten Fremdsprachenunterrichts im Dialog
    ISBN 978-3-8382-0487-1

44 *Bianca Hillen, Silke Jansen und Andre Klump (edd.)*
    Variatio verborum: Strukturen, Innovationen und Entwicklungen
    im Wortschatz romanischer Sprachen
    Festschrift für Bruno Staib zum 65. Geburtstag
    ISBN 978-3-8382-0509-0

45 *Sandra Herling und Carolin Patzelt (edd.)*
    Weltsprache Spanisch
    Variation, Soziolinguistik und geographische Verbreitung des Spanischen
    Handbuch für das Studium der Hispanistik
    ISBN 978-3-89821-972-3

46 *Aline Willems*
    Französischlehrwerke im Deutschland des 19. Jahrhunderts
    Eine Analyse aus sprachwissenschaftlicher, fachdidaktischer
    und kulturhistorischer Perspektive
    ISBN 978-3-8382-0501-4 (Paperback)
    ISBN 978-3-8382-0561-8 (Hardcover)

47 Eva Leitzke-Ungerer und Christiane Neveling (edd.)
    Intermedialität im Französischunterricht
    Grundlagen und Anwendungsvielfalt
    ISBN 978-3-8382-0445-1

48 Manfred Prinz (ed.)
    Rap RoMania: Jugendkulturen und Fremdsprachenunterricht
    Band 1: Spanisch/Französisch
    ISBN 978-3-8382-0431-4

49 Karoline Henriette Heyder
    Varietale Mehrsprachigkeit
    Konzeptionelle Grundlagen, empirische Ergebnisse aus der Suisse romande und didaktische Implikationen
    ISBN 978-3-8382-0618-9

50 Daniel Reimann
    Transkulturelle kommunikative Kompetenz in den romanischen Sprachen
    Theorie und Praxis eines neokommunikativen und kulturell bildenden Französisch-, Spanisch-, Italienisch- und Portugiesischunterrichts
    ISBN 978-3-8382-0362-1 (Paperback)
    ISBN 978-3-8382-0363-8 (Hardcover)

51 Beate Valadez Vazquez
    Ausprägung beruflicher Identitätsprozesse von Fremdsprachenlehrenden am Beispiel der beruflichen Entwicklung von (angehenden) Spanischlehrerinnen und Spanischlehrern
    Eine qualitative Untersuchung
    ISBN 978-3-8382-0635-6

52 Georgia Veldre-Gerner und Sylvia Thiele (edd.)
    Sprachen und Normen im Wandel
    ISBN 978-3-8382-0461-1

53 Stefan Barme
    Einführung in das Altspanische
    ISBN 978-3-8382-0683-7

54 María José García Folgado und Carsten Sinner (edd.)
    Lingüística y cuestiones gramaticales en la didáctica de las lenguas iberorrománicas
    ISBN 978-3-8382-0761-2

55 Claudia Schlaak
    Fremdsprachendidaktik und Inklusionspädagogik
    Herausforderungen im Kontext von Migration und Mehrsprachigkeit
    ISBN 978-3-8382-0896-1

56 *Christiane Fäcke (ed.)*
Selbstständiges Lernen im lehrwerkbasierten Französischunterricht
ISBN 978-3-8382-0918-0

57 *Christina Ossenkop und Georgia Veldre-Gerner (edd.)*
Zwischen den Texten
Die Übersetzung an der Schnittstelle von Sprach- und Kulturwissenschaft
ISBN 978-3-8382-0931-9

Sie haben die Wahl:
Bestellen Sie die Schriftenreihe
Romanische Sprachen und ihre Didaktik
einzeln oder im **Abonnement**

per E-Mail: vertrieb@ibidem-verlag.de | per Fax (0511/262 2201)
als Brief (*ibidem*-Verlag | Leuschnerstr. 40 | 30457 Hannover)

Bestellformular

☐ Ich abonniere die Schriftenreihe *Romanische Sprachen und ihre Didaktik* ab Band # ____

☐ Ich bestelle die folgenden Bände der Schriftenreihe *Romanische Sprachen und ihre Didaktik*
____; ____; ____; ____; ____; ____; ____; ____; ____; ____

Lieferanschrift:

Vorname, Name ....

Anschrift ....

E-Mail.. | Tel.: ....

Datum .... | Unterschrift ....

Ihre Abonnement-Vorteile im Überblick:
- Sie erhalten jedes Buch der Schriftenreihe pünktlich zum Erscheinungstermin – immer aktuell, ohne weitere Bestellung durch Sie.
- Das Abonnement ist jederzeit kündbar.
- Die Lieferung ist innerhalb Deutschlands versandkostenfrei.
- Bei Nichtgefallen können Sie jedes Buch innerhalb von 14 Tagen an uns zurücksenden.

ibidem.eu

www.ingramcontent.com/pod-product-compliance
Lightning Source LLC
Chambersburg PA
CBHW051809230426
43672CB00012B/2674